Les Cités disparues

Annalee NEWITZ

Les Cités disparues

Traduit de l'anglais (États-Unis)
par Marie-France de Paloméra

CALMANN LEVY

CALMANN LÉVY
ÉDITEUR DEPUIS 1836

Titre original :
FOUR LOST CITIES
Première publication : W. W. Norton & Company, Inc., New York, NY (U.S.A.), 2021

Plan des cités : Jason Bradley Thompson

COUVERTURE
Maquette : Caroline Giroux
Illustrations : Jason Bradley Thompson

ISBN 978-2-7021-8275-8

En humble offrande à Iaso, Acéso, Hygie et Panacée,
mais avant tout et surtout, et avec amour,
à Chris Palmer qui, lui, est toujours de ce monde.

POMPÉI
700 av. J.-C.
-79 apr. J.-C.
CAHOKIA
1050-1350 apr. J.-C.
QUATRE CITÉS DISPARUES

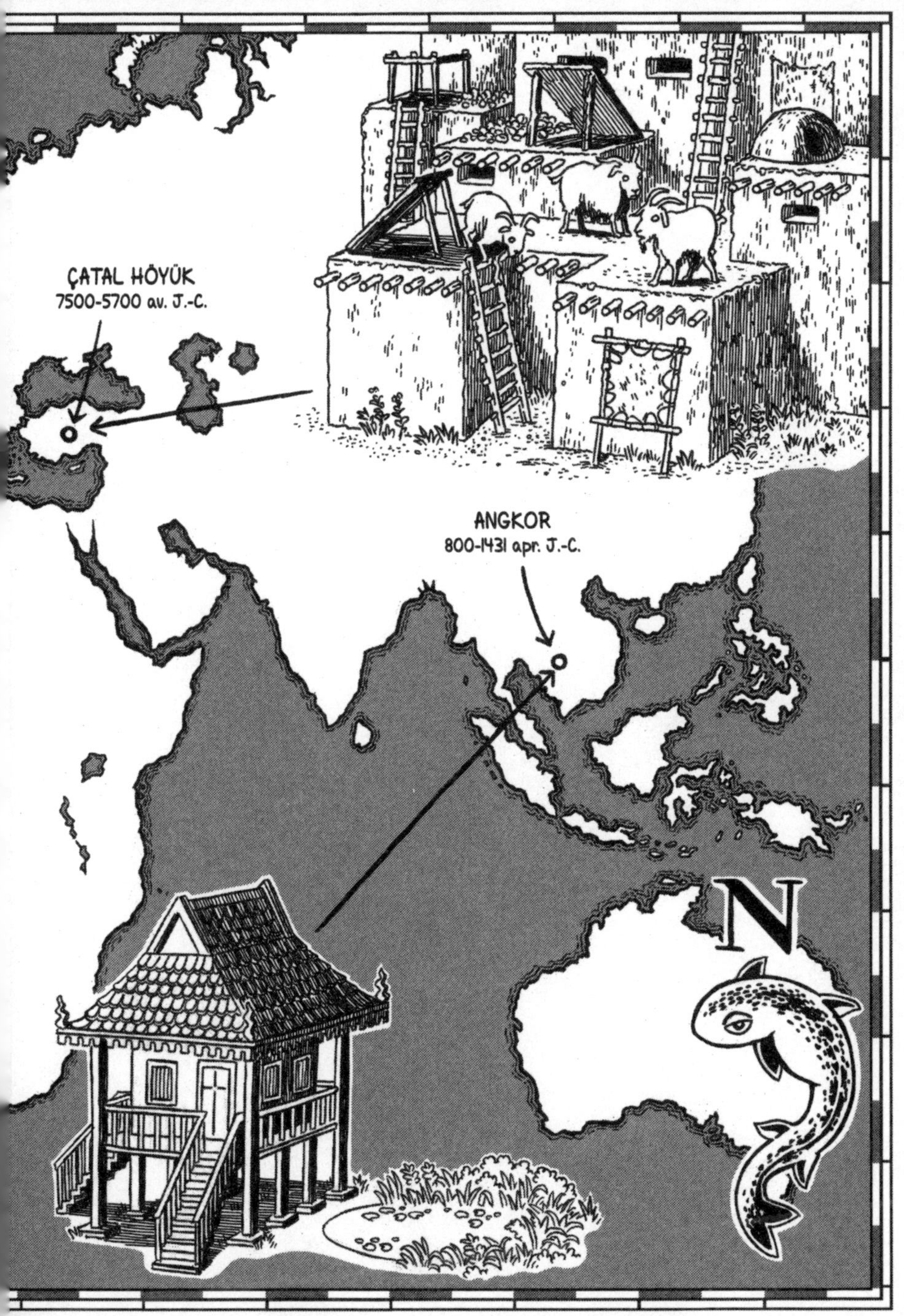
ÇATAL HÖYÜK
7500-5700 av. J.-C.
ANGKOR
800-1431 apr. J.-C.
N

Introduction
Comment perd-on une ville ?

Je me tenais sur les vestiges en ruines d'une île qui dessinait un carré parfait au milieu d'un lac artificiel créé par des ingénieurs hydrauliques, il y a un millénaire. Le soleil jouait sur un mur en grès rongé par l'érosion. Bien que ce fût la saison sèche au Cambodge, des pluies diluviennes avaient dissipé la fumée dégagée par les brûlis annuels des cultivateurs. J'apercevais au loin les tours ouvragées d'Angkor Thom et d'Angkor Vat, merveilles architecturales de l'ancienne capitale de l'empire khmer. Forte de presque un million d'habitants à son apogée, Angkor avait été en un temps la ville la plus densément peuplée de la planète. Et je me trouvais à un jet de pierre du cœur de la cité. En contrebas se dressait le Mebon, un temple-îlot hindou du XIe siècle édifié sous le règne du roi Suryavarman Ier au centre d'un énorme réservoir appelé le Baray occidental. Ce matin-là, quelques bateaux à moteur dont les pilotes déposeraient les visiteurs au Mebon pour une poignée de dollars ponctuaient la rive sud du baray. La traversée n'a rien de symbolique : de forme rectangulaire, le Baray occidental mesure huit kilomètres de long, soit à peu près, dans un aéroport classique, trois pistes d'envol de jet mises bout à bout. Il y a mille ans, quand les ouvriers achevèrent de creuser le baray, le temple qu'il entoure de toutes parts définissait l'unique parcelle de terre ferme à des kilomètres à la ronde.

Derrière ses portes de pierre sculptée, le Mebon enfermait un autre réservoir aux dimensions plus modestes, seulement visible aux quelques élus admis dans l'île. Au cœur de ce plan d'eau flottait autrefois une statue en bronze ; longue de six mètres, elle montrait un Vishnou couché, son énorme tête appuyée sur l'un de ses quatre bras. Les pèlerins traversaient les eaux pour rendre hommage au dieu hindou qui avait produit la vie à partir de l'océan primordial lors de la création du monde. On pourrait dire que le Mebon célèbre le pouvoir spirituel de l'eau. Mais il atteste aussi l'ingéniosité des terrassiers d'Angkor. En retenant l'eau des inondations annuelles de la mousson dans d'immenses réservoirs du même modèle que le Baray occidental, ils désaltéraient la ville à la saison sèche par un réseau de canaux qui détournaient les sources de montagnes lointaines.

L'eau miroitante et les blocs abîmés dégagés par les excavations du temple me cernent. J'essaie de remonter le temps et de m'imaginer devant le baray peuplé d'embarcations festives, dans lesquelles se pressent la population locale et les dignitaires venus des royaumes voisins, apportant en offrande des monceaux de fleurs odorantes et d'encens. Un spectacle sûrement prodigieux. Ma vision romantique sera vite dissipée.

— Je n'en reviens pas d'un pareil gâchis ! me dit Damian Evans en embrassant le baray d'un geste écœuré.

Damian Evans est un archéologue rattaché à l'École française d'Extrême-Orient, dont les travaux au cours des vingt dernières années ont radicalement modifié notre compréhension de l'emprise d'Angkor. Australien aux cheveux blond-roux et au sourire direct, il publie depuis des décennies ses travaux sur la haute technicité de l'empire khmer. Mais il a aussi une conscience aiguë de ses failles.

Il me montre un plan délavé du panorama sur l'un des panneaux en bois voisins qui détaillent les travaux de restauration du Mebon en cours. Un simple regard aux élévations suffit pour comprendre que le rectangle du Baray occidental, orienté est-ouest, suivait harmonieusement la déclivité du terrain afin de permettre à l'extrémité est du réservoir de se remplir tandis que l'extrémité ouest restait à sec. De sorte que le Baray n'avait que très rarement l'aspect du plan d'eau étincelant que je m'étais imaginé. Il devait plutôt se présenter comme un bassin profond qui s'effilait pour ne plus former qu'une tranchée irrégulière et bourbeuse. Mais la compétence des ingénieurs khmers n'était pas en cause.

— Ils auraient très bien su tracer une surface plane, mais le roi les a obligés à respecter un axe est-ouest conforme aux désirs de ses gourous, m'expliqua l'archéologue.

Les Khmers croyaient que les structures grandioses, comme le réservoir royal, devaient se conformer à la trajectoire du soleil et des étoiles dans le ciel. En d'autres termes, Suryavarman Ier se souciait plus d'astrologie que d'excellence hydraulique. Le réservoir était un éléphant blanc des temps anciens. Les préférences royales définirent à terme un type d'urbanisation angkorienne, en vertu duquel une population en pleine expansion ne fut pas correctement approvisionnée en eau durant les périodes turbulentes de crise climatique.

Si l'on remplace « astrologie » par « politique », la remarque de Damian Evans s'applique à la conception d'innombrables villes au cours du dernier millénaire. Mus par la politique, les édiles financent sans compter des projets spectaculaires, au lieu de prévoir des routes carrossables, des égouts performants, des marchés relativement sécurisés et autres équipements essentiels de la vie urbaine. De sorte que la ville marquera le regard et les esprits mais manquera du ressort nécessaire pour prendre un nouvel élan après des catastrophes comme les inondations ou la sécheresse. Et plus une ville pâtit des assauts de la nature, plus sa situation politique devient conflictuelle. Il est alors encore plus difficile de réparer les digues rompues et les maisons détruites. Ce cercle vicieux a poursuivi les villes depuis qu'elles existent. Une renaissance urbaine le brise parfois, mais il est souvent un piège mortel.

À l'âge d'or d'Angkor, aux Xᵉ et XIᵉ siècles, ses rois disposaient de milliers d'ouvriers. Ce furent eux qui construisirent les palais de la ville, ses temples, ses routes et ses canaux mal conçus. Dans leur grande majorité, ces ouvrages entendaient servir la gloire des rois khmers, mais ils contribuaient aussi à faire vivre leurs sujets de l'exploitation des terres agricoles même en saison sèche. Mais au début du XVᵉ siècle la région fut frappée par la sécheresse, suivie d'inondations catastrophiques[1] qui détruisirent l'infrastructure hydraulique d'Angkor au moins à deux reprises. À mesure que la ville commençait à se déliter, la faille entre ses riches et ses pauvres s'élargissait. En quelques décennies, la famille royale khmère délaissa Angkor pour résider dans la ville côtière de Phnom Penh. Ce déplacement marqua le début de la fin d'une cité dont les rois avaient étendu, depuis des siècles, leur emprise sur de vastes régions de l'Asie du Sud-Est – le Cambodge, la Thaïlande, le Vietnam et le

Laos d'aujourd'hui. Au XVIe siècle, la population avait peu à peu déserté le centre-ville d'Angkor, laissant derrière elle de petits villages et fermes enserrés dans la trame urbaine en ruines de la cité. Les palais des rois tombèrent à l'abandon et les barays devinrent de simples dépressions dans l'épais tapis forestier. Seule subsista une squelettique phalange de moines pour entretenir les temples légendaires de l'empire khmer.

Au XIXe siècle, un explorateur français nommé Henri Mouhot annonça qu'il avait découvert la « cité perdue » d'Angkor. D'autres visiteurs européens de la période avaient déjà attesté la présence de moines dans l'enceinte du temple d'Angkor Vat, mais l'explorateur n'en rédigea pas moins une relation de son expédition qui rencontra un immense succès, laissant entendre qu'il était le premier à être tombé par hasard sur une civilisation disparue. Vierge de tout contact humain depuis des siècles, claironnait-il, elle regorgeait de merveilles pittoresques dignes de rivaliser avec celles de l'ancienne Égypte. La légende trouva un terreau fertile.

Des Occidentaux avides de récits d'aventures ne demandèrent qu'à croire Henri Mouhot lorsqu'ils virent les photos des éboulis spectaculaires des temples, et leurs murs disjoints par des racines d'arbres protubérantes. Angkor acquit d'emblée un statut de ville disparue concocté par les médias, bien que tout prouvât le contraire.

La « cité perdue » est un trope récurrent de l'imagination occidentale, évocateur de mondes inconnus et désirables dans lequel Aquaman tue le temps en compagnie d'hippocampes géants. Mais ce n'est pas seulement par goût de la littérature d'évasion que nous voulons croire aux villes disparues. Nous vivons une époque où la plus grande partie de la population mondiale habite des villes[2], où elle est confrontée à des problèmes à première vue insolubles comme la crise climatique et la pauvreté. Les métropoles modernes ne sont en aucun cas vouées à l'immortalité, et les traces historiques témoignent que leurs habitants ont décidé, régulièrement et de leur propre choix, de les déserter au cours des huit derniers millénaires. Comprendre que la plus grande partie de l'humanité vit dans des lieux appelés à disparaître un jour est terrifiant. Le mythe des cités perdues occulte la réalité des voies empruntées par les populations pour détruire leur civilisation.

Ce livre traite de cette réalité, que nous allons explorer dans quatre exemples de désertion urbaine, spectaculaires entre tous, de l'histoire humaine. Les métropoles envisagées ici connurent toutes une fin différente, mais elles partagèrent un même point de rupture. Chacune fut victime de périodes prolongées d'instabilité politique doublée d'une crise environnementale. Même une ville comme Angkor, puissante et densément peuplée, ne put survivre au double impact de la rupture des digues et du chaos à la cour royale. Incapables de construire un avenir dans ces lieux, en proie à la confusion, les habitants se coupèrent de leurs racines et tournèrent le dos à leurs maisons, souvent en payant le prix fort. Ces villes ne disparurent pas comme l'Atlantide, coulant à pic sous les eaux pour entrer au royaume des légendes. Elles ne furent pas portées disparues. Leurs habitants les abandonnèrent de leur propre chef, et pour de bonnes raisons.

La première ville que nous explorerons dans ce livre, Çatal Höyük, vit le jour il y a environ neuf mille ans pendant la période néolithique, au moment où l'humanité passait à une vie agricole sédentaire après avoir vécu en nomade pendant des centaines de milliers d'années.

Aujourd'hui ses vestiges énigmatiques restent enfouis sous deux collines basses de l'Anatolie, en Turquie centrale. Bien que de dimensions modestes au vu des normes actuelles – sa population compta probablement de 5 000 à 20 000 habitants pendant environ un millénaire –, elle fit sûrement figure de mégapole en son temps. Dans leur grande majorité, les populations qui vivaient dans la région à l'époque n'avaient jamais vu de village de plus de deux cents habitants. Construite en torchis, Çatal Höyük dessinait un vaste dédale d'habitations communicantes, dans lesquelles on accédait par des échelles et des ouvertures pratiquées dans le toit. Bien que dépourvus d'un système d'écriture, ses habitants nous ont légué des milliers de statuettes, de peintures, et de crânes à décor symbolique.

À un moment quelconque au milieu du VIe millénaire av. J.-C., la population de Çatal Höyük abandonna ses trottoirs encombrés et débordants d'activité. Et ce pour de nombreuses raisons : une sécheresse endémique dans la région du Levant, des problèmes dans l'organisation de la société, voire la configuration de la ville en soi. La plupart de ceux qui partirent ne fondèrent pas des villes d'un type nouveau : ils revinrent à la vie au village ou au nomadisme. Comme s'ils ne rejetaient pas simplement Çatal Höyük mais la vie urbaine. Avec le temps, la ville et ses routes disparurent sous des couches de sable. Lorsque des archéologues européens la « découvrirent », au XXe siècle, sa culture tenait de la légende dans l'imaginaire de la population locale. Les paysans turcs avaient conscience de la présence d'une vraie ville au-dessous des collines, car leurs charrues mettaient régulièrement au jour des objets d'une facture délicate, et quelques murs pointaient encore en haut d'une crête. Mais on ne savait pas grand-chose des gens qui y avaient vécu.

Une part de Çatal Höyük était bel et bien *perdue*. De nos jours encore, les chercheurs peinent à reconstituer la vision que ses habitants avaient de leur univers. Quand j'ai visité les lieux, des archéologues travaillant sur le site s'écharpaient pour savoir s'ils avaient la notion de l'histoire ou de la religion – ou des deux. Pourquoi peignaient-ils des motifs ocre particuliers sur les parois de leurs maisons ? Pourquoi en décoraient-ils l'entrée avec des cornes de bovidés ? Pourquoi enterraient-ils leurs morts sous leur lit ? Nous disposons de quelques pistes mais d'aucune certitude. Nous avons perdu le contexte culturel qui faisait sens pour les individus qui s'y sentaient « chez eux » il y a des millénaires. Pourtant ses résidents ont laissé derrière eux assez d'indices pour nous permettre de reconstituer la réalité de leur quotidien, en même temps que les difficultés qui rendirent la vie urbaine plus compliquée qu'il n'en valait la peine.

La deuxième ville que nous étudierons ne tomba jamais dans l'oubli, même si son emplacement exact semble être sorti des mémoires pendant un temps. Pompéi, ville touristique romaine des rivages ensoleillés de la Méditerranée, disparut sous d'épaisses couches de cendres volcaniques après l'éruption du Vésuve en l'an 79 de notre ère. Des témoins oculaires et des historiens relatèrent le sort atroce de la cité, mais il fallut attendre le XVIIIe siècle pour que le site fasse l'objet de fouilles systématiques.

L'abandon de Pompéi semble devoir s'expliquer par une raison assez élémentaire. Rien n'égale des nuées ardentes d'une température de 482 degrés Celsius déboulant à travers une ville pour faire le vide. Mais l'histoire ne s'arrête pas là. La ville avait déjà été victime de catastrophes naturelles par le passé, et elle se remettait des dégâts considérables causés par un tremblement de terre survenu plus de dix ans avant l'éruption du Vésuve. La population locale se savait sur un territoire dangereux. Au point que plus de la moitié des résidents évacuèrent la ville le matin de l'éruption ; ils s'enfuirent quand la montagne se mit à cracher de la fumée, déclenchant des secousses plusieurs heures avant l'éruption fatale.

Les récits populaires rapportant le trépas de la ville laissent entendre que les Romains s'empressèrent d'oublier la cité ensevelie, par peur et par superstition, perdant vite le souvenir de son emplacement exact. Rien ne saurait être plus éloigné de la vérité. La disparition de Pompéi fut suivie par l'une des plus grandes campagnes humanitaires de l'histoire antique. L'empereur Titus se rendit à deux reprises à Pompéi après l'éruption afin d'évaluer les dégâts, découvrant que la contrée à la végétation naguère exubérante était à présent ensevelie dans d'épaisses couches de cendres surchauffées, dont il se dégageait des émanations toxiques. Pompéi était irrécupérable. Titus et son frère, Domitien, qui lui succéda, mirent en œuvre les ressources de l'empire en pleine expansion pour reconstruire la vie d'une population qui avait tout perdu. Ils allouèrent des fonds aux rescapés, ils payèrent des ouvriers pour leur bâtir des maisons. Il y a peu, les archéologues ont mis au jour de nouvelles preuves attestant que l'Empire avait relogé les réfugiés dans les villes du littoral, telle Naples, où l'on construisit des quartiers neufs et des axes de circulation pour les desservir. De nombreux patriciens périrent dans la déflagration en laissant des fortunes, ce que voyant, le gouvernement autorisa les esclaves affranchis à hériter des biens commerciaux de leurs maîtres. Ces affranchis refirent ainsi leur vie et prospérèrent. On avait perdu Pompéi, mais l'urbanisme romain poursuivit de plus belle sur sa lancée.

Les cendres qui servirent de linceul à Pompéi en 79 apr. J.-C. nous ont livré une image sans fard de la culture cosmopolite que les Romains eurent tant à cœur de préserver. Le siècle qui conduisit à la mort de la ville marqua pour l'Empire une ère de profond changement, une période où les femmes, les esclaves et les immigrants acquirent des droits et firent leur entrée dans les jardins secrets du pouvoir politique. Un nouveau type de culture publique polyglotte était en voie d'apparition, et nous pouvons en suivre l'essor dans les rues de Pompéi, où les simples citoyens inscrivaient leurs graffitis, s'enivraient dans les tavernes (les cafés, dirait-on aujourd'hui) et se rencontraient aux bains de la cité et à son bordel de triste réputation. Elle continua de façonner la vie urbaine en Occident au cours des millénaires suivants. Le destin de Pompéi atteste qu'on doit se garder de confondre le trépas d'une ville avec l'effondrement de la culture dont elle s'est nourrie.

Quinze siècles plus tard, Angkor connut une version au ralenti de la catastrophe qui avait scellé le sort de Pompéi en une journée. Au lieu d'une seule et unique éruption volcanique, la ville endura durant des siècles les assauts ravageurs d'une crise climatique. L'échelle de temps différa peut-être, mais les conséquences furent identiques : des catastrophes environnementales de l'ampleur des inondations que Damian Evans décrivait dans le Baray occidental rendirent la ville invivable pour la majorité de sa population. Mais le coup de grâce n'eut rien à voir avec la nature : les rois d'Angkor se révélèrent bientôt incapables d'ordonner à des armées de manœuvres corvéables à merci de reconstruire le réseau de canaux qui constituait la force vive de la ville. L'élément peut-être le moins gérable de l'urbanisme d'Angkor n'était pas tant son système de réservoirs qu'une hiérarchie sociale rigide tributaire du travail forcé.

Pendant ce temps, dans les Amériques, une autre grande ville médiévale prit son essor, puis déclina, imprimant la marque indélébile de son revers de fortune sur le paysage. Cahokia fut la plus grande cité du nord de l'Amérique avant l'arrivée des Européens, passant d'un petit village niché sur les rives du Mississipi à une métropole tentaculaire de plus de trente mille habitants dont les terres s'étendaient de part et d'autre du fleuve. Les Cahokiens édifièrent d'impressionnantes pyramides en terre et des chaussées surélevées à l'emplacement actuel de Saint Louis, d'East Saint Louis et de Collinsville, dans l'Illinois. Leurs habitations et leurs fermes proliféraient entre des centres cérémoniels dont les célébrations attiraient des visiteurs venus de tout le Sud. De 900 à 1300, Cahokia fut le centre névralgique de « la culture mississippienne », un mouvement social et spirituel unissant les bourgades et les villages qui s'égrenaient le long de l'immense fleuve, du Wisconsin à la Louisiane.

J'ai passé deux étés à Cahokia, sur un site de fouille où les archéologues dégagèrent une section jusque-là inconnue d'une zone résidentielle proche de la plus grande pyramide cérémonielle de l'endroit, surnommée Monks Mound. Entièrement construit d'argile prélevée dans les « bancs d'emprunt », ou carrières voisines et transportée à dos d'homme dans des paniers de charge, Monks Mound mesure 300 mètres en hauteur, sur une emprise de la même dimension que la grande pyramide de Gizeh. Mais les archéologues Sarah Baires et Melissa Baltus ne s'intéressaient pas à qui résidait à son sommet. Elles voulaient savoir comment vivaient les gens ordinaires à Cahokia.

À quatre pattes dans la terre, les chevilles mangées par les insectes et la nuque brûlée par le soleil, j'étais face à ce que Melissa Baltus nomme la « désertion mûrement réfléchie ». Lorsqu'ils n'avaient plus l'emploi d'une construction, les Cahokiens en scellaient le sort par un rituel. Ils abattaient ses parois constituées de poteaux désormais relégués au rôle de combustible. Puis ils comblaient soigneusement les trous vides avec de l'argile de couleur, parfois aussi avec des fragments de poterie ou d'outils ayant accompagné la vie de la maisonnée. Sur le sol d'une maison, Sarah Baires et Elizabeth Barnes dégagèrent un grand trou qui avait été rituellement saupoudré d'une couche de cristaux d'hématite rouge sang. Parfois, les Cahokiens allumaient un feu avec les vestiges de la construction en y ajoutant des objets domestiques. Le feu éteint, les résidents « scellaient » la surface abandonnée d'une couche d'argile, au-dessus de laquelle ils édifiaient une nouvelle structure.

Parfois ce rituel de désertion mûrement réfléchie s'étendait à des secteurs entiers. Des archéologues qui effectuaient des fouilles à East Saint Louis dégagèrent un terrain sur lequel des dizaines d'effigies de maisons avaient été brûlées simultanément, leurs parois rongées par un brasier qui avait aussi consumé des offrandes de maïs, de céramiques et de pointes de projectile bellement ouvragées. Peut-être les Cahokiens croyaient-ils que tout bâti avait une espérance de vie prédéterminée, prévoyant qu'un jour la ville entière serait définitivement fermée. Si tel est le cas, Cahokia portait en elle l'idée de sa fin, son sort étant déjà scellé alors même que ses tumuli culminaient à des hauteurs exceptionnelles.

Pourquoi s'ingénier à construire une ville qu'on savait vouée à disparaître ? Il y a sept ans, lorsque j'avais entamé mes recherches en vue de ce livre, la question ne m'était jamais venue à l'esprit. Çatal Höyük et Cahokia me fascinaient, mais je m'en tenais aux villes modernes dans mes travaux, essayant d'entrevoir le futur de l'humanité dans les rues de Casablanca et de Saskatoon, ou de Tokyo et d'Istanbul. Je voulais montrer que les villes de demain vivraient éternellement pour peu que nous les concevions correctement. Et puis survint un événement qui m'incita à explorer le passé.

À mon retour d'une semaine de recherches à Copenhague, j'appris que mon père, que je ne voyais plus, irréductible solitaire et toujours en colère, s'était suicidé. Nous nous étions à peine adressé la parole depuis des années. Tandis que je me trouvais au Danemark à discuter du futur des villes avec des scientifiques et des ingénieurs, lui rédigeait une longue lettre qui accompagnerait son geste, allant d'instructions sur l'entretien de son jardin de fleurs bien-aimé à sa fureur de perdre un contentieux avec la Ville pour la préservation d'un érable enraciné à la limite de son terrain. Au téléphone avec le médecin légiste, j'étais en état de choc. Je le savais malheureux, mais je pensais qu'il irait mieux. J'espérais que nous aurions un jour des relations normales. Toute mort est insupportable, chacune à sa façon, mais le chagrin causé par un suicide est saturé d'une question, unique et douloureuse. Pourquoi avait-il choisi de mourir alors que tant d'autres choix s'offraient à lui ?

J'ai rangé ses papiers, sa demi-douzaine de romans inédits, sa messagerie électronique, cherchant un indice susceptible de m'expliquer ce qui l'avait éloigné de moi, puis du monde entier. Il y avait des dizaines de réponses, ou peut-être aucune. Je me demandais sans fin ce qui s'était faussé, jusqu'au moment où ce fut trop.

Cherchant à me sortir de mes obsessions, je me rendis à Çatal Höyük à la saison des fouilles. Avec l'espoir qu'une incursion dans les profondeurs du passé m'aiderait à fuir la tristesse du présent. À mon arrivée, je rencontrai des personnes dont le travail consiste exclusivement à étudier les mœurs des morts et à s'instruire de la vie ancienne en sondant les tombes. On pourrait croire que l'expérience serait insupportable pour qui broyait des idées noires, or c'est exactement ce qu'il me fallait. Grâce à l'archéologie, je parvins enfin à cesser de me demander pourquoi mon père s'était tué. J'abordai une question infiniment plus difficile : comment avait-il vécu ? Quel apaisement pouvais-je tirer de ses enseignements, que pouvaient m'apprendre ses choix ? Répondre à ces inconnues marqua mon premier pas vers la guérison.

Ce fut aussi l'étincelle à l'origine de ce livre. Je me rendis compte que la mort d'une ville nous semble toujours un mystère parce que nous l'étudions habituellement comme une donnée isolée. Nous fixons notre attention sur le moment spectaculaire de sa disparition en oubliant la longue histoire de sa vie, au cours de laquelle des individus ont passé des siècles à prendre des milliers de décisions sur la façon de la préserver. Je ne pense pas que nous puissions comprendre pourquoi une population résolut de laisser mourir sa ville tant que nous ne réfléchissons pas, d'abord, à la vie qu'elle y menait.

D'où la nécessité de poser des questions faussement élémentaires. Pourquoi nos ancêtres auraient-ils renoncé à la liberté des grands espaces pour des terriers surpeuplés et nauséabonds, remplis de déjections humaines et de tragédies politiques sans fin ? Quelles décisions contraires à toute intuition les conduisirent-elles à se sédentariser et à cultiver des terres dont les récoltes pouvaient facilement péricliter, les laissant mourir de faim ? Par quel mystère des milliers d'individus acceptèrent-ils de vivre ensemble, dans une étroite promiscuité, construisant sans rechigner des espaces publics et accumulant des ressources au bénéfice de parfaits inconnus ?

En quête d'indices, j'ai déambulé à travers les vestiges des villes abandonnées qu'explore ce livre. J'ai tout fait pour m'immerger dans l'histoire de leur vie, et j'ai consacré des années de recherche à essayer de tirer seulement quelques fils de leur complexité culturelle. Pour comprendre pourquoi leurs habitants les avaient fuies, il me fallait savoir ce qui les y avait attirés, et le mal qu'ils s'étaient donné pour y rester. Je voulais prendre la mesure de ce qu'ils avaient perdu en abandonnant les maisons qu'ils avaient construites.

Les histoires de Çatal Höyük, Pompéi, Angkor et Cahokia diffèrent du tout au tout, mais toutes embrassent des siècles de transformation incessante. Leur configuration changea en même temps que leur population. Elles attirèrent des immigrants venus d'horizons proches et lointains par ce qu'elles leur offraient, allant de nourritures délectables et d'activités spécialisées aux divertissements et à la possibilité d'accéder au pouvoir politique. Parmi eux figuraient surtout les classes laborieuses, qui représentaient souvent plus des deux tiers de la population urbaine. Les dirigeants gouvernent depuis leurs tertres et leurs villas, mais une ville doit son existence aux travailleurs ordinaires, aux fermiers, aux boutiquiers, aux constructeurs de routes. Avant la révolution industrielle, le pouvoir politique et économique le plus utile provenait du travail humain. Mais il revêtit des formes multiples. Parfois celle des tâches domestiques, où certains membres d'une famille étaient responsables de l'état de la maison, du soin des troupeaux ou de la préparation des aliments. À mesure que les villes se développaient, les élites organisèrent la main-d'œuvre en soumettant la population à divers modes d'esclavage, notamment le travail en servitude ou le servage. À de nombreux égards, la création des villes consista à mobiliser la main-d'œuvre, par la force ou par les fausses promesses. Habituellement par un mélange des deux. Et quand leurs villes chancelèrent, au plan politique ou environnemental, leurs travailleurs corvéables à merci se sentirent plus pressurés que quiconque. Il leur revint de décider s'ils devaient rester pour réparer les dégâts, ou repartir de zéro ailleurs.

Les Cités disparues traite des tragédies du passé de l'humanité, et il y sera question de mort. Mais l'ouvrage montre aussi comment surmonter le deuil en portant un regard lucide sur le point où nous en étions lorsqu'il est survenu et sur les décisions qui nous y avaient conduits. Dans les villes du monde actuel, nous nous heurtons aux mêmes problèmes que nos ancêtres urbanisés, cependant que la politique est gangrénée par la corruption et que la catastrophe climatique menace à l'horizon. Parce que la majorité des humains vit aujourd'hui dans des villes, les enjeux sont infiniment plus importants. Le destin de l'urbanisme est indissociable de celui de l'humanité. Si nous répétons au XXIe siècle les erreurs du passé, nous risquons de propager une forme d'urbanisme toxique qui changera la face de la planète entière – et pas en mieux. Les villes sont déjà à la peine pour empêcher la contamination de l'eau, les pénuries alimentaires, les désertions massives et le fléau des sans-abris. Nous fonçons vers un futur dans lequel les métropoles seront devenues invivables, mais où les solutions de remplacement se révéleront pires encore.

L'âge urbain n'est pas voué à finir ainsi. Avant que nous ne les perdions, Çatal Höyük, Pompéi, Angkor et Cahokia accueillirent des civilisations vigoureuses dont le sombre avenir n'était nullement fixé par le destin. Mon espoir est que les histoires profondes relatées dans ce livre nous montrent ce qu'exige la revitalisation d'une ville et du milieu naturel qui l'entoure. Car après tout c'est de nos erreurs que nous tirons les meilleurs enseignements.

Première Partie

Çatal Höyük : la porte d'entrée

ÇATAL HÖYÜK
TELL OUEST
RIVIÈRE
Terres inondables (7 000 av. J.-C.)
Plaine de Konya (époque moderne)
300 m

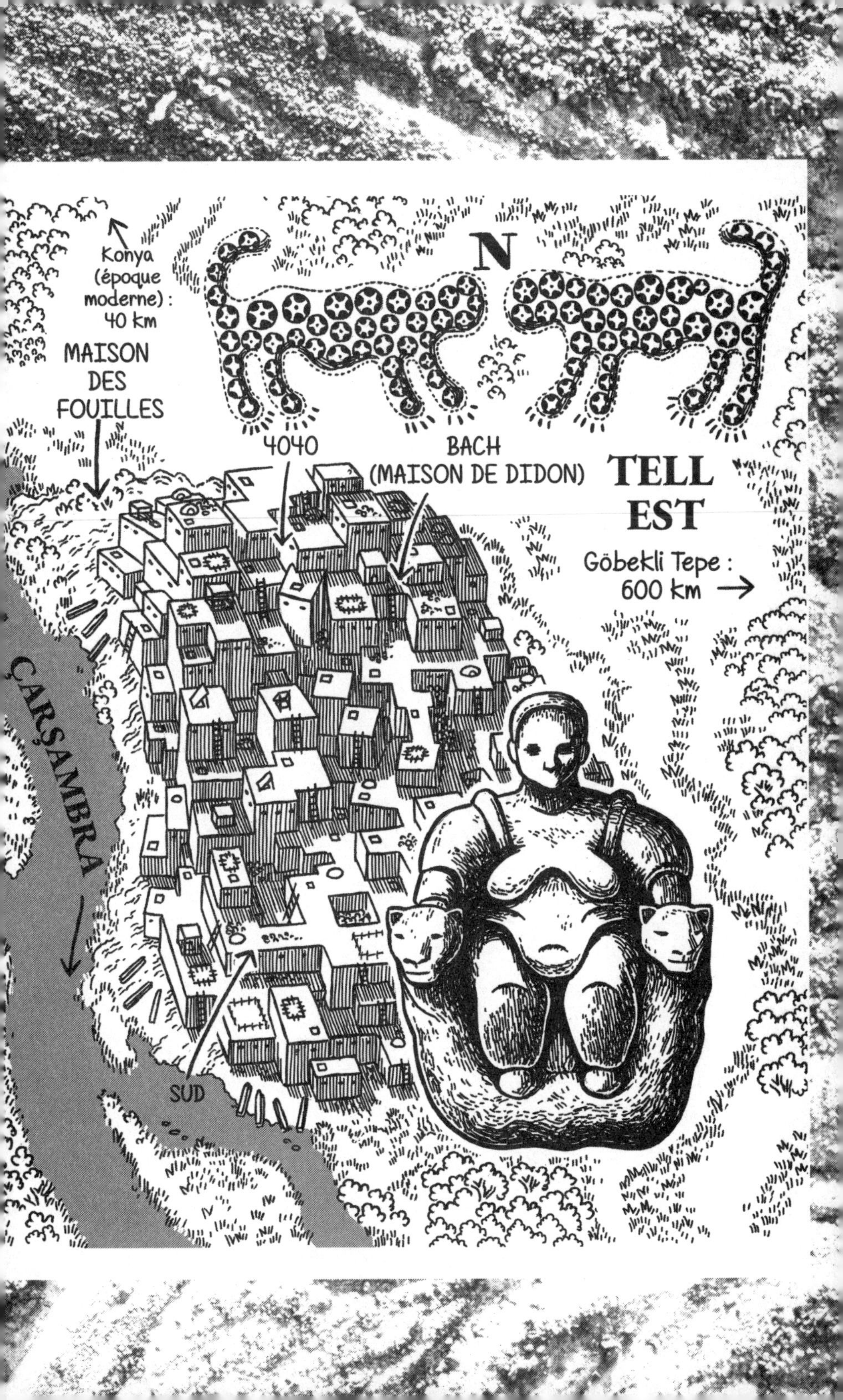

Konya (époque moderne) : 40 km
MAISON DES FOUILLES
N
4040
BACH (MAISON DE DIDON)
TELL EST
Göbekli Tepe : 600 km
ÇARŞAMBRA
SUD

Chapitre I

Le choc de la vie sédentaire

J'ai entamé mon périple vers l'une des plus anciennes villes du monde en sautant dans un bus climatisé à Konya, métropole animée de la Turquie centrale forte de deux millions d'habitants. La matinée s'annonçait limpide et d'une chaleur étouffante tandis que nous quittions la ville, durement secoués par les cahots de la route, laissant derrière nous des magasins qui vous vendent de tout – cela va d'œufs fraîchement pondus aux ordinateurs Apple. Les tours résidentielles étincelantes firent bientôt place aux champs, mais nous ne quittions pas la civilisation pour autant. Nous avons longé des camps de Bédouins alignés en bon ordre au bord de la route, puis zigzagué à travers de petites agglomérations dont presque tous les pâtés de maisons comptaient des bâtiments en construction. Trois quarts d'heure plus tard, le bus s'immobilisa sur une petite aire de stationnement couverte de gravier. Des cabanes en bois et des bâtiments bas et allongés entouraient une cour plaisante où se pressaient des tables de pique-nique protégées par des auvents en toile. On se serait cru dans un centre de retraite spirituelle, ou alors une petite école.

Il s'agissait en réalité d'un portail qui s'ouvrait sur le passé lointain. À quelques centaines de mètres des tables, commençait Çatal Höyük, une cité édifiée avant que les villes n'existent. Elle est presque entièrement enfouie sous la masse du tell Est, un plateau bas lissé par le vent. Vue d'en haut, son emprise de 13 hectares ressemblerait à une larme. Ses contours enveloppent d'un linceul de terre les restes, neuf fois millénaires, d'une cité dont les habitants empilèrent si longtemps les maisons les unes au-dessus des autres que les couches de briques en argile formèrent une colline. Au-delà du tell est se dressait le tell ouest, une nouvelle zone d'habitation plus réduite qui se constitua il y a environ huit mille cinq cent ans. Dans la prime jeunesse de Çatal Höyük, ces cités-collines étaient entourées de rivières, et des fermes se disséminaient dans la plaine voisine de Konya. Aujourd'hui, les terres sont desséchées et couvertes de plaques d'herbe jaunissante. J'inspirai une bouffée d'air tiède et empoussiéré. C'était là que tout avait débuté. Le monde que je connaissais – saturé de résidences en copropriété, d'élevages industriels, d'ordinateurs et de villes grouillant de milliers d'individus – avait vu le jour dans des lieux semblables.

Certains archéologues parlent de « méga-site » à propos de Çatal Höyük, soit un énorme village résultant de l'agglutination de plusieurs implantations plus modestes. La ville semble s'être développée d'elle-même, sans plan prédéfini ni orientation précise. Son architecture ne ressemble à rien de ce que nous voyons dans la région par la suite. Chaque maison ressemblait à l'alvéole d'un rayon de miel, étroitement collée à ses voisines et quasiment sans rues pour les séparer. La trame urbaine se déployait à au moins un niveau au-dessus du sol, avec des trottoirs sur des toits-terrasses percés d'ouvertures qui donnaient accès aux habitations. Les résidents passaient probablement beaucoup de temps sur les toits, à faire la cuisine et à confectionner des outils, dormant souvent dehors sous des abris légers. Ils montaient en ville ou descendaient chez eux par de simples échelles en bois.

Un grand nombre des nouveaux arrivants était encore nomade une génération ou deux avant que les premières habitations de Çatal Höyük sortent du sol. L'idée de se fixer de manière permanente au même endroit était révolutionnaire à l'époque. Même s'il existait déjà des embryons de village, la grande majorité des humains se déplaçait en petites bandes, exactement comme l'avaient fait leurs ancêtres au paléolithique pendant plus de cent mille ans. Imaginez que vous délaissez le milieu naturel, où vous n'aviez pour compagnons que quelques semblables et animaux, pour adopter un mode de vie sédentaire dans une boîte surpeuplée, à côté d'autres individus entassés dans d'autres boîtes. Vos parents et grands-parents, qui ne connaissaient que les modalités de la vie nomade d'autrefois, auraient été dans l'incapacité de vous préparer aux subtilités déconcertantes de la vie urbaine. Il n'est pas étonnant que la population de Çatal Höyük ait été à la peine pour définir la meilleure façon de vivre en communauté et commis des erreurs nombreuses et fatales ce faisant.

Pour la première fois peut-être dans l'histoire de l'humanité, la question « D'où venez-vous ? » prit autant d'importance que « Qui sont vos ancêtres ? ». Pour un nomade, par définition en perpétuel déplacement, « D'où venez-vous ? » n'a pas de sens. L'important est de connaître votre lignée. C'est pourquoi de nombreux textes anciens, en Occident, accompagnent la présentation de leurs héros de listes interminables de pères, grands-pères, arrière-grands-pères et ainsi de suite. Vous êtes, au sens littéral, la somme de vos ancêtres. Mais quand vous vivez, votre vie durant, dans la même ville, le lieu peut revêtir encore plus d'importance pour votre sentiment d'identité que votre ascendance.

Lorsqu'ils se faufilèrent dans l'une des milliers de portes d'entrée en terrasse de Çatal Höyük, les arrivants entrèrent dans une nouvelle phase de la société humaine. Ils se retrouvèrent dans un futur inconnu, où l'identité des individus était liée à un emplacement fixe ; le lieu devint leur territoire, et ils en firent partie intégrante. Cela ressembla peut-être à un choc au ralenti, qui se répercuta à travers les générations. La survie s'articula dès lors autour du climat : favorisait-il les activités agricoles ? Quant à la mort, elle pouvait surgir à tout moment du fait de la sécheresse ou des inondations. Comme nous le montrera l'histoire de cette cité ancienne, la sédentarité se révéla si invivable que les humains faillirent refuser purement et simplement l'urbanisation, et ce pour toujours. Mais ils ne le firent pas. Et c'est pourquoi je me retrouvais là, des millénaires plus tard, à chercher ce qui pouvait bien occuper nos ancêtres.

Rien à voir avec Indiana Jones

Je reportai mon attention sur « la Maison des fouilles » de Çatal Höyük, où le bus s'était arrêté. Des centaines d'infatigables travailleurs y avaient posé leur sac ces vingt-cinq dernières années, pour œuvrer tous et sans relâche à mettre au jour les secrets de la cité ancienne. J'ai pu me joindre à quelques dizaines d'entre eux à l'occasion d'une conférence sur l'histoire de Çatal Höyük et sur ses croyances religieuses.

Avec quelques-uns des participants, je partis escalader le tell est, où les archéologues ont dégagé la surface nord de la colline pour libérer le maillage urbain de Çatal Höyük. Ce site d'excavation spectaculaire, plus simplement appelé 4040, a en gros la dimension d'un pâté de maisons d'une ville moderne. Il est ombragé par une énorme structure de protection qui décrit une arche au-dessus du tell, à la façon d'un élégant hangar pour avion en bois et en plastique blanc opaque. Quand je m'aventurai à l'intérieur, elle filtrait l'éclat intense du soleil, créant une agréable lumière tamisée, et l'air y était plus frais. Devant moi s'étendaient des centaines de pièces en enfilade, construites en brique de terre d'un brun doré.

Une bonne dizaine d'archéologues travaillaient dans cet espace, penchés sur les vestiges, notant leurs observations sur des blocs à pince ou fixant les trouvailles de la matinée sur la pellicule. Des sacs de sable s'empilaient partout, étayant ce qu'il subsistait des murs effondrés. Notre petit groupe surplombait d'un mètre environ ce qui avait peut-être été le sol d'une maison et plongeait ses regards dans la salle de séjour neuf fois millénaire d'un particulier. Je discernais des couches de plâtre grumeleuses plaquées sur les épaisses parois en argile, qui me rappelaient les six couches de peinture pastel de tons différents que j'avais poncées sur les chambranles en bois de ma maison centenaire. À plusieurs endroits, des dessins à l'ocre rouge peints par les résidents restaient encore visibles, traçant des zigzags sur le plâtre d'un blanc éclatant. L'un d'eux consistait en un motif répétitif de volutes en forme de losanges. Un autre vibrait de minuscules rectangles qui se pressaient entre des lignes sinueuses, comme si son auteur avait souhaité évoquer un cours d'eau. Tous ces dessins étaient abstraits mais élaborés, restituant une impression de mouvement, comme si les peintres avaient voulu donner à leur implantation permanente un petit quelque chose d'endiablé.

Dans toute la zone de fouille, de petites fosses ovales ponctuaient le sol des maisons, signe que des squelettes avaient été exhumés de leur sépulture. Les habitants de Çatal Höyük gardaient leurs défunts à proximité, juste au-dessous des plates-formes surélevées qui leur servaient de lit. Les corps étaient inhumés en position fœtale, de sorte que la forme associée à la mort était celle d'un récipient de stockage arrondi, et non du cercueil longiligne familier au monde occidental. Certaines plates-formes accueillaient quelques sépultures de ce type, d'autres en comptaient une demi-douzaine. L'une d'entre elles, nous apprit-on par la suite, renfermait plusieurs crânes mais un seul squelette.

Nous avions pour guide l'archéologue de Stanford Ian Hodder, un Londonien à la voix douce qui dirige les fouilles depuis 1993. Ian Hodder est l'exact opposé d'Indiana Jones, l'aventurier vu par Hollywood. Il s'est fait connaître par ses travaux précurseurs à l'origine d'un important courant de pensée, l'archéologie contextuelle[1], qui voit les artefacts anciens comme des éléments essentiels pour comprendre les cultures dont ils proviennent, et non comme un butin. Archéologue de cette école, Indiana Jones aurait laissé dans son temple l'idole dorée des *Aventuriers de l'Arche perdue* et cherché à comprendre comment elle s'insérait dans les croyances des gens qui avaient construit cet ahurissant monument truffé de pièges. Lorsqu'il découvre un trésor inestimable à Çatal Höyük – et il a été très souvent dans le secret de nombre d'entre eux –, Ian Hodder veut savoir ce qu'il peut nous apprendre des rapports sociaux au sein de cette cité ancienne.

Ôtant son chapeau de brousse, notre guide descendit dans une profonde tranchée qui dessinait un carré parfait, découpé dans le sol d'une maison. Une paroi de la tranchée présentait ce que les archéologues appellent un profil, une coupe stratigraphique verticale révélant les nombreux siècles de maisons qui se sont superposées dans cette zone. La couche inférieure est le sol le plus ancien, chaque couche suivante étant ultérieure, ce qui explique cette façon souvent déroutante qu'ont les archéologues d'utiliser le mot « supérieur » dans le sens de « plus récent ». Un autre vocable désigne cette technique d'analyse, la « stratigraphie », soit l'étude des diverses couches géologiques dans leur contexte historique. Ian Hodder attira notre attention sur les couches supérieures du profil, qui formaient un motif doucement ondulé, fait de bandes de matériau noir prises en sandwich entre de l'argile brun clair, surmontées d'une strate noire, à laquelle se superposait une autre strate constellée de ce qui ressemblait à des fragments d'os. On aurait dit un millefeuille à l'architecture compliquée, mais haut de trois mètres et confectionné en terre. Nous avions sous les yeux ce qu'il était advenu des maisons de cette ville au fil des siècles, nous expliqua Ian Hodder. Les couches d'argile brune témoignaient du soin avec lequel les familles de Çatal Höyük entretenaient leurs sols, replâtrant souvent leur surface. Et les strates noires étaient de la cendre et représentaient les périodes où l'habitation avait été désertée. Souvent, une maison abandonnée était symboliquement « scellée » par l'incinération rituelle des objets de la maisonnée, ce qui intercalait une couche visible de matériaux calcinés. Après quoi elle devenait parfois une décharge, que les voisins comblaient avec la cendre de leurs foyers et d'autres déchets.

Finalement, une nouvelle famille reconstruisait la maison, appliquant une couche épaisse d'argile et de plâtre sur la cendre et reconstituant à l'identique la configuration de l'ancienne structure. Ian Hodder qualifiait de « répétitive » la construction immobilière à Çatal Höyük – les résidents n'attachaient aucun prix à l'idée de changer leur style d'architecture. Ses confrères et lui dégagèrent ainsi une maison qui avait connu quatre reconstructions et dont les résidents successifs avaient entreposé leurs récipients de cuisson et enterré leurs morts exactement aux mêmes endroits.

Aux niveaux supérieurs de la maison qu'il nous montrait, Ian Hodder identifiait trois sols en argile intercalés entre des couches de cendre, représentant l'alternance des abandons et des reconstructions. Les strates devenaient plus floues aux niveaux inférieurs, mais nous pûmes distinguer au moins huit couches supplémentaires d'argile et de terre de comblement imbriquées. D'après lui, elles pouvaient être la trace de nombreuses maisons antérieures, ou bien d'un nombre plus réduit de maisons où l'on avait procédé à de nombreuses réfections du sol pendant l'occupation des lieux. Quoi qu'il en soit, nous avions sous les yeux la version primitive d'un phénomène urbain qui perdure dans les villes modernes. Les habitants de Çatal Höyük faisaient du neuf à partir du vieux, exactement comme je m'étais créé un nouveau lieu de vie dans ma maison centenaire en rafraîchissant le crépi extérieur, en rebâtissant certains des murs et en les badigeonnant d'une couche de peinture fraîche.

Abandonnant l'excavation 4040, nous suivîmes Ian Hodder de l'autre côté du tell, vers le sud-ouest, en direction d'une autre excavation plus ancienne, dénommée Sud. En longeant au passage quelques tentes de toile qui abritaient des creusements plus modestes, j'imaginais les résidents de Çatal Höyük empruntant le même chemin sur les toits pour traverser la cité. Bien qu'extensives, les fouilles actuelles n'ont dégagé que cinq pour cent de la ville elle-même. Nous foulions des milliers d'habitations, construites les unes au-dessus des autres pendant plus d'un millénaire et qui dissimulaient encore leurs trésors.

L'excavation Sud est saisissante. Protégés par une structure en acier et fibre de verre, nous pouvions voir que les archéologues avaient creusé le site d'au moins dix mètres de profondeur, mettant au jour des couches encore plus anciennes de la trame urbaine. Depuis une passerelle panoramique en bois où j'avais fait une halte, mon regard inventoriait les couches stratigraphiques comme à la loupe. Tout en bas, je distinguais les parties de la ville datant des temps les plus anciens de sa construction, le moment où un groupe d'individus avait décidé pour la toute première fois de se fixer définitivement à cet endroit au lieu de poursuivre ses pérégrinations de nomade. En ce temps-là, ces terres étaient marécageuses et couvertes d'une végétation exubérante. Aucun de ces colons n'avait idée de ce que pouvait être une ville avant de commencer à la bâtir. Ils avaient continué d'ajouter de plus en plus de structures à leur implantation en fonction de leurs besoins de l'heure, jusqu'au jour où les dépôts d'argile devinrent des maisons en argile, et les maisons en argile des circulations en toiture, des quartiers résidentiels et des ouvrages d'art, eux aussi en argile. D'un seul regard, nous embrassions plus de quinze cents ans de l'histoire de la cité.

Ian Hodder tendit la main vers un fanion fixé à une tige métallique au bas de la fosse : « La strate de la crémerie ! », annonça-t-il avec un demi-sourire sibyllin. Il nous montrait le niveau de Çatal Höyük où les scientifiques avaient découvert la première trace d'une utilisation culinaire des produits laitiers. Des restes adhérant à des pots en terre témoignent de brouets enrichis de lait de chèvre, voire de fromage. Étudiant l'élevage des ovins au néolithique, les chercheurs Maria Saña, Carlos Tornero et Miguel Molist ont relevé des indices prouvant que des familles, pendant des générations, ont élevé des petits troupeaux de moutons[2] pour leur lait et leur viande. Mais la strate de la crémerie représente plus que l'ajout de produits délectables au régime alimentaire de leurs consommateurs. Leur apparition changea le mode de vie des humains, qui modifia à son tour la vie des animaux, ainsi que le terrain autour des établissements humains. À la strate de la crémerie, nous pouvions discerner les traces laissées par des humains qui ne cherchaient plus à définir leur place dans la nature, mais commençaient à modifier la nature à leur convenance.

Comment les humains se sont domestiqués

En 1923, l'archéologue australien Vere Gordon Childe publia un livre intitulé *L'Invention de la civilisation*, qui proposait l'un des premiers scénarios de l'évolution de la vie urbaine. Influencé par l'idée marxiste selon laquelle la civilisation humaine change lors de révolutions économiques, Vere Gordon Childe invente l'expression « révolution néolithique » pour décrire les innombrables adaptations qui caractérisèrent l'occupation de Çatal Höyük. Imaginant une version millénaire de la révolution industrielle, il pose que toutes les sociétés étaient passées inévitablement par une phase de transformation intense et accélérée quand elles avaient adopté l'agriculture, conçu des symboles pour communiquer, s'étaient engagées dans des échanges sur de longues distances et avaient construit des implantations densément peuplées. Cet ensemble de pratiques néolithiques, expliquait-il, gagna rapidement tout le Moyen-Orient et, de là, essaima dans le monde entier, instaurant l'urbanisme dans son sillage.

Durant des décennies, les étudiants en anthropologie étudièrent la révolution néolithique, rupture culturelle brutale survenue quand des bandes nomades en perpétuel déplacement étaient devenues des citadins payant des impôts. Malgré le succès de cette thèse auprès de nombreux spécialistes, les archéologues ont recueilli aujourd'hui de nouvelles données sur les sociétés néolithiques comme Çatal Höyük, présentant un tableau nettement plus complexe. Le passage de la vie nomade à la société urbaine de masse fut très graduel, rythmé par de nombreux arrêts et de nouveaux départs au cours de milliers d'années. Et il ne débuta pas au Moyen-Orient pour rayonner ensuite dans le monde ; l'ensemble de pratiques que nous qualifions de néolithiques apparut de manière autonome en de multiples endroits, de l'Asie du Sud-Est au continent américain. Nul ne contestera que les technologies néolithiques et les modes de vie ont transformé le cours de nos civilisations. Et parfois la transition fut certainement détonnante, surtout pour des individus renonçant à leurs pratiques anciennes. Mais la révolution industrielle n'offre pas une comparaison satisfaisante pour décrire le changement de société que nous observons à Çatal Höyük. Au début du XXe siècle, une seule et même génération fut témoin de l'adoption largement généralisée de l'électricité, du téléphone et de l'automobile. Or, il y a plus de dix mille ans, au néolithique, il nous fallut des dizaines de générations pour développer l'agriculture, et des dizaines de plus pour atteindre la strate de la crémerie. Pour autant, et même si elles progressèrent lentement, les populations humaines du néolithique réussirent à entièrement transformer le monde qui les entouraient, exactement comme leur lointaine descendance le ferait un jour avec ses combustibles fossiles et ses moteurs vomissant le carbone.

À l'époque de la fondation de Çatal Höyük, l'humanité avait son empreinte écologique distinctive, abondant en animaux qu'elle élevait et végétaux qu'elle cultivait[3] – chèvres, moutons, chiens, arbres fruitiers, plusieurs espèces de blé, de l'orge et de nombreuses autres plantes domestiquées dans diverses régions du monde. En même temps, nous attirions des formes de vie que nous n'avions pas prévues, ainsi les rats, les corbeaux, charançons et autres indésirables – plus des microbes, sources d'infestation capables de se transmettre aisément d'un humain à un autre humain, ou d'un animal à un humain, dans l'espace restreint d'un village. L'écosystème humain dessine un réseau complexe d'organismes désirables et indésirables, attirés par nos aliments, nos déchets, nos corps et nos abris.

Les humains modifièrent toutes les formes de vie présentes dans leurs écosystèmes de village. Nous avons cultivé des plantes en faisant le nécessaire pour que leurs parties comestibles arrivent plus vite à maturité et nourrissent plus d'individus, ce qui a conduit à du blé à grain plus gros et à des fruits plus charnus. Les animaux domestiques comme les chiens, les moutons, les chèvres et les porcs se sont eux aussi modifiés au cours de milliers d'années de domestication. Le changement le plus visible est peut-être ce qu'on appelle la néoténie, ou l'aspect de plus en plus juvénile des adultes d'une espèce. Les animaux domestiques tendent à être de plus petite taille, à développer des traits faciaux plus doux, tels que des oreilles souples et des museaux courts. D'autres modifications sont encore plus spectaculaires : le cochon domestique possède une paire de côtes en plus. Les humains ne firent pas exception. Nous nous sommes domestiqués aussi.

Des générations de vie sédentaire, durant lesquelles nous nous sommes nourris d'une immense variété d'aliments mous, cuisinés, ont imprimé leur marque sur notre corps. La néoténie a affiné notre visage et raréfié notre pilosité corporelle. Notre mâchoire a raccourci et s'est arrondie, ce qui nous a permis d'introduire de nouveaux sons dans notre langage[4]. En particulier, le « v » et le « f », produits par la pression des dents supérieures sur la lèvre inférieure, ne peuvent être émis que si la mâchoire inférieure s'insère légèrement à l'arrière de la mâchoire supérieure. Et cette configuration résulte vraisemblablement, à son tour, de la consommation de bouillies de céréales fraîches rendue possible par l'agriculture.

De nouveaux types d'aliments firent aussi que la néoténie s'exerça sur le génome d'une énorme fraction de la population humaine. Tous les bébés humains naissent avec la faculté de digérer le lactose, un sucre présent dans le lait cru. Avant le néolithique, nous étions intolérants au lactose en grandissant, éprouvant de très sévères troubles gastriques si nous buvions un verre de lait ou mangions du fromage. Mais une fois que les produits laitiers s'introduisirent dans le régime alimentaire humain occidental, une mutation génétique induisant la tolérance au lactose chez les adultes se répandit comme une traînée de poudre dans toute la population. Cette mutation génétique fut spectaculaire et massive, et seulement imputable à notre passage à la vie sédentaire. Dans l'écosystème artificiel de la ville, toutes les formes de vie changèrent – *Homo sapiens* compris

Cette transformation n'échappa sûrement pas aux habitants de Çatal Höyük, extrêmement conscients de la différence entre bêtes sauvages et animaux domestiques. À ce que m'en dit Rana Özbal, archéologue de l'université de Koç spécialisée en alimentation urbaine, ils préféraient les repas composés de plantes et de viande domestiquées. À partir des résidus chimiques qu'elle a analysés dans les récipients de stockage, les ustensiles de cuisine et les fosses à déchets, nous savons que les habitants de Çatal Höyük se nourrissaient de lait, de céréales, de mouton et de chèvre. Les animaux sauvages, tels les aurochs, ne figuraient au menu que dans les grandes occasions, un banquet public par exemple. La domestication semble avoir été un processus d'auto-renforcement : les humains étaient attirés par des aliments « domestiqués » qui transformaient le corps, et avec le temps leur corps s'adapta mieux à ces aliments qui les rendaient plus séduisants.

En même temps, la domestication ne modifiait pas seulement la biologie humaine. Elle fut aussi à l'origine de nouvelles formes remarquables d'expression artistique et de symboles. Ian Hodder a rapporté avoir découvert des dents de blaireau et de renard, ainsi que des griffes d'ours et des mâchoires de sanglier, incorporés intentionnellement dans les parois en plâtre de nombreuses maisons de Çatal Höyük. Souvent, les occupants étalaient une épaisse couche de plâtre sur des crânes d'auroch, mais sans toucher aux cornes, qu'ils fixaient à proximité de leur porte. À l'intérieur de nombreuses maisons, ces crânes étaient disposés les uns au-dessus des autres sur des piliers, créant l'illusion d'une cage thoracique faite de cornes. Les animaux sauvages occupent aussi une place de choix dans des peintures, où nous découvrons des léopards, des aurochs et des oiseaux. Comme le souligne Lynn Meskell, archéologue de l'université Stanford, les figurines produites à Çatal Höyük représentent en majorité des animaux, non des humains[5]. Seule une minuscule fraction des centaines de pièces exhumées sur le site montre des individus ou des parties du corps humain.

Comment expliquer la fascination d'une société férue de domestication pour un monde sauvage qu'elle s'évertuait à laisser derrière elle ? Bien qu'eux-mêmes domestiqués, les humains de la cité n'étaient séparés que par quelques générations des nomades qui ignoraient les murs, cernés d'animaux susceptibles de se transformer à tout moment en prédateurs ou en proies. D'après Ian Hodder, les animaux sauvages auraient continué de leur inspirer une crainte d'ordre spirituel, et ils recouraient à leur effigie pour invoquer leur pouvoir[6]. Une de ses peintures murales préférées montre deux léopards « affrontés », dont les gueules féroces se détournent pour dévisager sans pitié le spectateur. Sur une autre peinture, des vautours gigantesques semblent s'enfuir en emportant des têtes humaines. Des scènes de chasse accentuent l'aspect chétif de minuscules silhouettes humaines, à peine des traits, à côté de taureaux et d'un sanglier tous surdimensionnés. Les bêtes sauvages occupent une place importante dans l'imaginaire des habitants de Çatal Höyük – souvent au sens propre du mot.

Les humains n'étaient pas toujours dépeints en conflit avec leurs partenaires du monde naturel. Les artistes de Çatal Höyük avaient un faible pour le thérianthrope, une créature hybride. Dans une peinture, un vautour est doté de jambes. De nombreux humains arborent des taches de léopard tandis qu'ils chassent ou harcèlent des taureaux. Des archéologues ont découvert des déjections de blaireau et d'autres prédateurs placées à dessein dans des sépultures humaines, comme pour associer les « saletés » d'un animal dangereux aux souillures terreuses de la fosse. Peut-être les humains revendiquaient-ils ainsi un pouvoir symbolique, s'arrogeant la vélocité du léopard, la rapacité du vautour ou la soif de sang du blaireau. Les bêtes sauvages, avance Ian Hodder, pourraient avoir été traitées en puissantes figures ancestrales du passé, et le fait d'entretenir des rapports avec elles aurait conféré de l'autorité aux individus du présent. En d'autres termes, le thérianthrope pourrait être une forme archaïque de gesticulation politique, une façon d'affirmer son pouvoir sur autrui en se prévalant d'être un peu plus qu'un simple être humain.

À moins que les animaux sauvages insérés dans les murs aient eu pour vocation de rappeler aux citadins le temps où leurs ancêtres dormaient dans des sacs de couchage ou sous la tente, des structures précaires incapables de résister à la charge d'un auroch. Vues sous cet angle, les images d'animaux sauvages remettaient en mémoire la faiblesse humaine. Nos murs, aujourd'hui assez solides pour décourager les prédateurs, furent fragiles en d'autres temps. Le monde sauvage rôdait à proximité, tout proche, guettant l'occasion de s'introduire dans l'enceinte, toutes griffes dehors et en montrant les crocs. Marc Verhoeven, du RAAP Archeology Consultancy, voit dans les murs de Çatal Höyük des espaces de « dissimulation et dévoilement » ; le monde non domestiqué est invité à y pénétrer, mais seulement pour y être recouvert de plâtre. Domestiquer ne signifie pas couper du monde naturel. Il s'agit plutôt d'une procédure de filtrage, qui ouvre la porte à certaines formes de vie tout en gardant les autres en respect. Animaux, plantes et individus domestiqués vivent à l'intérieur de la maison, cependant que la nature sauvage reste prisonnière de ses parois. Le modèle urbain de Çatal Höyük correspond à une société qui s'adapte malaisément à la vie domestiquée. Ses habitants adhéraient à leur passé dans le monde sauvage parce qu'il leur conférait du pouvoir, mais ils entendaient le garder dans l'épaisseur de leurs murs, à distance respectueuse.

Il y avait autre chose que les habitants de cette ville ancienne souhaitaient tenir à distance : leurs voisins. À cet égard, les résidents des tours étincelantes d'Istanbul partageraient de nombreux points communs avec leurs ancêtres du néolithique. Constamment les uns sur les autres, séparés par soixante centimètres de brique crue des gens qu'ils voyaient tous les jours, les habitants de Çatal Höyük parvenaient difficilement à préserver leur intimité. L'anthropologue Peter J. Wilson écrit dans *The Domestication of the Human Species* que les cités comme Çatal Höyük vivaient l'aube de la notion d'intimité[7]. Nomades, les humains connaissaient très peu de moments de solitude. L'espace individuel n'existait pas et les habitations – des structures démontables – fournissaient un paravent discret plutôt qu'elles ne les séparaient réellement du groupe. En même temps, l'intimité absolue était garantie à quiconque souhaitait le quitter et vivre sa vie. Si deux communautés s'enlisaient dans un conflit insoluble, rien ne les obligeait à ruminer de part et d'autre d'un même mur. Elles pouvaient tout simplement partir chacune de son côté.

Çatal Höyük inversa les termes de l'équation sociale. Les habitants pouvaient désormais vivre chez eux à l'abri des regards, dissimulant la moindre de leurs activités à leurs voisins. Mais dans un établissement humain permanent, où les individus acquéraient de nombreux biens personnels, il devint extrêmement difficile de quitter le groupe. De sorte que la porte d'entrée de la maison d'autrui devint une frontière saturée de pouvoir social et mystique. Lorsque quelqu'un demande à entrer dans une maison, écrit Peter Wilson, il est entendu que l'hôte « expose ou révèle une part de son domaine privé aux voisins[8] ». Multipliant les portes closes et les pièces dissimulées, la société urbaine a promu un nouveau mode d'interaction : on ne se montre qu'en partie. Paradoxalement, il fallut l'invention de la ville pour que les individus conçoivent l'idée d'être seuls, loin de la foule. En d'autres termes, la notion de « privé » voyait le jour, et avec elle celle de l'espace public.

De retour à l'abri de l'excavation Sud à Çatal Höyük, je scrutai les profondeurs de la ville : des murs construits sur des murs, des sols sur des sols, tous dévoilés dans un gigantesque escalier de niveaux qui remontait le temps en plongée. Je compris que cette ville n'était pas une simple architecture technique. En même temps que leur maison, les résidents bâtissaient les nouvelles couches de leur identité. Chez eux, ils pouvaient se livrer à des activités dont nul n'avait connaissance. Les murs mitoyens ne filtraient pas les bruits, bien sûr, et les réseaux de commérage rompaient le silence, mais les occupants avaient désormais conscience de pouvoir s'affranchir des autres même en vivant au milieu d'eux. Ouvrir la porte pour sortir signifiait qu'on exposait aux regards un visage public et, avec lui, un ensemble de conduites qui pouvait différer du tout au tout de celles acceptables chez soi. La sphère publique existait en haut, sur les circulations du toit-terrasse, la sphère privée occupait le sol en terre battue en bas. Et au-dessous des deux se situait le domaine des ancêtres inhumés et des réminiscences rituelles, dans un espace qui transcendait le public et le privé. En résumé, la maison permettait de penser les rapports sociaux.

Plus les individus vivaient sur un territoire donné, plus ce territoire s'intégrait à leur identité profonde. Pour la première fois vibraient les émotions d'où naîtraient des formulations comme « Je suis new-yorkais » ou « Je viens de la Prairie ». Elles n'ont de sens que si l'on associe déjà l'individualité à un lieu déterminé. Ian Hodder et d'autres archéologues parlent à ce sujet d'« imbrication matérielle », le moment où notre identité est devenue indissociable des objets physiques qui nous entourent. Ces objets pouvaient être n'importe quoi, d'une arme rituelle ou d'un cadeau d'une personne aimée à une colline sur laquelle on était né. À Çatal Höyük, les maisons étaient les lieux les plus flagrants d'une imbrication matérielle : leurs murs étaient constellés d'éléments magiques provenant de la nature, leurs sols enfermaient une histoire puissante, leurs resserres contenaient assez de nourriture pour assurer la subsistance de toute une famille sans qu'un de ses membres ait à s'aventurer hors du domaine domestique de la ferme et du troupeau, et de son périmètre de sécurité.

Les humains disposaient du savoir-faire et des outils voulus pour construire des maisons avant de commencer à y vivre à plein temps. Ce ne fut donc pas une percée technologique qui nous aurait conduits à changer nos mentalités. Mais peut-être exactement l'inverse. À mesure que les sociétés se complexifiaient, il nous fallut des objets plus permanents pour nous faire une idée de nous-mêmes.

Revendiquer les terres

C'est une question qui a passionné Marion Benz, archéologue de la Freie Universität de Berlin, pendant le plus clair de ses recherches. Elle m'a dit que le passage à la vie sédentaire provoqua un choc culturel dont les ondes se répercutent encore aujourd'hui à travers les civilisations humaines. Afin d'absorber ce choc, ou peut-être de l'exprimer, les populations construisirent des structures monumentales qui transformèrent les étendues de terre impersonnelles en paysages fabuleux. Monolithes en pierre, pyramides et ziggourats, et jusqu'aux gigantesques méga-tours d'aujourd'hui traduisent tous le même réflexe : attacher l'humanité à un lieu précis, distinctif.

Nous observons, d'après son analyse, des flambées d'architecture monumentale à des points de basculement de la civilisation humaine, lorsque nous passons d'un mode de développement communautaire au mode suivant. Nous en relevons les premiers exemples dans l'architecture néolithique, des milliers d'années avant que Çatal Höyük ne devînt une ville. Il y a environ douze mille ans, des populations semi-nomades édifièrent une structure inouïe au sommet d'un haut-plateau appelé aujourd'hui Göbekli Tepe. Situé à quelque trois cents kilomètres à l'est de Çatal Höyük, le site renferme plus de deux cents piliers en pierre en forme de « T », dont certains atteignent 5,5 mètres de haut. Ils rappellent un peu Stonehenge, mais s'en distinguent par leur raffinement. Leurs parois fourmillent de reliefs et de sculptures d'animaux sauvages, dangereux ou venimeux pour beaucoup d'entre eux.

Des traces d'une occupation périodique du site – pour l'essentiel des déchets de festins et de campements – laissent penser qu'il s'agit peut-être de l'un des premiers établissements humains construits en Occident. Mais personne n'y vivait en permanence, comme à Çatal Höyük. Arrivant de la montagne, les visiteurs débouchaient sur le site après avoir suivi un étroit sentier et campaient à proximité du complexe de piliers. Construits en pierre prélevée à proximité, les piliers se dressaient à l'intérieur d'une série d'enceintes concentriques séparées par une petite allée sinusoïde qui aboutissait à un espace central, occupé par de nombreuses banquettes et deux des plus grands monolithes. Cette structure était probablement pourvue d'une toiture. L'ensemble créait un labyrinthe obscur dans lequel l'imagerie animale devait se préciser par intermittence à la lumière vacillante des torches, semblant prendre vie dans les ombres mouvantes. Les archéologues ont mis au jour sur le site des crânes humains sculptés et peints ; de petits trous incisés dans la calotte permettaient d'y glisser des lanières en cuir et de les suspendre aux pierres[9].

Impressionnant par ses dimensions et durablement inscrit dans les mémoires, Göbekli Tepe était un lieu vers lequel les visiteurs convergèrent pendant des milliers d'années, magnifiant son imposante architecture de pierre de leur présence et y tenant des cérémonies et des banquets. Klaus Schmidt, l'archéologue qui y dirigea la campagne de fouilles dans les années 2000, y voyait un proto-temple témoignant d'un culte des morts[10]. Mais il attache moins d'importance à sa destination exacte qu'au fait que des humains l'édifièrent pour frapper les esprits mais aussi perdurer à une période où ils occupaient pour la première fois des implantations permanentes. Ce fut pour eux, estime-t-il, une façon de faire valoir leurs droits sur les terres, liant la communauté humaine au lieu et non au groupe[11].

Mais ce fut aussi une stratégie de survie pour répondre à une crise sociale. À mesure que les humains abandonnaient les bandes nomades pour former des communautés agricoles, leur population s'accrut. Brusquement, une communauté cessa d'être une famille étendue d'individus dont vous connaissiez par cœur les visages. Dans un village de deux cents habitants, ou une ville de plusieurs milliers de résidents, même les voisins pouvaient être de parfaits inconnus. Les liens personnels ne suffisaient plus pour se sentir appartenir au groupe. « Ils ont eu besoin d'un art monumental pour créer un sentiment d'engagement et rappeler en permanence aux gens leur identité collective », m'expliqua Marion Benz. On pourrait dire que les individus cessèrent de prendre conscience de leur identité en fonction aux autres, pour s'identifier désormais à un lieu spécial et partagé. Les paysages symboliques remplacèrent la tribu nomade au sens littéral, mais aussi émotionnel.

Lorsqu'elles se fixèrent à Çatal Höyük, deux mille ans après la création de Göbekli Tepe, la manière dont les populations voyaient leur rapport au lieu avait subi une transformation spectaculaire. Durant cet intervalle, des communautés sédentaires avaient proliféré dans tout le Moyen-Orient, et le choc du passage à l'agriculture s'était estompé. Pour expliquer cette évolution, Marion Benz s'est penchée sur la modification de l'iconographie animale dans la production artistique de cette période. À Göbekli Tepe et sur d'autres sites aussi anciens, on relève quelques figures humaines, mais elles sont « entourées d'une grande diversité d'animaux sauvages ». Les artistes nous montrent un monde où humains et animaux non domestiqués sont sur un pied d'égalité. Parfois, à Göbekli, les animaux semblent submerger les figures humaines. Certaines pierres en forme de « T » s'agrémentent de bras et de pagnes gravés dans leur moitié inférieure, mais elles n'ont pas de visage. Au lieu de quoi, des motifs animaliers et abstraits couvrent le haut du corps. Mais à Çatal Höyük, il existe des peintures murales dans lesquelles les animaux sont entourés de figures humaines porteuses d'armes. « Nous voyons un groupe de chasseurs… [qui] conjuguent leurs efforts pour tuer la bête sauvage », soulignait Marion Benz. Cette évolution traduit à ses yeux « un énorme changement conceptuel ». Les initiateurs de Göbekli cherchaient à ancrer des sociétés nouvelles dans le monde sauvage, tandis que les occupants de Çatal Höyük appartenaient à des « communautés établies et sûres d'elles » qui se comptaient par milliers.

Les images monumentales d'animaux sauvages et la présentation publique de crânes peints à Göbekli Tepe se sont introduites, à une moindre échelle, dans les maisons de Çatal Höyük. Dans la ville, elles sont devenues des objets privés et domestiques, associés au foyer et à la maisonnée. Ce pourrait être le signe que les habitants n'éprouvaient plus le besoin urgent d'affirmer leur identification à un lieu unique. Ils étaient imbriqués dans leur environnement matériel au point de pouvoir parcourir plusieurs pâtés de maisons sans jamais fouler un sol que la main humaine n'avait pas façonné. Personne, à Çatal Höyük, ne se poserait jamais la question de savoir si les humains pouvaient modifier leur milieu et prospérer dans une structure qui surpassait de loin tout ce que le monde nomade avait connu. Marion Benz avançait que là résidait peut-être l'explication de l'architecture « antimonumentale » de Çatal Höyük. Il n'y a pas de maisons imposantes ni de monolithes intimidants. À la place se déploie l'impressionnant maillage de la ville en soi, des milliers de maisons imbriquées, entourées de champs domestiqués et cultivés de génération en génération. Çatal Höyük fut toujours un lieu en transition, porte d'entrée dans le futur urbain mais aussi monument perpétuant le souvenir du passé nomade dans les grands espaces.

Vers l'abstraction

À mesure que Çatal Höyük se développait, ses résidents s'adaptèrent à la société de masse en créant dans l'enceinte de la ville des réseaux d'individus en qui ils avaient confiance – des personnes qui partageaient leurs croyances ou leurs savoir-faire. Forte de milliers d'habitants, la ville était assez grande pour que ces réseaux puissent s'ouvrir à des inconnus ; il fallut inventer un moyen simple et rapide de s'identifier et de préciser son affiliation. La population de Çatal Höyük et des villages voisins commença donc à se munir de petites plaques en argile, que les archéologues nomment des sceaux-tampons. D'ordinaire, l'objet en question avait en gros le format d'une carte de visite professionnelle, agrémenté d'une image en relief sur une face. On a la preuve que certains se portaient en pendentif, d'autres servant au troc. Parfois on les utilisait comme de véritables tampons, plongés dans de la peinture puis appliqués sur les textiles ou pressé dans de l'argile molle pour créer un motif.

Les sceaux les plus anciens arborent l'imagerie néolithique que nous connaissons déjà : vautours, léopards, aurochs, serpents et autres animaux sauvages. D'autres montrent des maisons, comportant parfois deux niveaux et dotées d'un simple toit triangulaire. Archéologue de l'Université technique du Moyen-Orient, Çiğdem Atakuman les a étudiés dans toute la région. Elle y voit une version portative de la maison, qui recourt au symbolisme pour rattacher une personne à un lieu ou à un groupe. Les membres d'une famille donnée, ou d'un village particulier, auraient tous porté un sceau orné du même symbole. Les cérémonies de passage à l'âge adulte remettaient parfois un sceau spécial aux intéressés pour marquer cette transition. Les sceaux pouvaient indiquer l'appartenance à un groupe de cultivateurs ou de chamans, ou à un quelconque autre groupe. Nous ne connaissons pas toutes leurs modalités d'utilisation, mais on relève leur présence dans des villages de toute la région, certains d'entre eux à des centaines de kilomètres de leur lieu de production. Le symbolisme de la vie sédentaire prenait à nouveau la route par leur entremise.

Au fil des siècles, les motifs des sceaux devinrent plus abstraits. Çiğdem Atakuman notait en particulier leur évolution vers une imagerie phallique. Le phallus en érection est un thème récurrent dans la représentation des animaux sauvages à Çatal Höyük et à Göbekli Tepe, ainsi que dans d'innombrables autres sites néolithiques. À Çatal Höyük, il caractérise souvent les taureaux et les cochons des peintures murales montrant des scènes de chasse. À Göbekli Tepe, des phallus en érection dépourvus de corps ou vaguement attachés à des figures humaines sont sculptés dans la pierre. Quelques-unes des figurines retrouvées à Çatal Höyük semblent être des phallus sans corps, et nous les voyons à nouveau sur des sceaux. Ces phallus ont suscité d'ardents débats chez les archéologues. Représentent-ils la puissance masculine ?

La fécondité ? L'excitation et la violence ? Comme nous le verrons en explorant l'imagerie phallique dans des villes plus tardives, un phallus n'est pas toujours un pénis. Mais le symbole d'une multiplicité d'éléments, parmi lesquels beaucoup n'ont trait ni à la sexualité ni au genre. Et la présence de l'imagerie phallique sur des sceaux révèle une population dont la société entre dans une phase nouvelle.

Les phallus incisés devinrent plus abstraits, expliquait Çiğdem Atakuman : les sceaux primitifs montrent clairement une verge surmontant deux testicules ovoïdes, mais avec le temps l'empreinte se réduit à une forme bulbeuse et pointue au-dessus d'un cercle, et des siècles plus tard à un simple triangle. Ces triangles autrefois phalliques investirent aussi la représentation simplifiée des habitations. Comme l'a noté l'anthropologue Janet Carsten, les premiers occupants des villes établissaient un lien spirituel entre le corps humain et la maison[12], de sorte qu'une partie du corps finit par représenter, en bonne logique, un élément de cette maison. Mais cette observation n'explique pas pourquoi l'on en vint à créer des symboles de plus en plus abstraits[13]. Pour Çiğdem Atakuman, le recours très fréquent à des symboles comme mode de communication aurait conduit leurs utilisateurs à développer une sorte de sténographie. Elle leur permettait d'interpréter des images complètement étrangères à ce qu'elles représentaient.

Aucune trace n'atteste l'existence de l'écriture chez les occupants de Çatal Höyük, mais leurs sceaux nous montrent qu'il s'en fallait de peu. L'écriture est la continuation de l'abstraction progressive dont témoignent les sceaux néolithiques à phallus. Les individus s'identifiaient peu à peu en fonction de couches d'abstraction. Ceux qui utilisaient le triangle n'avaient peut-être même pas conscience que cette forme dérivait du phallus. Elle représentait tout simplement le toit d'une maison, emblématique d'un lieu précis. Ou bien elle s'insérait dans un ensemble de symboles élargi, indiquant l'identité de qui l'arborait. Elle pouvait révéler sa ville d'origine, son métier, ou prouver que cette personne était entrée dans l'âge adulte.

À mesure que la population de Çatal Höyük croissait, passant de centaines de résidents à plusieurs milliers, les habitants durent s'habituer à plus qu'une simple domestication. Ils vivaient dans une bulle de culture humaine, où les liens de parenté, les savoir-faire et les systèmes de croyance se révélaient extrêmement complexes et variés. Pendant la première période du néolithique, les individus avaient la possibilité de s'identifier comme appartenant à une famille qui vivait dans un lieu précis. Mais les habitants de Çatal Höyük pouvaient se réclamer d'un ancêtre révéré et commun, représenté par un animal ; ils vivaient souvent dans des maisons dont les autres occupants n'étaient pas du même sang ; ils pouvaient passer le plus clair de la journée à confectionner des outils en pierre tandis que ceux-ci rapportaient des champs les aliments qu'ils cuisinaient. L'identité était fongible et intersectionnelle. Étonnez-vous que les citadins ne se soient jamais déplacés sans leur sceau-tampon pour indiquer leur identité et prouver leur allégeance !

Avec le temps, une configuration symbolique encore plus compliquée commença à se dégager de l'environnement bâti de Çatal Höyük. Alors que je visitais le site, l'anthropologue Peter Biehl, de l'université de Buffalo, émit l'idée que la reconstruction obstinée d'une maison présiderait à l'avènement de la notion d'histoire. La population de Çatal Höyük appartenait peut-être à l'une des premières civilisations qui transcendèrent le souvenir pour passer à une perspective historique. L'histoire, disait-il, est une « externalisation de la mémoire », qui se projette au-delà de la durée d'une vie. Peut-être des individus dotés d'un puissant esprit du lieu étaient-ils prêts à mettre en place un cadre cognitif de cette nature.

Comme le soulignait Ofer Bar-Yosef, anthropologue de l'université Harvard, l'analyse de Peter Biehl pourrait s'appliquer tout autant à la naissance de la cosmologie, qu'il voit aussi se dégager, des milliers d'années plus tôt, des habitations troglodytiques du paléolithique supérieur peuplées de symboles. Les occupants de Çatal Höyük auraient lardé d'ossements leur cité pour marquer leur place spirituelle dans le monde. D'après lui, il est probablement impossible de dissocier histoire et cosmologie dans le monde néolithique. L'une comme l'autre sont des notions abstraites qui explicitent les rapports humains en fonction d'un contexte élargi. Il nous faut imaginer que la culture urbaine au néolithique ne faisait guère de distinction entre le passé et le domaine spirituel, ou entre la magie et la science.

Pour Ian Hodder, la cité est entièrement définie par les petits actes d'un grand nombre de personnes, qui confèrent à leur maison « une importance matérielle et symbolique croissante ». À Çatal Höyük, la vie urbaine ne fut pas un projet grandiose élaboré par des rois et des seigneurs de la guerre. Elle surgit de l'augmentation continue du nombre de maisons, dans lesquelles les humains inventèrent les techniques, outils et symboles qui font encore aujourd'hui l'attrait irrésistible des villes malgré leurs nombreux désagréments. « C'est dans le traitement distribué des tâches de la vie quotidienne que de petits gestes finissent par avoir de grandes conséquences », écrit-il[14]. Signifiant par là que les villes impressionnantes de notre époque commencèrent par être l'expression d'une humble vie domestique. Les rapports sociaux urbains en découlèrent aussi, en même temps que des idées nouvelles sur la communauté, sur l'histoire et sur nos liens spirituels avec le passé nomade dans les grands espaces.

Chapitre II

La vérité sur les déesses

À un moment quelconque au milieu du VIIIe millénaire avant notre ère, une résidente de Çatal Höyük franchit la porte de sa maison et tomba. Son flanc gauche heurta durement le sol et elle se fractura plusieurs côtes. Une fois rétablie, elle conserva sûrement des séquelles douloureuses au niveau du thorax, car durant le restant de ses jours elle utilisa de préférence le côté droit de son corps pour soulever et porter des charges et pour vaquer à ses activités. Avec l'âge, ces tâches répétitives laissèrent sur son ossature des marques tout aussi visibles que sa chute, notamment une usure spectaculaire de la hanche droite et des traces d'entorse à la cheville et aux articulations des orteils. Lorsqu'elle exhuma le squelette de cette femme, Ruth Tringham, archéologue de UC Berkeley, fut la première personne à le voir depuis plusieurs millénaires. Dans la touffeur sèche de l'été, et alors qu'elle brossait le sable accumulé dans les orbites et la mâchoire béante, une phrase chantée par Didon dans l'opéra de Purcell *Didon et Énée* lui revint brusquement en mémoire : « Souviens-toi de moi mais oublie mon destin. » Elle nomma Didon la femme qu'elle venait de découvrir. Durant les sept années qui suivirent, l'archéologue consacra ses étés à fouiller la maison de Didon, cherchant à connaître cette femme que quelque trois cent cinquante générations séparaient d'elle.

J'ai rencontré Ruth Tringham dans la tiédeur d'un après-midi à San Francisco, dans un café réputé pour ses pâtisseries portugaises et ses expressos sublimes. Bien que vivant en Californie depuis un bon moment, elle conserve un brin d'accent britannique, souvenir de ses jeunes années en Grande-Bretagne et en Écosse. Ruth a la silhouette sportive de qui n'hésite pas à creuser le sol aux confins de l'Europe de l'Est ou de la Turquie, régions où elle a passé le plus clair de sa vie professionnelle à tenter de comprendre les concentrations humaines de l'aube des temps en se penchant sur une seule vie à la fois. Lorsqu'elle découvrit Didon, cette femme préhistorique reçut le nom de « squelette 8115 de la partie nord de l'excavation 4040 ». Ruth décida d'enrichir et de personnaliser l'anonymat de ces désignations par numéro. « J'essaie de voir la vie de toute la maisonnée quand je fouille car l'histoire ne coule pas d'un bloc d'amont en aval, me dit-elle avec un petit sourire. Il faut la regarder de bas en haut et y associer des anecdotes, des bribes de preuve, afin d'en voir la dynamique. »

Ruth Tringham fait revivre les populations néolithiques par des vidéos et des récits concrets, relatant la procédure des fouilles en même temps que le travail d'interprétation qui restitue aux ossements leur qualité d'êtres humains. Comme Ian Hodder, elle s'intéresse au contexte de ses trouvailles. Elle veut savoir ce que Didon a pu ressentir, respiré et vu dans sa vie quotidienne de maîtresse de maison. À Çatal Höyük, centrer son attention sur une seule maisonnée peut aussi en dire long sur la cité en tant qu'entité, car les technologies de pointe du néolithique – la construction de maisons en brique, la préparation des aliments, la confection d'outils et la création artistique – avaient largement trait à la vie domestique. Imaginer la vie d'une femme comme Didon, Ruth en est convaincue, peut nous instruire sur l'attrait qu'exerçait la cité sur les individus – et, peut-être, sur les raisons qui les incitèrent à la déserter.

Comment des yeux néolithiques voyaient-ils la ville ? Située dans une plaine alluviale protégée par des montagnes au loin, elle était dominée au milieu du VIIIe millénaire par le profil de ses toits en brique crue, les sommets de deux buttes séparées par les méandres d'une rivière. De la fumée s'élevait de centaines de toits en terrasse, formant une brume odorante qui dérivait au-dessus de petites parcelles de terre cultivable sur le pourtour de son enceinte. Quand une maison restait longtemps inoccupée, les voisins la transformaient en une décharge qu'ils remplissaient à ras bord de tessons de poterie, d'os d'animaux dûment rongés, de cendre et de fumier, avant de la boucher hermétiquement avec une couche d'argile. Si nous voulons recréer le paysage urbain qui entourait la maison de Didon, il nous faut l'imaginer truffé d'habitations délabrées en réfection et de fosses à ciel ouvert débordant d'ordures qui empuantissaient l'air. Comme l'écrit sobrement l'archéologue Kamilla Pawłowska, « nous aurions sans doute estimé que la Çatal Höyük néolithique se distinguait par ses relents méphitiques[1] ».

Des relents qui n'auraient rien eu d'exceptionnel pour un visiteur de l'époque. En revanche, sa population l'aurait sidéré. Des milliers d'individus, infiniment plus nombreux qu'un être humain n'en voyait de son vivant, cohabitaient dans un même village, apparemment illimité. Un assemblage précaire, au demeurant. Des conflits de voisinage pouvaient éclater pour un oui ou pour un non, aussi redoutables que les brèches dans la brique tendre de ses murs.

Didon habitait une maison en brique d'argile cuite au soleil et charpente en bois, aux parois intérieures enduites de plâtre et décorées de motifs abstraits peints à l'ocre rouge. À sa naissance, la construction comptait au moins quarante années d'existence, et la ville quelque six siècles de plus. À l'image d'une femme moderne vivant à Istanbul ou à New York, il arrivait sûrement à Didon de s'interroger sur les générations qui y avaient élevé des enfants avant elle. Mais des soucis prosaïques accaparaient tout aussi sûrement la plupart de son temps. Après s'être occupée du feu le matin, elle gravissait une échelle, ouvrait une trappe dans le plafond et débouchait dans un environnement entièrement créé par des mains humaines. Pour aller chercher de la nourriture et de l'eau, Didon louvoyait entre des ateliers, des enclos de chèvres, des toiles tendues protégeant du soleil et de petits braseros pour cuisiner dehors. Comme les habitants vivaient sur les toits au gré des saisons, elle remarquait au passage les nattes de couchage et la vaisselle du dîner rangées à l'écart pour le soir. Elle empruntait enfin une autre échelle pour redescendre et sortir de la ville, s'engageant sur une pente qui aboutissait à la rivière en contrebas. En chemin, elle longeait un ensemble disparate de petites fermes qui ponctuaient la zone marécageuse. Peut-être apercevait-elle des gens du coin qui soignaient leur troupeau de moutons ou prélevaient de l'argile fraîche au bord de la rivière pour confectionner des récipients de cuisine et des briques[2].

En rentrant chez elle, chargée d'eau, de céréales, de lait de brebis, de fruits ou d'arachides, Didon devait emprunter tant bien que mal les mêmes échelles qu'à l'aller, d'abord pour monter, puis pour descendre. Ruth Tringham y voit la raison de sa chute et de sa mauvaise réception sur le flanc gauche à côté du foyer. Attention, prévient-elle, il ne s'agit que d'une interprétation parmi d'autres. Dans un court récit de fiction, elle imagine que Didon avait « fait la fête au clair de lune » à l'occasion de l'anniversaire de sa fille et était tombée du toit de la maison familiale[3]. Toujours est-il que Didon réchappa de ses multiples fractures et vécut jusqu'au milieu de la quarantaine, un âge canonique au néolithique.

Ruth Tringham reconstituait les événements ayant marqué la vie de son sujet d'étude en s'attachant à une particularité de sa maison qui révulserait la plupart des citadins d'aujourd'hui. Des corps sont enterrés sous le lit de Didon et dans le sol. Mais ce ne sont pas les vestiges d'une scène de crime des temps anciens et de meurtres secrets. Comme je l'ai constaté au 4040, en inspectant les sépultures de forme ovale, les contemporains de Didon n'attachaient aucune notion d'interdit ou de profanation aux ossements humains. Ils inhumaient leurs chers disparus exactement sous leur maison. Dans celle de Didon, deux nourrissons et un enfant en bas âge étaient enterrés ensemble à proximité du foyer, du côté sud de la pièce. Du côté nord, trois adultes et un autre enfant trouvaient leur ultime lieu de repos sous des plates-formes surélevées enduites de plâtre, où s'empilaient jadis des tapis et des fourrures et qui servaient de lits. On découvrit quelques corps de plus dans une pièce adjacente. Didon elle-même fut l'une des dernières à être enterrée sous les plates-formes, curieusement accompagnée d'un panier en roseau tressé habituellement réservé aux seules sépultures d'enfants. Ses ossements révélaient une longue vie de labeur, et des résidus noirâtres dans sa cage thoracique indiquent qu'elle souffrait d'une affection pulmonaire due à la cuisson des aliments sur le foyer d'une pièce mal ventilée. Un homme d'âge mûr fut enfoui plus tard dans une plate-forme voisine, et, clôturant la série, un jeune enfant rejoignit Didon dans la sienne. En se fondant sur ces restes, Ruth Tringham imagine que Didon eut plusieurs enfants morts à un âge très précoce, puis un fils et une fille qui eurent le temps de devenir de jeunes adultes. L'homme plus âgé était probablement leur père, et l'enfant enterré en dernier pourrait avoir été un de ses petits-enfants ou un membre de sa parentèle. Elle semble avoir vécu assez longtemps pour perdre un grand nombre de ses enfants, ce qui jette un voile de tristesse sur son existence.

Comme ses voisins, Didon avait des contacts fréquents avec les os humains, les exhumant à intervalles réguliers avant de les enfouir à nouveau, longtemps après, dans ce qu'on appelle des « sépultures secondaires ». Dans les maisons de Çatal Höyük, des niches murales tenaient lieu de vitrines où l'on exposait des crânes humains. Chaque crâne était recouvert avec amour d'une couche de plâtre et de peinture visant à reconstituer le visage d'ancêtres ou d'anciens particulièrement respectés et depuis longtemps disparus. D'après les spécialistes qui ont étudié leurs marques d'usure, ces crânes transitaient d'une maison à l'autre, peut-être échangés contre de nouveaux spécimens. Leurs détenteurs les enterraient à nouveau des dizaines d'années plus tard avec les restes de défunts qui n'étaient pas de leur sang[4]. D'où la nécessité, lorsque nous examinons les corps mis au jour dans la maison de Didon, de prendre en compte ce contexte culturel. Certains ossements n'appartenaient pas forcément à sa famille immédiate. De plus, sa maison fut abandonnée peu de temps après sa mort, et ses survivants pourraient avoir emménagé ailleurs. Pour autant qu'on sache, Didon était la matriarche d'une lignée florissante, qui cultiva les mêmes terres et éleva les mêmes troupeaux qu'elle pendant plusieurs générations.

Ruth Tringham et son équipe mirent aussi au jour des objets commémoratifs provenant de rituels et incorporés dans le sol. À un moment quelconque, Didon et les siens creusèrent un trou à proximité des lits plates-formes et y placèrent deux mâchoires de sanglier et des vertèbres cervicales appartenant à trois moutons différents – tous manifestement cuisinés et consommés – ainsi que des perles de coquillage et un bec d'oiseau. Il ne s'agissait pas de rebuts. Pour les archéologues familiarisés avec le site[5], cet assortiment évoque les précieux reliefs d'un festin réunissant de nombreux convives. Il s'y ajoute quelques bijoux de cérémonie, peut-être offerts lors d'une fête en l'honneur d'un occupant de la maison, à l'occasion d'une naissance ou d'un rite de passage. Le sol renferme aussi des os de cerf rouge, et un andouiller partiellement carbonisé est maçonné dans une paroi. Comme de nombreux autres habitants de la ville, Didon possédait deux crânes d'auroch enduits de plâtre, au mufle et cornes peints en rouge foncé.

Au cours de leur excavation de la maison, Ruth Tringham et son équipe ont mis au jour cent quarante et une figurines en argile, bien plus que les archéologues n'en découvrent d'ordinaire dans une même habitation. La plupart représentaient des animaux. Mais il s'y glissait aussi quelques figures de femmes voluptueuses au visage lisse et anonyme, les bras croisés et les mains incurvées autour de leurs seins. Ces femmes en argile, parfois appelées déesses ou symboles de fertilité, apparaissent à l'improviste dans tout Çatal Höyük pendant ses mille ans d'histoire. La présence de figurines féminines similaires sur d'autres sites de la région laisse entendre qu'elles appartiennent à un système de croyance qui débordait de très loin les murs de la cité. Elles sont les symboles iconiques par excellence de Çatal Höyük – et aussi à l'origine d'un des mythes pseudo-scientifiques les plus largement répandus à propos du lieu.

Une femme nue n'est pas forcément une femme nue

L'affaire remonte au début des années 1960, lorsque l'archéologue britannique James Mellaart devint le premier Européen à être autorisé à fouiller Çatal Höyük. À l'époque, l'endroit se résumait pour la population locale à deux buttes pittoresques, dont les sommets herbeux laissaient encore affleurer les arêtes ténues des murs d'une cité ancienne[6]. Lorsqu'ils visitèrent les lieux, James Mellaart et son équipe contactèrent des cultivateurs de l'endroit dont les charrues avaient déterré des poteries et d'autres artefacts de facture néolithique, semblait-il. Le cœur battant et ne sachant trop à quoi s'attendre, James Mellaart incisa en profondeur la butte occidentale en 1961, à quelque 200 mètres au sud de l'emplacement où la maison de Didon se dressait en d'autres temps. Parmi de nombreux objets façonnés par la main humaine, il découvrit quelques figurines de femme. L'une d'elles, siégeant entre deux léopards, les mains posées sur leurs têtes, lui arracha un cri d'admiration. Il décréta qu'elle était probablement assise sur un trône, et que la protubérance abstraite visible entre ses chevilles était un enfant tout juste mis au monde. De nouvelles fouilles révélèrent que la figurine provenait d'une salle richement décorée qu'il qualifia de sanctuaire. En se fondant sur ces bribes de preuve, James Mellaart annonça que la population de Çatal Höyük était un matriarcat et qu'elle vouait un culte à une déesse de la fertilité.

Cette erreur d'interprétation n'émanait pas simplement de l'imagination trop fertile d'un homme isolé. James Mellaart subissait probablement l'influence de James George Frazer, anthropologue de la fin de l'époque victorienne et auteur du *Rameau d'or*, selon qui les sociétés préchrétiennes auraient vénéré une déesse-mère. Robert Grave lui emboita le pas dans les années 1940 avec un livre qui connut un immense succès, *La Déesse blanche*, où il tenait que les mythologies européennes et moyen-orientales dérivaient toutes d'un culte primal rendu à une déesse qui gouvernait la naissance, l'amour et la mort. L'ouvrage de Grave électrisa les anthropologues et le grand public. Au point que la génération de James Mellaart se trouva formatée pour voir les civilisations anciennes à la lorgnette de Robert Grave. Peu de spécialistes remirent en question son interprétation. Entre-temps, Lewis Mumford et Jane Jacobs, éminents historiens des villes, se rallièrent vite à l'idée que Mellaart avait enfin découvert les vestiges d'une civilisation qui s'était épanouie avant que les humains ne fassent table rase du pouvoir des femmes.

James Mellaart allait très au-delà des affirmations de Frazer et de Grave sur le culte rendu à une déesse, avançant que Çatal Höyük était un matriarcat ancien dans lequel les femmes exerçaient leur domination sur les hommes. L'hypothèse n'était pas étrangère à sa vision de la sexualité. Une particularité des nus imposants qu'il avait découverts lui semblait bizarre : aucun ne semblait doté d'appareil génital. Ils montraient à la place un corps épais et puissant, flanqué d'animaux féroces. Tout l'opposé des créatures pulpeuses et érotisées de la double page centrale de *Playboy*, l'iconique « magazine du gentleman » qui ne manqua sûrement pas de tomber sous ses yeux dans les années 1950 et 1960. Une société patriarcale n'aurait jamais produit des figures de femme comme celles qu'il avait exhumées, estimait-il, car elles ne correspondaient pas « aux pulsions et au désir masculins[7] ». Seul un matriarcat pouvait créer des figurines non sexuées de femmes nues.

La théorie largement infondée de James Mellaart se répandit comme une traînée de poudre quand ses conclusions parurent dans la revue américaine *Archeology*, accompagnées d'une débauche d'illustrations sur plusieurs pages. Le *Daily Telegraph* et *Illustrated London News* assurèrent, eux aussi, une couverture enthousiaste à ses découvertes. Jusque-là inconnu, le site anatolien devint la coqueluche du jour, avec la contribution d'images spectaculaires de la « cité disparue », dont les habitants étaient si bizarres qu'ils laissaient aux femmes la haute main sur les hommes ! L'affirmation infondée de James Mellaart sur le culte rendu à une déesse persiste depuis des décennies. C'est souvent la seule chose que l'on connaisse de Çatal Höyük. L'idée d'une civilisation perdue vénérant une déesse en Turquie centrale s'est même insinuée dans les croyances *new age* et dans des vidéos exaltantes sur YouTube.

Aujourd'hui, les thèses de James Mellaart suscitent un extrême scepticisme dans la communauté archéologique. Si nul ne conteste son mérite d'avoir compris la richesse du site, les interprétations qu'il a données de la culture de Çatal Höyük se voient contredites par des tombereaux de preuves découvertes par les chercheurs depuis les années 1980.

Si Çatal Höyük n'était pas un matriarcat qui adorait une déesse, comment interpréter alors ces figures féminines ? Pour Lynn Meskell, archéologue de l'université Stanford, qui a procédé à leur analyse extensive, James Mellaart et ses contemporains se sont mépris sur leur signification en partie parce qu'ils n'avaient qu'une connaissance lacunaire du site. Aujourd'hui où nous disposons de données recueillies pendant vingt-cinq années de fouilles continues, il s'avère que ces figurines féminines témoignent d'une histoire plus complexe. Tout d'abord, les femmes et les figures humaines ne représentent en général qu'un petit ensemble de modelages, par comparaison avec les animaux et les parties de corps. Dans la maison de Didon, par exemple, l'archéologue Carolyn Nakamura[8] a dénombré 141 figurines, dont 54 représentaient des animaux, alors que 5 seulement étaient entièrement humaines. S'y ajoutaient 23 représentations de parties du corps, comme les mains. On relève une proportion similaire dans d'autres maisons de la ville, les sujets animaliers l'emportant de loin sur les humains, quel qu'en soit le sexe. S'il fallait définir l'emprise d'un symbole sur cette communauté, le léopard aurait surclassé la femme.

Dans son appréciation des figurines féminines, James Mellaart se méprit aussi sur l'usage qu'on en faisait dans la vie quotidienne. Modelées sommairement avec l'argile locale, séchées au soleil ou à peine passées au feu, elles ne semblent pas avoir été un objet de décoration ou de vénération en bonne place sur une étagère[9]. Usées et ébréchées à force d'être manipulées, on les imagine plus volontiers au fond d'une poche ou d'un sac. Les archéologues les découvrent le plus souvent dans des amas de détritus ou coincées entre les parois de deux constructions. Elles sont parfois enfouies dans le sol, un peu comme les os et les coquillages conservés en guise de souvenirs dans la maison de Didon. On voit mal leurs détenteurs traiter des objets de culte avec autant de désinvolture, les jetant n'importe où au lieu de les insérer avec respect dans des vitrines murales comme ils le faisaient des crânes de leurs ancêtres.

Ces figurines, propose Lynn Meskell, « exerçaient peut-être leur pouvoir non pas dans un espace de “religion” distinct… mais, plutôt, dans les pratiques et les négociations de la vie quotidienne[10] ». L'entourage de Didon ne concevait peut-être pas la religion telle que nous la connaissons, et n'aurait donc pas voué un culte à une « déesse de la fertilité ». À la place, Didon pratiquait peut-être une spiritualité faite de petites transactions ordinaires, à l'image de ce que nous observons dans l'animisme, où les esprits résident en toute chose et non dans un petit assortiment de divinités puissantes. Au lieu de voir la figurine en soi comme un objet de révérence, le fait de la créer aurait pu être un rituel magique. Cherchant un signe ou un porte-bonheur, Didon l'aurait rapidement façonnée avec de l'argile prélevée à proximité du champ où elle récoltait du blé. Une fois durcie, elle l'aurait utilisée dans un rituel qui absorbait son pouvoir. Après quoi, elle l'aurait jetée du haut du toit avec les déchets du repas de la veille. S'ils recouraient à des figurines féminines de ce type, on comprend pourquoi les habitants de Çatal Höyük ne les gardaient pas. Les modeler était plus important que les conserver.

Autre hypothèse, les figurines auraient représenté des aînées de la communauté, des femmes parvenues au même âge que Didon à sa mort. Comme le souligne Lynn Meskell, il n'existe pas deux figurines absolument identiques, et elles se caractérisent, dans leur grande majorité, par des seins et un ventre tombants plus évocateurs de l'âge que de la fécondité. Peut-être qu'en les confectionnant, Didon et ses voisines en appelaient au pouvoir d'aïeules spécifiques et non à une force magique abstraite. Certaines activités ou événements propres à leur culture auraient requis l'aide d'une femme puissante. Mais cette pratique n'indique pas pour autant l'existence d'un matriarcat. Nous savons que les crânes humains enduits de plâtre de Çatal Höyük, révérés et passant de main en main, provenaient presque en nombre égal d'hommes et de femmes[11]. Aucun genre ne semble avoir eu le pas sur l'autre, au moins à en juger par leur mode de préservation.

Comme le fait valoir Rosemary Joyce, archéologue à UC Berkeley et qui a révolutionné la discipline par ses travaux sur le genre dans les sociétés anciennes, rien ne certifie que les figurines féminines représentaient les femmes en tant que groupe. Elle écrit :

> Même une figurine dotée d'une abondance de détails qui nous permettent aujourd'hui de dire « ceci est l'image d'une femme » aurait pu être identifiée à l'origine comme l'image d'une personne spécifique, vivante ou morte, ou comme la personnification d'un concept abstrait – ainsi la représentation de la Liberté en femme – voire la représentation d'une catégorie de personnes, telles les aînées ou les jeunes, unifiées par un trait quelconque qui nous échappe aujourd'hui lorsque nous isolons des images en

> fonction des caractéristiques sexuelles qui revêtent tant d'importance dans l'identité moderne[12].

Nous projetons volontiers notre interprétation moderne du genre sur les populations anciennes, souligne-t-elle – en clair, nous cherchons toujours à savoir si un genre aurait pu dominer l'autre et comment. C'est exactement ce que fit James Mellaart. Nous devons, au contraire, accueillir l'idée que les habitants de Çatal Höyük compartimentaient peut-être leur univers social en fonction d'autres catégories, comme jeune et vieux, agriculteur et fabricant d'outils, sauvage et domestiqué, ou humains et animaux non humains.

Technologies domestiques

Dans la vie réelle, les tâches dévolues aux femmes à Çatal Höyük n'avaient rien de magique, tant s'en faut. À partir des preuves matérielles découvertes sur le site, et de la comparaison avec d'autres sociétés traditionnelles, les archéologues pensent que les femmes assumaient les travaux des champs et de la maison, tandis que les hommes chassaient et fabriquaient des outils. De toute évidence ces deux sphères d'activité empiétaient largement l'une sur l'autre, et certains individus ne s'en tenaient sûrement pas au rôle que leur attribuait la société. Une chose est sûre : aucune forme de labeur n'était facile. Lorsqu'elle dirigea une étude des microcouches de plâtre encore présentes sur les sols de la maison de Didon[13], Wendy Matthews put mesurer les quantités de poussière accumulées tout en relevant des modèles récurrents d'entretien des lieux. Chez Didon et dans d'autres maisons de la ville, elle releva que les occupants tenaient les lieux dans un état irréprochable, balayaient régulièrement les cendres des foyers de cuisson et badigeonnaient les parois et le sol de plâtre frais presque tous les mois. Dans certaines habitations, le rafraîchissement des murs exigeait aussi de reproduire leur décoration compliquée de couleur ocre à chaque nouvelle couche. Ces rénovations étaient si fréquentes que les archéologues ont dénombré jusqu'à cent couches de peinture sur les parois intérieures[14]. Ce ménage à fond se révélait sûrement indispensable car seule la trappe du plafond permettait de renouveler l'air. Alimenté au bois et à la bouse séchée, le feu de Didon recouvrait probablement les murs d'une couche de suie – lui encrassant les poumons de surcroît.

Mais l'entretien ne s'en tenait pas à une simple version néolithique de « la magie du rangement » à la Marie Kondo. Il définissait des espaces spécialisés dans des volumes pleins à craquer. Les habitants de Çatal Höyük conçurent au moins deux qualités de plâtre pour les sols : un mélange à base de chaux d'un blanc éclatant recouvrait celui de la partie nord de la maison, avec ses plates-formes lits-sépultures, tandis qu'un brun rougeâtre était réservé au côté sud consacré au foyer, à la fabrication d'outils, au tissage et aux autres tâches de la maisonnée. Devant la persistance de cette palette nord/sud partout dans la cité durant des siècles, certains archéologues ont avancé que les résidents répartissaient leurs espaces d'habitation en « propres » et « sales ». L'espace sale était occupé par le foyer, associé à la fumée, aux cendres et aux déchets, l'espace propre accueillait les plates-formes lits et les sépultures d'adultes.

Les travaux domestiques alliaient l'artisanat et la technologie ; tout se faisait à la main. Les sols étaient entièrement revêtus de nattes souples en osier tressé, dont les motifs compliqués imprimaient dans le plâtre des marques reconnaissables, encore visibles aux yeux des scientifiques des milliers d'années plus tard. L'abondance d'os de souris exhumés dans les maisons de Çatal Höyük nous apprend que la ville était infestée de rongeurs, ce qui obligeait la famille de Didon à tresser des conteneurs en osier pour mettre ses céréales à l'abri de leur voracité. La maisonnée confectionnait aussi des filets et des vêtements, façonnant d'abord une étoffe en peau ou en matière végétale, qu'elle travaillait ensuite avec des alènes en os. Des côtes de mouton se transformaient en spatules pour lisser l'argile des ustensiles de cuisine. La famille disposait d'ateliers en terrasse pour fabriquer des couteaux et des pointes-projectiles en silex et en obsidienne ; elle sculptait ses hameçons ; elle construisait un four en pierre encastré dans la brique pour cuisiner le produit de la chasse ou de la cueillette. Tous les volets des activités ménagères requéraient des compétences de chacun dans des domaines très divers.

La fabrication d'outils présentait de telles difficultés que la famille de Didon recyclait beaucoup aussi. Partout dans la ville, les archéologues ont mis au jour des couteaux et des haches portant la trace de nombreuses réparations, et dont la lame avait été régulièrement aiguisée. Dans la maison de Didon, un grand nombre d'outils en os avaient été remaniés et affectés à d'autres tâches après s'être cassés. Et, naturellement, la maison nécessitait en permanence des travaux de réfection, sans parler du four. La famille reconstruisit le sien à deux reprises au moins, en le changeant chaque fois d'emplacement. Même les déjections animales étaient reconverties en combustible. Çatal Höyük était presque entièrement faite de matériaux qu'on qualifierait aujourd'hui de durables. La ville avait vu le jour dans une zone marécageuse, riche en argile tendre : l'idéal pour confectionner des briques, produire du plâtre – et modeler une figurine sommaire afin de conjurer au besoin le sort ce jour-là.

La forme peut-être la plus élaborée de la technologie de l'argile qui se développa à Çatal Höyük touchait à la cuisson des aliments. Lorsque la ville se créa, potages et ragoûts étaient cuisinés dans des paniers auxquels on ajoutait des boules d'argile préchauffées. Une procédure laborieuse, qui obligeait la cuisinière à ôter sans cesse les boules refroidies pour les remplacer par de nouvelles boules brûlantes prélevées dans le foyer. Toutefois, à l'époque où Didon et les siens vivaient dans la ville, les artisans avaient mis au point une argile réfractaire qui se prêtait on ne peut mieux à la fabrication de récipients de cuisson aux parois à la fois minces et résistantes. On pouvait désormais se contenter de poser une marmite sur le feu et de laisser mijoter le contenu. Et cesser de jongler avec les pierres brûlantes pour cuisiner à la fortune du pot. « Quand la technologie culinaire change, c'est comme avoir soudain une voiture, me disait Rana Özbal. Les rapports sociaux sont transformés. Moins de personnes vont devoir être aux fourneaux. Le transfert des pierres brûlantes exigeait sûrement beaucoup de travail. La manœuvre ne va pas de soi. Si on peut laisser sa marmite sur le feu, rien n'empêche de passer à autre chose pendant la cuisson. » Cette innovation libéra du temps pour des activités plus créatives, comme réaliser des peintures murales ou sculpter des perles en os. Elle permit aussi de se spécialiser dans d'autres tâches, par exemple apprendre à mixer différents types de plâtre.

Si l'on pose que tous les membres de la famille de Didon purent se tourner vers d'autres activités que la production de marmites de haute technicité, des savoir-faire encore plus élaborés devinrent possibles. L'un d'eux pouvait partir pour une expédition de deux jours dans la montagne afin de se procurer de l'obsidienne à la carrière la plus proche. Très appréciée pour ses arêtes dures et coupantes et pour ses surfaces réfléchissantes, l'obsidienne faisait figure de produit de luxe au néolithique. L'acquisition d'obsidienne signifiait un surcroît de matériau pour des tailleurs de pierre hautement qualifiés, qui façonnaient des couteaux en débitant la roche par percussion, éclat après éclat, jusqu'à l'obtention d'une lame.

Il fallut du temps aux agriculteurs aussi pour perfectionner leur art. Les deux buttes de Çatal Höyük se dressaient sur un terrain marécageux, séparées par une rivière à crues saisonnières. Pendant la saison des pluies, au printemps, la ville devait ressembler à une île au milieu d'étendues de boue piquetées de mares. Ce qui obligeait les fermiers de la ville à cultiver des champs situés à une certaine distance de la cité, sur des terres non inondables. Comme le soulignait Rana Özbal, il ne fait aucun doute que les habitants maîtrisaient pleinement les techniques agricoles ; nous disposons de preuves abondantes de la présence de blé domestiqué et d'autres céréales dans les resserres, à quoi s'ajoutent les résidus de lait animal adhérant encore aux récipients de cuisson. Mais, reconnaissait-elle, il est difficile de localiser exactement l'endroit où ils labouraient la terre et faisaient paître le bétail. Elle-même et d'autres chercheurs penchent pour des contreforts voisins, soit assez loin de la ville. Les cultivateurs passaient probablement une partie de l'année loin de chez eux pour s'occuper de leurs champs, travaillant peut-être par roulement. Les bergers et les chevriers devaient faire paître leurs troupeaux loin de la cité, eux aussi.

L'agriculture illustre les possibilités qu'ouvre le regroupement d'une importante population. La famille de Didon pouvait se permettre d'affecter quelques-uns de ses membres aux travaux des champs et à l'élevage pendant de longues périodes, car elle disposait d'assez de mains pour assurer la production de poterie à la maison. L'agriculture nourrissait la ville, et la ville rendait possible l'agriculture. Ces rapports de réciprocité présidèrent à la naissance de l'urbanisme ; pour Didon, loin de s'opposer à la vie urbaine, les tâches de la ferme en faisaient sûrement partie intégrante. L'urbanisme apparaît en gros en même temps que l'agriculture[15]. Les travaux agricoles sont essentiellement une approche spécifique des activités de cueillette pratiquées par les nomades.

Les avantages de la spécialisation pourraient expliquer pourquoi, entre autres raisons, les populations néolithiques se regroupèrent à Çatal Höyük, alors que la vie urbaine exigeait un travail intensif et tranchait du tout au tout avec les habitudes de la plupart des individus. Peut-être les villageois furent-ils attirés par l'idée d'une société riche d'artisans compétents. Un briquetier exercé produit des briques qui durent plus longtemps ; un chevrier expérimenté va vous permettre d'accroître votre troupeau. Quelqu'un qui passe son temps à confectionner des figurines d'animaux saura exécuter avec minutie une icône de léopard sortie de son imagination. Les nomades qui affluaient dans la ville ne rêvaient sûrement pas de se faire un nom dans la taille du silex. En revanche, l'urbanisation signifiait que la maison de tout un chacun pouvait être bourrée d'outils composites et de denrées difficiles à trouver dans un village d'une centaine d'habitants. À mesure qu'elle se développait, Çatal Höyük attira peut-être de nouveaux résidents par sa promesse d'abondance : plus d'habitants signifiait des articles de meilleure qualité à mettre en commun et à échanger.

Bien que peuplée d'artisans et pratiquant le troc, Çatal Höyük n'était pas pour autant une sorte de culture protocapitaliste. Ses résidents échangeaient certainement de nombreux objets très prisés, mais l'abondance relative de la ville n'entraîna pas la production de surplus pour les uns, aux dépens de leurs voisins. Les colons n'avaient pas encore inventé la monnaie, et il n'existe aucune preuve que certaines familles détenaient infiniment plus de biens que leurs homologues. La plupart des maisons ne comportaient que deux ou trois pièces, à peu près de la même dimension que celles de Didon. Les habitants manquaient de place pour accumuler plus de possessions que nécessaire – ils se contentaient de stocker de quoi subsister. « L'abondance » signifiait avoir assez de vivres pour tenir la famine en respect, et un abri relativement stable. La ville n'offrait pas l'occasion de s'enrichir, du moins pas au sens où nous l'entendons aujourd'hui.

Outre un sentiment de sécurité, la cité promettait un enrichissement culturel, une forme d'aisance que nous ne pouvons mesurer que de manière indirecte dans les archives archéologiques. Nous relevons des traces de sa vigueur dans la simple omniprésence de l'art mural à Çatal Höyük ; chaque maison abrite une quantité de dessins, de figurines et de mobilier fait à la main. Mais nous pouvons aussi déduire sa complexité culturelle de la simple dimension de l'emprise au sol de la cité, dans laquelle des milliers de personnes entraient tous les jours en interaction. Dans un groupe nomade, une personne experte dans l'art de modeler des figurines pouvait ne jamais en croiser une autre dotée de compétences comparables. Mais il y en aurait eu plusieurs à Çatal Höyük, occupées à comparer leurs notes et à échanger des anecdotes, à mettre au point des techniques plus avancées en travaillant ensemble. En bref, la ville permettait aux résidents de former des liens qui transcendaient la famille. Les habitants avaient la possibilité de fréquenter d'autres personnes qui entretenaient les mêmes sujets d'intérêt, en même temps que celles qui partageaient la chaleur de leur foyer.

De nos jours, on choisit la ville en raison d'un sentiment d'affinité avec des sous-cultures ou des groupes qui n'existent pas dans des communautés plus réduites, organisées essentiellement autour de la famille. Il se peut que Çatal Höyük ait attiré de nouveaux résidents pour les mêmes raisons. Ian Hodder décrit une pratique curieuse, qui évoque une façon par laquelle la population commémorait le souvenir de ses liens non familiaux. De nombreux voisins de Didon construisaient ce qu'il appelle des « maisons d'histoire ». Ces maisons comptaient un nombre de crânes enduits de plâtre, de peintures et d'os incorporés dans les murs plus élevé que la moyenne. Reconstruites avec soin, elles reproduisaient indéfiniment au fil des siècles les dimensions exactes de l'habitation antérieure[16]. Les résidents allaient jusqu'à exhumer les squelettes enfouis dans le sol de la maison précédente et à les inhumer de nouveau. Les archéologues découvrent parfois des dizaines de squelettes sous la terre battue d'une maison d'histoire. Tels des musées ou des bibliothèques, les maisons d'histoire constituaient des dépôts de mémoire culturelle que les habitants de Çatal Höyük détenaient en commun.

Mais elles étaient aussi l'incarnation matérielle des groupes que les habitants formaient après avoir lié connaissance sur le trottoir et discuté ensemble des possibilités de l'obsidienne – ou s'être croisés au bord de la rivière, en quête de la meilleure argile pour les briques. Les maisons d'histoire auraient surgi d'intérêts communs – qu'il s'agisse de la taille de la pierre ou de préoccupations plus spirituelles – et d'un lien avec la ville en soi. Dans le cas des nouveaux arrivants, en particulier ceux dépourvus de parentèle, ces groupes sociaux leur donnaient droit de cité. Ils contribuaient probablement aussi au développement continu de la ville. Peut-être s'installait-on à Çatal Höyük parce qu'on avait entendu dire que les communautés y trouvaient l'équivalent de ce que les psychologues d'aujourd'hui appellent des « familles d'élection[17] ».

Les maisons d'histoire concrétisaient aussi une idée abstraite de la communauté, capable d'englober des inconnus et des absents : les nouveaux venus, les inconnus résidant dans une autre partie de la ville, les morts. Les affiliés à une maison d'histoire n'avaient pas à décliner leur parenté biologique pour se réclamer d'ancêtres ; il leur suffisait de jeter un regard aux crânes enchâssés dans les parois de la maison et de se compter comme appartenant à la lignée. C'était un bond philosophique pour des individus dont la notion de communauté tenait peut-être au fait qu'ils connaissaient le visage de tout le monde dans leur tribu nomade. Les maisons d'histoire s'apparentaient à des corps qui vivaient depuis des générations, reliant les résidents du passé à ceux du présent, mêlant intimement leur identité avec le lieu spécial qu'était Çatal Höyük.

Pour autant, on peut douter que les habitants de la ville se soient considérés « Çataliens », à la façon dont un habitant de Brooklyn se voit New-Yorkais. Ruth Tringham pense que la ville fonctionnait comme un ensemble de villages vaguement reliés entre eux, chacun déployant sa propre sous-culture. Ces enclaves constituaient peut-être les reliques de ce qui aurait incarné le passé lointain aux yeux de Didon, lorsque plusieurs villages avaient fusionné pour former la ville. Avant cet épisode, expliquait Ian Hodder, la plaine de Konya était parsemée de nombreux villages qui disparurent du jour au lendemain, à croire que leurs populations s'étaient réinstallées dans un seul et même méga-village. Un promeneur parcourant la ville traversait peut-être différents agrégats, des semblants de quartiers peut-être séparés par des zones découvertes. Peut-être que leurs résidents parlaient des langues différentes et se nourrissaient d'aliments eux aussi différents. Il n'en restait pas moins qu'ils partageaient un même lieu, ce qui permettait à quelqu'un comme Didon de se lier d'amitié avec des personnes très différentes à première vue de sa famille.

Ce que Didon croyait ou ressentait restera toujours pour nous un mystère, bien sûr, mais nous savons en revanche qu'elle vivait dans une maison peuplée d'objets confectionnés dans des matériaux si variés, au moyen de techniques si dissemblables que seule une société diversifiée et possédant un certain degré de spécialisation pouvait les produire. Nous savons aussi que les décors symboliques qui entouraient son quotidien la reliaient à un monde surnaturel. En même temps, nous devons mesurer l'étrangeté absolue de la vie urbaine en un temps où, hors de Çatal Höyük, presque personne ne se risquait à franchir le pas. Didon et ses proches ne manquèrent sûrement pas d'éprouver un sentiment diffus de déracinement, surtout parce qu'ils formaient des communautés qui n'avaient encore jamais existé. Quand des conflits surgissaient, ils ne pouvaient se reporter à aucun précédent pour calmer l'animosité ou régler les querelles de voisinage. À mesure que Çatal Höyük approchait de sa fin, les problèmes sociaux se propagèrent comme une tache d'huile sur l'étoffe tissée à la main de la communauté. Même si les résidents de la ville survécurent aux innombrables difficultés qu'ils endurèrent, il en fut une qu'ils ne purent résoudre : s'unir dans l'adversité.

Chapitre III

L'histoire dans l'histoire

J'ai revu Ian Hodder au début de 2018, alors qu'il venait de mettre un point final aux vingt-cinq années de fouilles qu'il avait conduites à Çatal Höyük. Dans son bureau de Stanford baigné de soleil, il me parla de ce qu'il avait appris au cours de ses travaux sur le site. Ce qu'il en retenait surtout, outre la richesse du symbolisme présent dans toutes les strates mises au jour, c'était la façon dont le site exprimait l'« histoire dans l'histoire ». Çatal Höyük n'avait jamais cessé de se modifier, et la cité fondée il y a neuf mille ans offrait un contraste saisissant avec celle que sa population avait désertée au terme d'un millénaire. « Nous mesurons aujourd'hui l'ampleur du changement », me dit-il. Il poursuivit :

> « Il y a la période qu'on pourrait appeler le Çatal Höyük classique, vers 6500 av. J.-C., avec un fort taux d'occupation sur tout le site. Où que nous fouillions à ce niveau, nous constatons la densité de l'habitat. Ce fut aussi un moment de crise, où la société farouchement égalitaire de la ville subissait des tensions. Une catastrophe est survenue, et nous voyons que de nombreuses constructions ont été incendiées et abandonnées. Après

cette crise, nous constatons une succession d'incendies rituels pendant cinq cents ans. »

Ces « incendies rituels » ne sont pas des actes de violence ni de destruction ; ils participent du rituel d'abandon qu'il m'avait montré dans les couches de cendre d'une maison de Çatal Höyük. Lorsqu'ils décidaient de quitter leur demeure, les habitants « scellaient » souvent le sol avec une couche d'argile cérémonielle, puis brûlaient les derniers objets domestiques en même temps que quelques offrandes.

Ian Hodder soulignait que l'abandon de Çatal Höyük après la « crise » de 6 500 av. J.-C. se fit au ralenti, au point d'être presque imperceptible pour une résidente comme Didon. La population quitta le tell Est au fil des siècles, puis le tell Ouest. Mais alors même que celui-ci se dépeuplait, ajoutait-il, de nouvelles communautés s'installaient sur les terrains déserts des alentours. « La plaine de Konya se remplit de sites. À croire que Çatal Höyük prolifère sous la forme d'autres villages de la plaine et que le tell Ouest n'est qu'un exemple parmi d'autres. On pourrait voir le phénomène comme un éclatement de la population », expliquait-il. D'après lui, cet exode pourrait avoir représenté un nouveau type de liberté ; les habitants auraient peut-être rompu avec le « système de contrôle, fermé » des buttes. Il se peut aussi que la population se soit déplacée pour répondre aux nouvelles exigences de ses besoins alimentaires. La population de la plaine de Konya se tournait vers des modes plus intensifs de cultures céréalières et d'élevage d'ovins, nécessitant de ce fait plus d'espace autour des villages. Mais personne ne « perdit » Çatal Höyük. Même lorsqu'elle fut entièrement désertée, on continua d'utiliser la vieille ville comme cimetière. « De sorte que le site ne fut jamais abandonné, me dit Ian Hodder. On y dénombre une énorme quantité de sépultures jusqu'à la période byzantine et le début de la période islamique [au XIe siècle]. La population ne l'oubliait pas et en tirait parti. » Sophie Moore, archéologue de l'université de Newcastle, a découvert récemment des éléments prouvant que les cimetières de Çatal Höyük étaient encore utilisés de façon suivie il y a trois cents ans[1].

Ian Hodder se fait l'écho d'une idée couramment répandue aujourd'hui chez les archéologues, à savoir que les expressions « cité disparue » et autres « effondrements d'une civilisation » ne s'appliquent pas à un cas comme celui-ci[2]. Il est plus exact de dire que la ville connut une phase de transition. D'ailleurs, Çatal Höyük ne cessa jamais de passer d'une culture donnée à la suivante. C'est la difficulté à laquelle se heurte l'étude des villes : elles ne sont pas des entités statiques qui demeurent inchangées au cours du temps avant de sombrer brutalement dans le néant. Quelle que soit l'époque envisagée, elles forment un ensemble composite de nombreux groupes sociaux, qui ont toutes les chances d'envisager la vie urbaine sous des angles différents. Et ces groupes aussi évoluent avec le temps, modifiant le tissu physique et symbolique de la ville pour en faire l'expression de leur vision du monde. Jusqu'au jour où ils cessent de vouloir vivre ensemble.

Mais même lorsque ce fut le cas à Çatal Höyük, personne ne « perdit » la ville. Dans la plaine de Konya, la cité faite des ossements des anciens ancêtres continua d'accueillir ceux des nouveaux. La ville demeura un lieu hors du commun, longtemps après que ses occupants l'eurent quittée.

En 6 000 av. J.-C., Çatal Höyük avait été habitée sans interruption depuis plus de mille ans et personne ne la quitta sous l'effet d'un caprice. Hormis quelques exceptions, les villes passent par le même processus d'abandon que celui décrit par Ian Hodder lorsqu'il évoque la densité de leur population originelle. Elles se vident par l'addition de milliers d'actes infimes, dont chacun représente une décision difficile. Dans le monde moderne, les psychologues classent le déménagement parmi les changements de vie les plus éprouvants que puisse connaître un individu, responsable de sentiments d'isolement, de deuil et de dépression[3]. Même si les populations néolithiques ne vivaient pas un « déménagement » comme nous le faisons aujourd'hui – chargeant nos canapés dans des camions et taraudés par l'angoisse d'un investissement immobilier –, la chose en soi s'accompagnait à n'en pas douter des mêmes coûts psychologiques. Et sur le plan logistique elle se révélait infiniment plus compliquée. Déménager signifiait qu'on emportait tout ce qui était transportable, plus les animaux d'élevage. Une fois sur place, il fallait construire une nouvelle maison et trouver des sources locales d'approvisionnement en nourriture et en eau. Il était presque impossible de se débrouiller seul, car l'installation d'une maisonnée néolithique exigeait une nombreuse main-d'œuvre, dont les compétences allaient de l'agriculture-élevage et de la préparation des aliments à la confection des textiles et à la construction d'une structure habitable.

Imaginez-vous bataillant sur tous les fronts tout en essayant de vous intégrer dans une nouvelle culture. En 2011, le Groupe de travail présidentiel américain sur l'immigration dressa la liste des difficultés couramment rencontrées par les immigrants[4], de l'apprentissage d'autres langues et normes culturelles aux préjugés et au manque d'accès aux ressources. Nous oublions trop souvent les obstacles et les comportements que l'immigration n'a pas modifiés au fil des millénaires. De nombreux résidents de Çatal Höyük qui partirent vivre ailleurs se heurtèrent sûrement à la barrière de la langue et de la culture, ainsi qu'aux problèmes qui surgissaient parfois lorsqu'ils négociaient l'acquisition de terres cultivables avec leurs nouveaux voisins. Pour autant, malgré les difficultés qui ne manqueraient pas de les assaillir, ils commencèrent à quitter la ville en masse.

Un phénomène climatique : l'événement 8,2 kA

Des siècles après que Didon eut été inhumée dans le sol de sa maison, Çatal Höyük entra dans sa dernière phase d'occupation. La ville s'était maintenue à son emplacement initial depuis plus d'un millénaire, et sa bulle artificielle de domestication changeait, au-dehors comme au-dedans. La butte toujours grandissante d'anciennes constructions et de détritus dans les parties les plus archaïques de la cité avait atteint de nouveaux sommets. Peu avant le tournant du millénaire, entre les années 6000 et 5000 avant notre ère, la population commença à quitter très progressivement le tell Est, où Didon et sa famille avaient vécu en d'autres temps, et bâtit une implantation plus modeste de l'autre côté de la rivière. Le nouveau tell Ouest, comme le nomment les archéologues, devint une communauté vigoureuse qui prospéra durant trois siècles. Cependant que les maisons du tell Est tombaient en poussière dans l'indifférence générale.

Quand je lui demandai pourquoi la population s'était reportée sur le tell Ouest et au-delà, Ruth Tringham me répondit par une boutade : sans doute lassés d'escalader la pente, chargés d'eau et de vivres, les gens s'étaient mis en quête d'un territoire un peu plus plat et plus facile d'accès. Plus sérieusement, il y a un grain de vérité dans l'idée qu'un phénomène quelconque ôta de leur attrait aux terres du tell Est. De nombreux chercheurs ont observé que la lente migration vers le tell Ouest coïncide avec une période de rapide changement climatique qui débuta vers 6200 avant notre ère[5]. À cette période, la Terre sortait d'une phase de glaciation qui avait recouvert le Canada et le nord des États-Unis d'une énorme calotte glaciaire, appelée l'inlandsis laurentidien.

Tout porte à croire que les rivières de la grande plaine de Konya voyaient leur cours se modifier et tarir. Le climat devenait plus froid, et il se produisit au moins une période de sécheresse. Puis, la température se réchauffant, l'inlandsis commença de fondre, créant deux grandes nappes d'eau quasi gelée, les lacs Agassiz et Ojibway. Ces lacs glaciaires couvrirent bientôt un vaste territoire – où se trouvent aujourd'hui l'Ontario et le Québec –, emprisonnés par les barrages naturels formés par les couches de glace en recul. Lorsque l'inlandsis laurentidien s'effondra, Agassiz et Ojibway se vidèrent rapidement, déversant de gigantesques volumes d'eau douce dans l'océan.

Les données relevées dans le monde entier attestent que le niveau des mers s'éleva d'au moins trente centimètres, et jusqu'à quatre mètres dans certaines zones. Mais surtout les eaux de fonte perturbèrent la « circulation thermohaline », une interaction complexe entre les masses d'eau douce et d'eau salée qui entraîne les courants dans ce qu'on nomme parfois le tapis roulant océanique. Lorsque la circulation thermohaline subit un dérèglement, les eaux chaudes ne sont plus en mesure de traverser le globe, et la majeure partie des océans reste froide. Ce qui se répercute aussi sur le climat. Dans la région de CH, la température chuta vraisemblablement d'environ quatre degrés Celsius, et les précipitations semblent s'être raréfiées. Pour les populations accoutumées à vivre dans un environnement urbain marécageux et tempéré, il est probable que ces phénomènes provoquèrent un changement sensible du climat, qui devint plus froid et plus aride. La température moyenne de la planète ne devait pas se réchauffer avant presque quatre cents ans.

Ce changement climatique, « l'événement du 8,2 kA » comme le dénomment assez platement les climatologues parce qu'il est survenu il y a huit mille deux cents ans, a été si amplement documenté par la communauté scientifique qu'il sert de modèle pour décrire les mécanismes du phénomène. En 2003, dans une étude commandée par le département américain de la Défense sur les risques du changement climatique en matière de sécurité, les chercheurs citaient le 8,2 kA comme exemple des répercussions de la fonte des glaciers sur l'environnement et sur la société humaine[6]. Si la fonte rapide des glaciers que nous observons aujourd'hui[7] déversait dans nos mers des volumes d'eau douce glacée équivalant à ceux libérés par Agassiz et Ojibway, la température en Asie, en Amérique du Nord et en Europe septentrionale chuterait de plus de 15 degrés Celsius. Cependant qu'elle augmenterait de 15,6 degrés Celsius dans certaines régions d'Australie, d'Amérique du Sud et d'Afrique australe. Il s'ensuivrait des épisodes de sécheresse qui ravageraient l'agriculture en Europe et en Amérique du Nord, tandis que les tempêtes de neige et les ouragans s'intensifieraient, en particulier dans le Pacifique. Préludant à la famine, aux incendies de forêt et aux inondations.

La situation aurait des effets dévastateurs dans le monde moderne, mais certains archéologues doutent que la modification du climat, désormais froid et sec, ait suffi à chasser les habitants de Çatal Höyük d'une ville natale chère à leur cœur. Ofer Bar-Yosef s'est intéressé aux effets du changement climatique sur les migrations anciennes des populations humaines, remontant aussi loin que cinquante mille ans, et il se range parmi les scientifiques selon qui l'effondrement des glaciers aurait condamné toute possibilité de subsister sur le tell Est[8]. D'après lui, la famine résultant du refroidissement du climat aurait rayé de la carte des villages entiers, vidant entièrement la zone pendant deux cents ans. Plusieurs villages qu'il a étudiés dans la région du Levant furent complètement abandonnés pendant le 8,2 kA, mais reconstruits après le réchauffement ultérieur des températures. Çatal Höyük aurait connu un phénomène analogue, estime-t-il. La désertion du tell Est attesterait que les habitants abandonnèrent la zone pendant des siècles et édifièrent le tell Ouest à leur retour.

Son hypothèse ne fait pas l'unanimité chez les spécialistes. L'archéologue Pascal Flohr et son équipe de l'université de Reading ont procédé à une étude globale des réactions au 8,2 kA, et ils n'ont relevé aucune trace de désertion à Çatal Höyük lors des changements climatiques[9]. Que les résidents aient réussi à rester sur place en modifiant la structure de leur ville, au lieu de carrément plier bagage, leur apparaît même comme un exemple magistral de résilience au néolithique. La position de Pascal Flohr s'appuie sur une analyse chimique des récipients de stockage datant de cette période[10], d'où il ressort que la population modifia son alimentation et mit plus souvent à son menu la viande de chèvre, pourtant plus coriace que le bœuf. Les nombreuses marques de couteau sur les os indiquent qu'on les raclait jusqu'à la moelle, et l'analyse de la graisse des animaux révèle qu'ils se nourrissaient de végétaux affectés par la sécheresse.

Les habitants de la ville et le bétail étaient sûrement à la peine, écrit Pascal Flohr, mais une partie au moins semble être restée sur place malgré les vicissitudes que leur infligeait un milieu en mutation. On a la preuve que le tell Est continua d'être occupé même lorsque le tell Ouest devint à la mode[11], et que si des bouleversements sociaux coïncidèrent avec le 8,2 kA, le changement climatique n'en fut pas la cause. Bien qu'on ne puisse déterminer avec précision leur rôle dans la disparition de la ville, toutes les parties en cause s'accordent sur un point : un changement culturel visible survint à Çatal Höyük dans la dernière partie de son existence. L'expression artistique se modifia, ainsi que l'architecture, les ressources alimentaires et la densité de population. Les habitants se fixèrent sur le tell voisin, ou alors quittèrent la région. Leurs déplacements entre les villages et les bourgades s'intensifièrent. Lentement, un clivage se créa entre nantis et démunis. Il est possible d'y voir la raison pour laquelle les gens finirent par abandonner leur cité et reprendre la route.

Le problème de la hiérarchie

Un des traits les plus singuliers de la trame urbaine de Çatal Höyük tient à la similitude de ses maisons. Lorsque nous marchons au hasard des rues dans une ville moderne, nous nous attendons à voir des maisons de toutes formes et dimensions, ainsi que des immeubles résidentiels qui abritent un dédale de studios exigus, d'appartements en terrasse à des hauteurs vertigineuses ou de pièces en sous-sol dont les vitres sales dépassent à peine du trottoir. À quoi s'ajoutent des tours de bureaux étincelantes, des églises trapues, des bâtiments administratifs imposants et des milliers de magasins disparates. Les villes d'aujourd'hui sont des lieux où l'inégalité sociale et économique vient s'encastrer dans le paysage. Mais à Çatal Höyük, durant des siècles, tout le monde vivait dans des maisons à peu près de la même forme et du même volume. Comme Didon, tout le monde disposait d'une pièce principale équipée d'un foyer et de plates-formes pour s'asseoir et dormir, à laquelle étaient accolés des espaces plus modestes, où l'on entreposait surtout la nourriture. Quelques maisons d'histoire se distinguaient par un décor plus riche et plus élaboré, avec des superpositions impressionnantes de têtes de taureau enduites de plâtre, une multiplicité de crânes insérés dans le sol, et des peintures murales suggestives, dépeignant des chasses et des célébrations festives. Mais même ces espaces plus recherchés n'étaient pas plus spacieux que leurs voisins. Surtout, il n'existait pas de structure bâtie qui ne fît office d'habitation. Il ne semble pas avoir existé de temples assumant leur vocation, ni de marchés non plus. Toutes les pièces, indépendamment de leur degré d'élaboration, possédaient un foyer et une plate-forme en guise de lit.

Comme le résume Ian Hodder, le modèle conceptuel de la ville se caractérise par une uniformité rigoureuse. Il le qualifiait de « farouchement égalitaire », laissant entendre qu'il aurait peut-être existé un tabou sur l'excès de biens personnels. Il n'y avait ni roi ni grand patron. En quête de directives, les habitants de Çatal Höyük se tournaient peut-être vers un groupe de sages ou de chefs locaux qu'ils avaient eux-mêmes désignés, mais ces derniers ne faisaient pas étalage de leur autorité. Ce qui explique, entre autres nombreuses raisons, que les archéologues voient en Çatal Höyük un méga-village et non une ville. À l'image d'un village, elle forme un assemblage de maisons à peu près de la même taille, dénué de centre de pouvoir ostensible. Peut-être donnait-elle cette impression, comme l'avançait Ruth Tringham, parce qu'elle consistait tout simplement en plusieurs villages accolés les uns aux autres.

Cette rigueur égalitaire se modifia environ six mille ans avant notre ère. Les maisons construites au plus fort de l'occupation du tell Ouest étaient beaucoup plus grandes que celle de Didon sur le tell Est. Les résidences d'une seule pièce à un foyer firent place à des maisons à deux niveaux, comportant de nombreuses pièces plus spacieuses et des cours murées. Les habitants vivaient moins les uns sur les autres, mais ils agrandirent considérablement les espaces de stockage des aliments. Nous ne trouvons plus trace d'enfouissement des morts dans le sol, ni d'os ou de crânes de taureau maçonnés dans les parois. La poterie devient plus élégante et abondamment décorée, comme si l'on se plaisait à sortir la vaisselle des grands jours pour les visiteurs. En même temps, on relève la présence accrue d'objets domestiques provenant d'ailleurs. Ils sont confectionnés avec des matériaux originaires de zones éloignées, ou alors par des artisans d'autres villages.

Apparemment les résidents du tell Ouest restaient attachés à la décoration de leur intérieur, mais leurs créations artistiques et leurs symboles s'étaient dissociés de la structure de leur maison. Ceux-ci s'étaient affranchis des parois et pouvaient faire l'objet d'échanges, à la façon des crânes en d'autres temps. On possédait tout autant d'objets et d'ustensiles, mais tous n'étaient pas produits sur place.

Le passage à des maisons plus vastes et à des échanges plus nombreux sur le tell Ouest traduisait peut-être l'émergence d'une hiérarchie sociale. Certains habitants disposaient d'une maison à deux niveaux et de grandes resserres, d'autres continuaient de vivre dans les logements à pièce unique qui constituaient autrefois la norme sur le tell Est. De l'avis d'Ian Kuijt, archéologue de l'université de Notre-Dame-du-Lac, ce nouveau parti architectural révèle un conflit qui couvait depuis longtemps dans la cité[12]. Les populations d'endroits tels que Çatal Höyük, explique-t-il, tenaient pour une part leur vision de la communauté et leurs croyances spirituelles de leurs ancêtres nomades. Parce que la vie nomade exige que tous les membres de la collectivité mettent leurs ressources en commun pour survivre, ces groupes avaient élaboré des coutumes et des rituels propres à renforcer une structure sociale très horizontale. Si quelqu'un avait commencé à trop engranger de ressources, le groupe entier en aurait pâti, aussi se serait-on vivement dissuadé mutuellement de faire un étalage trop ostensible des disparités sociales. Ce qui expliquerait, entre autres raisons, l'uniformité affichée des maisons à Çatal Höyük, même si leurs occupants disposaient clairement de quantités très différentes de réserves alimentaires et d'objets symboliques derrière les portes closes de la sphère privée.

L'aspiration à l'égalité peut s'exercer sans heurts dans une petite communauté où la vie de vos voisins est indissociable de la vôtre. Mais lorsque mille ou cinq mille individus cohabitent, la pression sociale égalitaire devient plus difficile à préserver. Les habitants d'une ville confieront parfois la défense de leurs intérêts à des représentants ou à de proto-responsables politiques, ou bien des groupes d'artisans chercheront un chef de file à même de comprendre, par exemple, les besoins spécifiques des fabricants d'outils en obsidienne. Il est difficile de nouer des liens personnels avec tout le monde dans une cité peuplée d'inconnus. Les habitants de Çatal Höyük se trouvaient pris entre deux ensembles de coutumes : l'ancien système, communautaire, où les disparités et la hiérarchie sont découragées, et la tradition nouvelle, urbaine celle-là, qui ne peut en faire l'économie.

Pour Ian Kuijt, des conflits majeurs seraient apparus lorsque l'égalitarisme traditionnel commença à être ressenti comme un carcan. Quand les passions se sont exacerbées, la population pourrait avoir commencé à quitter le tell Est, dont la trame visait à renforcer l'idée que personne ne devait vraiment se démarquer de ses voisins. Les habitants du tell Ouest conçurent des maisons plus distantes les unes des autres et présentant une grande diversité de plans intérieurs, signe d'une société dont les membres affirmaient publiquement leur individualité.

Pourtant la refonte de l'architecture ne suffit pas à fixer les résidents sur le site. Quelque trois cents ans après les premières traces d'occupation du tell Ouest, le tell Est ne comptait quasiment plus d'habitants. Et au VIe millénaire, Çatal Höyük était entièrement vide. Ian Kuijt impute le trépas de la cité à un « échec de l'expérimentation néolithique » plus général, qu'il replace dans le cadre de la désertion des méga-villages observée dans tout le Levant au VIe millénaire avant notre ère. L'archéologue de l'Université hébraïque Yosef Garfinkel parle, quant à lui, d'un possible « échec de la sphère publique ». Les habitants ne parvinrent pas à s'entendre sur de nouveaux modes d'organisation de leur société, ce qui émoussa leur attachement à un lieu qui représentait de plus en plus une tradition moribonde. La ville ne s'en s'accrocha pas moins à la vie pendant presque un millénaire. Peut-être finit-elle par capituler devant « l'impasse du néolithique », pour citer Ian Kuijt, mais l'affaire est plus complexe.

Si, pour Ian Hodder et Ian Kuijt, la trame initiale de la ville dénotait un souci d'égalitarisme, Rosemary Joyce est d'un avis contraire. Elle doute que la population de la ville ait un jour connu une structure sociale « horizontale ». Curieuse d'en savoir plus, je lui ai rendu visite à son bureau de UC Berkeley.

Ôtant d'un siège une pile de livres pour me faire de la place, Joyce s'empressa de remettre en question tout ce que j'avais appris. L'idée que les maisons de Çatal Höyük se ressemblaient toutes la laisse extrêmement dubitative. D'après elle, les fouilles de Ruth Tringham à la maison de Didon mettent en évidence qu'il n'a jamais existé de modèle-type de maison « idéale » à Çatal Höyük. Je me souvins de ma conversation avec Ruth Tringham lors de notre première rencontre, et des grandes lignes de la distribution intérieure de la résidence de Didon qu'elle m'avait montrées sur un dessin d'excavation. Didon avait vécu à l'âge d'or de ce qu'Ian Hodder appellerait la phase de structure sociale horizontale de la ville, mais tout indiquait que sa famille avait construit des espaces additionnels ayant une autre destination que le stockage. On relevait la présence de deux petites pièces à l'écart de la zone réservée au foyer, peut-être des chambres ou des ateliers. Le passage entre la pièce principale et ces deux pièces adjacentes, m'avait précisé Ruth, avait été muré à un moment quelconque de l'histoire de cette maison, comme si leurs occupants avaient déménagé ou étaient morts.

À ce moment-là, j'avais focalisé mon attention sur tous les points qui faisaient de la maison de Didon la copie conforme des autres habitations de la ville. Mais Rosemary Joyce soulignait que le nombre de pièces ne cessait de changer. Cette variabilité, me dit-elle, était la norme à Çatal Höyük ; sous le charme de l'hypothèse « égalitariste », nous n'avions pas vu ce qui nous crevait les yeux. Je dus reconnaître qu'elle avait raison. L'enthousiasme des journalistes, cinquante ans plus tôt, à l'idée d'un matriarcat vénérant une déesse qu'avait émise James Mellaart me revint en mémoire. Sans doute à cause de ma fascination pour les sociétés égalitaires, j'avais laissé l'existence des classes sociales m'échapper. De plus, poursuivit Rosemary, la hiérarchie ne se mesure pas à la seule dimension des résidences. Les maisons d'histoire de Çatal Höyük au décor intérieur élaboré signaleraient aussi l'existence de disparités entre les familles. « L'inégalité surgit des différences, même modestes. Certaines maisons regorgent de formes d'art symbolique, d'autres non. Dire qu'il ne s'agit pas d'inégalité me paraît bizarre. » Elle se tut, puis haussa les épaules. « Je regrette, mais ces maisons ne sont pas celles d'individus égaux. »

Nous ignorons tout de l'idée que les résidents de Çatal Höyük se faisaient de la hiérarchie sociale, soulignait-elle. Peut-être n'avait-elle pas grand-chose à voir avec le nombre de corbeilles de grain qu'une personne possédait, ou de crânes de taureau surmodelés. Peut-être existait-il des chamans qui arboraient des peintures corporelles particulières ou des vêtements périssables qui n'ont pas survécu aux millénaires. Même si tous les habitants avaient reconnu un chaman précis comme chef spirituel, les archives archéologiques n'en garderaient pas forcément la trace. La hiérarchie ne se traduit pas toujours par la richesse matérielle, m'expliqua-t-elle. Elle peut signifier aussi l'accès à des choses occultes ou à des lieux particuliers, ou encore à des rassemblements excluant le commun des mortels. Autant d'indices impossibles à déceler dans les vestiges d'une maison ou dans un squelette. « La hiérarchie et l'accès aux privilèges peuvent se mesurer à des détails non visibles sur le corps des individus, réfléchissait-elle tout haut. Parfois on a un chef hiérarchique sans emblèmes architecturaux. » Le point de vue de Rosemary Joyce nuance l'hypothèse de conflits insolubles à Çatal Höyük. L'un opposait les traditionnalistes favorables à une structure sociale horizontale, et ceux qui la refusaient ; un autre couvait entre les élites en voie d'émergence et les classes inférieures.

À une période plus tardive de l'histoire de la ville, dit Ian Hodder, un autre changement social exacerba ces tensions : les résidents de la ville devenaient plus mobiles, couvrant de grandes distances pour gagner d'autres villes ou des carrières où ils prélevaient les matériaux bruts. Ils commençaient à prendre conscience que d'autres options s'offraient à eux par-delà les murs de la cité. Les sceaux en argile à décor, couramment portés sur soi au néolithique – probablement pour afficher son identité – ne représentaient pas leur seule forme nomade d'artisanat. Les habitants de Çatal Höyük commerçaient avec les communautés voisines, parfois distantes de plus d'une centaine de kilomètres – troquant bijoux, paniers, poteries, coquillages et matériaux bruts comme l'obsidienne et le chert pour la fabrication d'outils à lame. Ces réseaux d'échange indiquent que la sédentarité s'accompagnait toujours de rapports sociaux avec des communautés éloignées, mais les déplacements entre celles-ci se firent plus courants à mesure que la ville approchait de sa fin.

L'identité des individus devint moins indissociable d'un environnement bâti spécifique, plus imbriquée désormais dans les produits qu'ils proposaient. Du fait de ces itinérances de village en village et de ces contacts avec une abondance de biens venus de très loin, Çatal Höyük parut probablement plus banale. La ville perdait son chic.

La fosse de la mort

Vere Gordon Childe, l'anthropologue qui inventa l'expression « révolution néolithique », fut aussi le père, en 1950, d'une définition des villes qui continue d'influencer l'archéologie aujourd'hui. Pour prétendre à la qualification de ville, soutenait-il, unc implantation doit avoir une densité élevée de résidents, une architecture monumentale, une expression artistique symbolique, des activités spécialisées, une monnaie et un système de taxation, une écriture, des échanges commerciaux sur de longues distances, un surplus de biens et une hiérarchie sociale complexe. Aux termes de cette définition, Çatal Höyük est, au mieux, une proto-ville. Elle n'avait ni monnaie, ni écriture, ni monuments – et sa hiérarchie sociale restait probablement sommaire. Ian Hodder consent à y voir une agglomération, mais pas une cité. « Çatal ne correspond pas à la définition classique d'une ville, si l'on entend par là la spécialisation de la production, me dit-il. Elle ne présente pas de zones réservées à des tâches spécifiques. Elle ne se répartit pas en secteurs d'activité différenciés. Tout s'effectuait à l'intérieur de la maison, de l'exécution des rituels à la production économique. »

Il n'en demeure pas moins de bonnes raisons d'envisager Çatal Höyük comme une ville. Ainsi que l'anthropologue de UCLA Monica Smith l'écrit, le cadre établi par Gordon Childe vise à définir « la forme la plus complexe de populations regroupées[13] » par rapport à d'autres concentrations. Nous pourrions dire que Çatal Höyük fut la ville de son temps, plus complexe que n'importe quelle implantation environnante. Les archéologues d'aujourd'hui, ajoute-t-elle, pensent aussi qu'on peut parler de ville même en l'absence de structure hiérarchique rigide – étant seulement requis à la place « un investissement de travail hautement visible, préludant à un réseau social durable ».

Cette précision de Monica Smith pourrait aussi nous aider à résoudre un mystère. Pourquoi ses habitants quittèrent-ils Çatal Höyük avant qu'elle ne devienne une ville plus comparable à Uruk, surgie au Levant longtemps après, et à qui ne manquait ni l'écriture, ni la taxation, la monnaie et les immenses ziggourats ? Pour l'essentiel, l'investissement en travail exigé pour entretenir la ville et son réseau social n'étaient plus rentables. C'est le constat sur lequel se fonde la superbe théorie de Joseph A. Tainter dans un ouvrage qui fit grand bruit, *L'Effondrement des sociétés complexes*[14]. Selon l'historien, la plupart des sociétés se désagrègent lorsque leur population obtient des « rendements décroissants » en retour de son investissement dans l'infrastructure physique et sociale d'une ville. Ce que Rosemary Joyce exprime en d'autres termes : « Quand vous habitez une ville, les murs des maisons voisines vont s'effondrer sur vous. L'accumulation des décombres dans la rue va vous compliquer la vie. Vous assumez des masses de travail en plus. Çatal Höyük s'est révélée un investissement attractif pour de nombreuses générations, puis il ne l'a plus été assez pour compenser sa dégringolade. » À mesure que la ville approchait de sa fin, les habitants auraient été confrontés à l'effondrement de nombreuses structures, avec de moins en moins de bras pour déblayer les gravats. Ils partirent à contrecœur, mais c'était plus simple que de résoudre les problèmes qui réduisaient en miettes la cité.

Parmi les définitions de la ville formulées dans l'après-Gordon Childe, celle de l'historien William Cronon rencontra un vif succès. Il postula dans *Chicago, métropole de la nature*[15] qu'une ville est définie en partie par la région rurale et agricole d'où elle tire sa subsistance. Il parlait d'une métropole industrielle, mais son intuition jette un éclairage décisif sur le statut de Çatal Höyük. William Cronon tient, pour l'essentiel, que la complexité agricole est une composante déterminante de l'urbanisme. Nous savons que les habitants de Çatal Höyük cultivaient une grande diversité de plantes et pratiquaient l'élevage, et la transformation des produits fermiers devait absorber une grande partie de leur temps. Les bouleversements du changement climatique 8,2 kA, suivis par la modification du cours des rivières locales les auraient mis à rude épreuve. De nombreux indices montrent que le dépérissement des fermes n'explique pas à lui seul la désaffection des habitants, mais l'insécurité alimentaire incita sûrement des familles à plier bagage.

Même si Çatal Höyük occupait une zone grise entre proto-ville et ville, sa désertion correspond à un modèle récurrent dans l'histoire urbaine. Le changement climatique se répercuta durement sur les activités agricoles, et les lésions socio-culturelles de la cité s'envenimèrent, créant une distance entre ses occupants. Chaque maison abandonnée créa un surcroît de travail pour ceux qui s'accrochaient encore au lieu, tentant avec l'énergie du désespoir d'empêcher les circulations en terrasse de s'effondrer sous eux. Avec le temps, l'addition des départs prit la dimension d'une évacuation massive. Mais cet exode allait s'étaler sur des siècles. Il pourrait avoir échappé aux populations encore présentes à cette période tardive de l'histoire de la cité que celle-ci serait un jour vide de tout occupant.

De nombreux habitants quittèrent Çatal Höyük pour revenir à la vie rurale dans des villages éparpillés de la plaine de Konya, d'autres cédèrent à l'attrait de villes semblables à celle qu'ils abandonnaient. L'archéologue britannique Stuart Campbell relate un épisode horrible à propos d'une de ces cités. Il procédait à des fouilles sur un site dénommé Domuztepe, à quelque 130 kilomètres à l'est de Çatal Höyük, lorsque son équipe et lui mirent au jour les vestiges d'un rituel si macabre qu'ils l'appelèrent le « Death Pit », la fosse de la mort. Fondée au moment précis où Çatal Höyük approchait de sa fin, Domuztepe se prévalait de milliers de résidents, et elle subsista durant des siècles. La société de masse s'y épanouit après que la plupart des résidents de Çatal Höyük eurent abandonné leurs maisons, et certains éléments de sa culture attestent une certaine continuité avec celle du tell Ouest. Les habitations étaient spacieuses, souvent décorées à l'ocre rouge, et n'enfermaient pas de squelettes dans leur sol comme sur le tell Est plus ancien.

D'ailleurs, Stuart Campbell et l'équipe de fouille n'en exhumèrent quasiment aucun avant de découvrir la fosse de la mort qui, elle, conservait les restes d'une quarantaine d'individus. Les os appartenaient en grand nombre à des squelettes plus anciens, vraisemblablement des ancêtres. Brisés et mêlés à de l'argile épaisse en une sorte de ciment, ils formaient une couche qui recouvrait les dépouilles de plusieurs bovins et autres animaux entiers, reliefs d'un festin. Après leurs ripailles, les convives avaient tassé l'argile constellée d'os en configurant un tertre creux qu'ils avaient comblé d'un surcroît de restes humains, cette fois provenant de cadavres récents, notamment plusieurs crânes qui semblaient avoir reçu un coup de massue sur le côté. Aux dires des archéologues, l'enfoncement de la boîte crânienne permettait de prélever la cervelle du défunt sitôt son trépas.

Les habitants de Domuztepe avaient creusé la fosse à proximité d'un trait très particulier du paysage urbain, une « terrasse rouge » longue de 75 mètres qui traversait le cœur de l'implantation. Probablement haute de plus d'un mètre, elle créait peut-être une passerelle surélevée, ou délimitait un espace cérémoniel ; la population l'avait édifiée au fil de centaines d'années en utilisant de l'argile rouge d'importation, intercalée avec des couches de plâtre blanc. On ne voyait sûrement qu'elle dans le paysage, mur rouge et blanc saisissant qui coupait le site en deux. Pour creuser la fosse de la mort, les résidents de Domuztepe avaient été obligés d'évider une partie de la terrasse et de dégager la terre au-dessous. Après les mystérieuses activités responsables de ces monceaux de cadavres, ils avaient allumé un feu de joie si gigantesque qu'il avait laissé une épaisse couche de cendre. Toujours d'après Stuart Campbell et l'équipe, le rougeoiement du bûcher fut sûrement visible de très loin. Cette flamme monstrueuse, rugissant au-dessus d'un empilement de corps humains et d'argile, symbolisait sans nul doute la puissance de la ville. L'archéologue et son équipe y voyaient un exemple de l'étroite imbrication des individus dans un lieu, renvoyant l'écho des pratiques que nous observons dans les maisons de Çatal Höyük.

À cela près que la fosse de la mort appartenait à un rituel public de grande ampleur. Il ne s'agit pas ici d'un ensemble d'ossements d'ancêtres enfoui dans le sol d'une maison au bénéfice d'un groupe familial. Mais d'un entassement de corps, certains fraîchement tués pour la circonstance, enterrés à proximité d'un mur qui fait presque la longueur de la ville entière. Nous pourrions considérer la trame urbaine de Domuztepe comme un exemple de la stratégie adoptée par les sociétés du néolithique tardif pour transcender le monde de Çatal Höyük. Ici, les murs de séparation ne définissaient pas simplement une sphère privée. Ils s'inséraient comme autant de fétiches dans un monument public central, révélant une obsession de la différence et de la hiérarchie. Et il est probable que la cérémonie même de la fosse de la mort était conduite par une ou plusieurs figures d'autorité capables de réunir la ville entière autour d'un festin de multiples bovins, d'un rituel à la mémoire des ancêtres et d'un sacrifice. Les structures hiérarchiques que nous voyons pointer à Çatal Höyük semblent s'épanouir pleinement à Domuztepe. En écoutant Stuart Campbell, je ne cessais de penser aux habitants de Çatal Höyük qui s'étaient rebiffés contre la structure horizontale de la ville. Il s'en trouva peut-être qui abandonnèrent Çatal Höyük pour rallier Domuztepe.

Dans un article sur la fosse de la mort[16], Stuart Campbell souligne que la cérémonie d'os et de feu n'était pas un acte d'une violence immonde. C'était un rituel de transformation qui unissait la population à la terre. Dans la fosse, les restes humains et l'argile étaient traités de pair. Dans le monde moderne, explique-t-il, nous établissons un cloisonnement rigoureux entre les vivants et les morts, entre l'animé et l'inanimé. Mais nos catégories « n'expriment pas forcément d'anciennes croyances », écrit-il.

Peut-être que la fosse de la mort redonnait aussi la vie par une dramaturgie dans laquelle le sang et les os humains régénéraient symboliquement la ville.

Dans l'imaginaire néolithique, les maisons et les villes pourraient être l'équivalent des populations et des sociétés. La ville est vivante. Elle est un outil, un ancêtre, une cosmologie et une histoire. Quand nous la quittons, nous abandonnons aussi une part de nous-mêmes. Mais quand nous déambulons dans les rues de la ville suivante, nous nous retrouvons. Pour le meilleur ou pour le pire.

Deuxième Partie

Pompéi : la rue

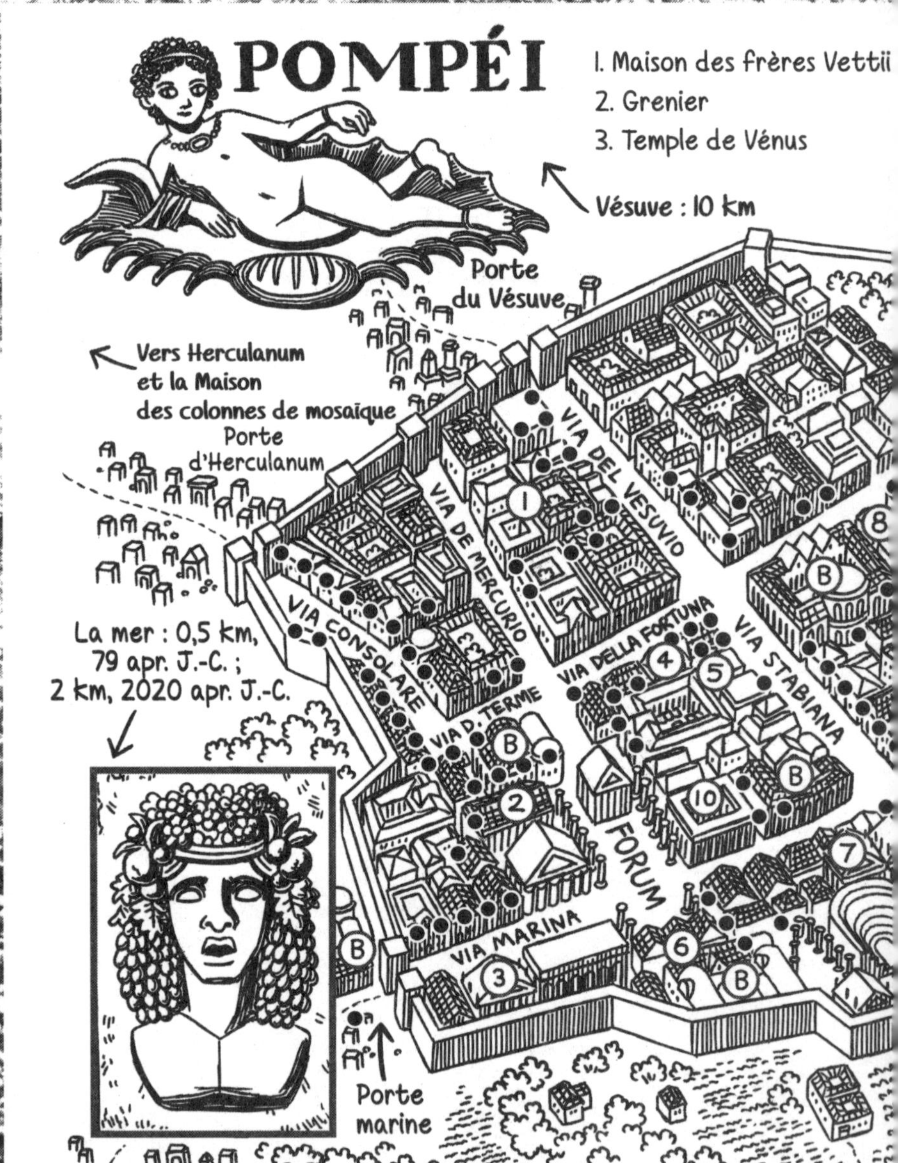
POMPÉI
1. Maison des frères Vettii
2. Grenier
3. Temple de Vénus
Vésuve : 10 km
Porte du Vésuve
Vers Herculanum et la Maison des colonnes de mosaïque
Porte d'Herculanum
La mer : 0,5 km, 79 apr. J.-C. ; 2 km, 2020 apr. J.-C.
VIA DEL VESUVIO
VIA DE MERCURIO
VIA CONSOLARE
VIA DELLA FORTUNA
VIA STABIANA
VIA D. TERME
FORUM
VIA MARINA
Porte marine

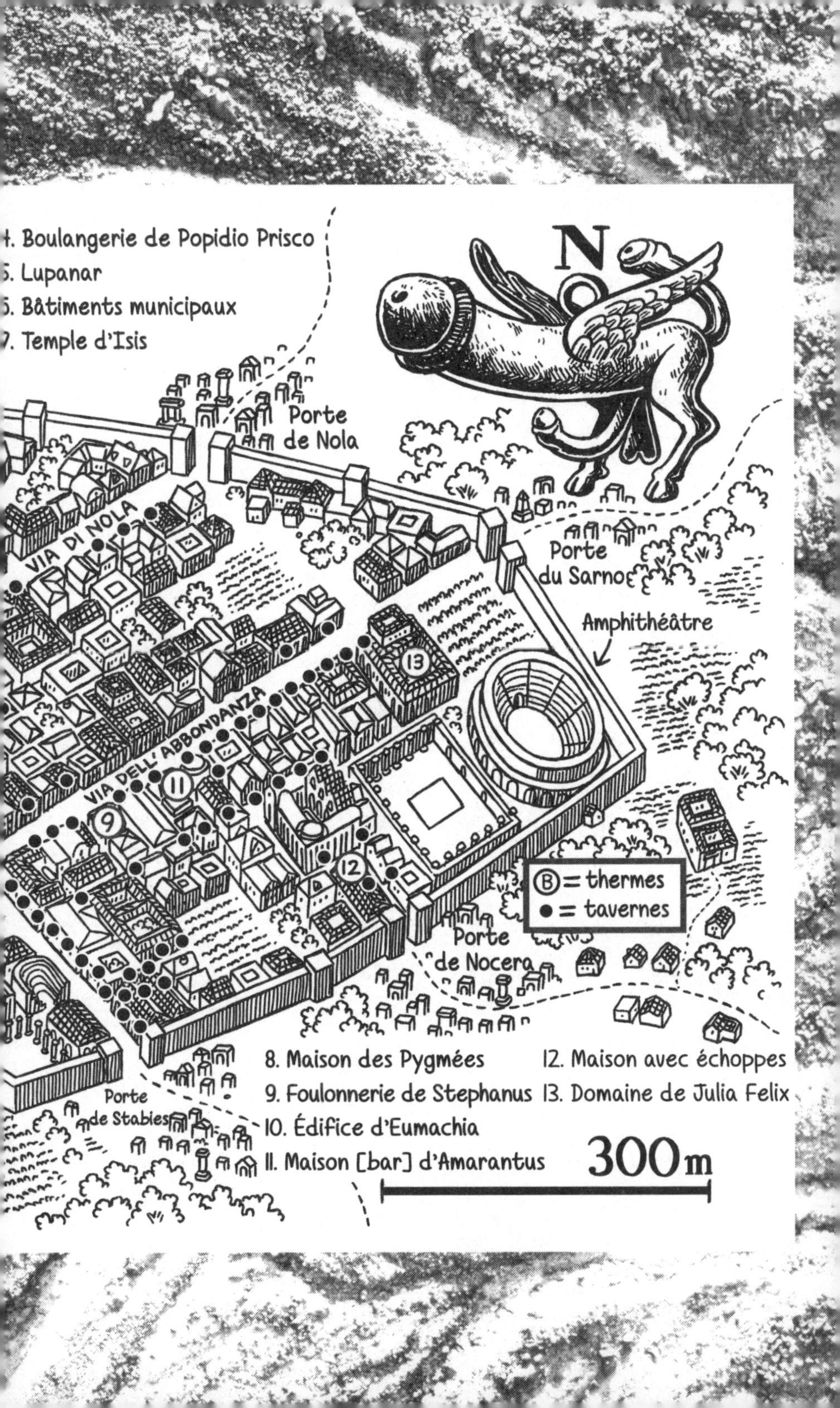

Boulangerie de Popidio Prisco
Lupanar
Bâtiments municipaux
Temple d'Isis
N
Porte de Nola
VIA DI NOLA
Porte du Sarno
Amphithéâtre
13
VIA DELL'ABBONDANZA
11
9
12
Ⓑ = thermes
● = tavernes
Porte de Nocera
Porte de Stabies
8. Maison des Pygmées
9. Foulonnerie de Stephanus
10. Édifice d'Eumachia
11. Maison [bar] d'Amarantus
12. Maison avec échoppes
13. Domaine de Julia Felix
300 m

Chapitre IV

Émeute Via dell'Abbondanza

Quelque cinq mille ans après que la population de Çatal Höyük eut lentement déserté le tell Ouest, six mètres de cendre brûlante ensevelirent une ville présentant à peu près la même densité de population. À la différence des habitants de Çatal Höyük, qui partirent peu à peu sur une décision personnelle, Pompéi enregistra la perte brutale de douze mille de ses résidents. En 79 apr. J.-C., leur ville disparut avec eux, rayée de la carte par une éruption volcanique foudroyante dont le souvenir hanta sûrement à tout jamais les survivants. Des secousses sismiques déplacèrent le tracé de la côte à un kilomètre des murs de la cité, et le Vésuve cracha une couche épaisse de cendre ardente qui transforma les exploitations agricoles fertiles en friche stérile. Après la catastrophe, les rescapés cherchèrent refuge dans les villes côtières voisines, à savoir Cumae (Cumes), Neapolis (Naples) et Puteoli (Pouzzoles). Il n'a subsisté, en tout et pour tout, qu'un seul témoignage direct du désastre.

Ce fut seulement dans les années 1700 que des ingénieurs mandatés par Charles VII, roi de Naples, entreprirent des fouilles systématiques de la ville. Demeuré intact sous la cendre durcie, le site fut une révélation. D'autres ruines romaines s'étaient effondrées en empilements de marbre marqués par l'érosion ou se trouvèrent enfouies sous des villes modernes. Mais à Pompéi, tout fut préservé, des somptueuses offrandes destinées au temple aux tarifs des traiteurs proposant des plats à emporter. Les premiers explorateurs consignèrent minutieusement leurs découvertes, mais consacrèrent l'essentiel de leur énergie à piller l'or, les bijoux et les mosaïques inestimables du site. Aujourd'hui, toutefois, les archéologues viennent à Pompéi pour entrevoir ce qu'y fut la vie quotidienne à l'apogée de l'Empire romain. La cité demeura figée – cuite serait un terme peut-être plus exact – dans le passé, avec toutes les singularités culturelles et éphémères qui s'effacent d'ordinaire dans les villes occupées sans discontinuer, comme Rome ou Istanbul.

Si la maison définissait incontestablement le centre de la vie à Çatal Höyük, à Pompéi tout survenait dans la rue. Dans les échoppes, bains et tavernes, les habitants vivaient et travaillaient, faisaient des projets et rencontraient de nouveaux amis. Les Romains inventèrent un nouveau genre de vie publique dans leurs rues, codifié par le droit et mis en place à travers les normes sociales. Des gens de toute classe et de toute origine se mêlaient sur les trottoirs en ciment et terre compactée de la cité. Des villas anciennes appartenant aux ultra-riches se déployaient à proximité d'une association professionnelle pour esclaves affranchis ; des touristes nantis venus de trois continents se frottaient aux patrons des tavernes rompus aux mœurs citadines. Des matrones fortunées jetaient des regards en coin aux prostituées qui hélaient le client depuis les chambres où elles exerçaient leur profession. Rien ne donnait une image plus exacte de la vie publique ordinaire à Pompéi que les scènes de rue et les divertissements qu'elles offraient.

Pompéi s'éteignit d'un souffle à une période charnière de l'histoire romaine, lorsque les anciennes hiérarchies sociales de la république s'étaient délitées, cédant la place à un jaillissement d'idées nouvelles et progressistes. Le petit peuple pouvait défier la suprématie des élites aristocratiques de Rome et l'emporter. Les femmes devenaient chefs d'entreprise et bienfaitrices de la cité, tandis que les anciens esclaves s'enrichissaient. La mobilité sociale n'était pas une vue de l'esprit. Quand l'éruption obscurcit de cendre le ciel au-dessus de leur tête, les habitants de Pompéi vivaient une lente révolution sociale. Dans ses rues souillées de graffitis obscènes, alignant leurs bars, établissements de bains et bordels, l'empreinte laissée par ces changements n'a pas disparu.

Isis et les Pygmées

L'histoire de Pompéi commence au IVe siècle avant notre ère[1]. Ville portuaire bourdonnant d'activité de la baie de Naples, elle était gouvernée par les Samnites, alliés turbulents de Rome. Ses résidents parlaient l'osque et édifiaient des temples aux divinités de leurs dirigeants, cultivant les sols volcaniques fertiles des pentes du Vésuve voisin. Ils pratiquaient la pêche dans la baie et commerçaient avec les cités du pourtour de la Méditerranée. Opulente et occupant un emplacement stratégique à la jonction de la mer et d'un important réseau fluvial à l'intérieur des terres, Pompéi ne pouvait que susciter les convoitises du conquérant romain. Mais durant deux siècles au moins, Rome se contenta de la traiter en alliée, du moment qu'elle lui fournissait des soldats pour ses guerres. Puis, en 91 av. J.-C., Pompéi et quelques autres villes du sud de l'Italie déclenchèrent la Guerre sociale, comme on la nomma, contre Rome, en partie pour obtenir plus de droits après avoir tenu le rôle d'États satellites pendant des siècles[2]. Au terme d'une âpre lutte, une armée romaine conduite par Lucius Cornelius Sylla écrasa la résistance samnite en 80 av. J.-C. Pompéi devint une ville romaine de plein droit, et Sylla y installa *manu militari* des milliers de vétérans romains. La nouvelle population romanisée transforma les sanctuaires samnites en temples romains[3], et le latin devint la langue officielle de la ville.

Cette histoire coloniale donna le ton à la culture polyglotte de Pompéi. Bien qu'officiellement romaine, elle conservait une communauté samnite florissante qui rendait ouvertement un culte aux divinités osques, ainsi Méfitis, déesse aux divers attributs et souvent comparée à Vénus. La population locale continua d'écrire des graffitis en langue osque sur les murs de Pompéi, et ce jusqu'au jour de l'éruption du Vésuve. Des cultures immigrantes prospéraient aussi dans toute la ville ; parmi les influences non romaines, celle des empires d'Afrique du Nord prédominait.

J'arrivai à Pompéi au plus fort de l'été, descendant du train en provenance de Rome avec un groupe d'écoliers qui semblaient s'ennuyer ferme, visiblement là pour la même raison que moi. La Pompéi moderne – orthographiée avec un seul « i » à la différence de la ville antique – accueille principalement des touristes attirés par les ruines. En règle générale, les visiteurs marquent un arrêt devant les marchands ambulants de casques romains en papier d'aluminium et de glaces, puis filent directement vers les somptueuses villas qui dominent la mer, à l'ouest. Mais j'entamai ma visite en flânant dans les secteurs sud plus tranquilles, en quête de traces témoignant d'une inspiration nord-africaine. Je me trouvais à deux pas du Forum, le centre névralgique de la ville, où les Pompéiens avaient édifié les bâtiments administratifs et au moins une douzaine de temples. Parmi ces édifices monumentaux, je découvris la splendeur en ruine du temple d'Isis, la déesse égyptienne, dont le podium et les colonnes peintes jadis de couleurs vives affichent aujourd'hui la grisaille uniforme de la pierre. De ce refuge voluptueux ne subsiste désormais qu'un enclos muré, dont les dimensions généreuses permettent d'imaginer l'abondance des fonds qui affluaient sur les autels et dans les demeures de ses prêtres. Ses fresques aux riches décors dépeignant la vie des adorateurs d'Isis sur les rives du Nil ont rejoint les collections permanentes du Musée archéologique de Naples. Au Ier siècle, le culte d'Isis faisait fureur à Pompéi, et les Romaines fortunées vouaient une ferveur particulière à la déesse importée d'Afrique.

Au coin de la rue du temple l'on découvre la Via Stabiana, une grande artère qui descend en pente douce jusqu'à la porte de Stabies. Il y a des millénaires, cette rue aurait été bordée de part et d'autre par deux théâtres, des dizaines de bars et quelques villas. Lors des jours chômés en l'honneur d'Isis, la Via Stabiana aurait été envahie de fêtards déguisés, conduits par les femmes qui administraient le temple. Mais ce jour-là la porte était fermée en raison d'une excavation, et plus j'avançais, plus le tohu-bohu des touristes qui visitaient les attractions les plus célèbres de la ville s'estompait. Je m'assis au bord d'un trottoir, le regard posé sur une arche de la porte de Stabies. Derrière moi, la ville déroulait ses murs en brique brune omniprésents en passe de s'effondrer dans des parcelles de graminées desséchées et de fleurs sauvages vivaces. J'imaginais l'endroit saturé de piétons, de charrettes tirées par des mules et de vendeurs vantant leur marchandise depuis les étals encastrés au rez-de-chaussée des maisons à trois niveaux qui me surplombaient. Mais il se dégageait à présent de la rue, vide de tout contexte humain, un sentiment d'abandon très réel.

Et puis, comme par magie, l'éminent archéologue de l'université de Cambridge Andrew Wallace-Hadrill se matérialisa. Silhouette élégante en costume de lin, cheveux de neige rabattus en arrière et lui dégageant le front, il émergea d'une petite allée résidentielle étranglée par un fouillis de mauvaises herbes qui lui arrivaient jusqu'à la taille. Il tombait à point nommé : Andrew Wallace-Hadrill s'est fait un nom dans la communauté archéologique pour avoir inventé un nouveau type d'exploration de ces ruines, centré sur la vie domestique à l'intérieur des maisons et non sur les manœuvres politiques des élites au forum[4]. Il se trouvait à Pompéi pour une conférence, semblait-il, et avait décidé de jeter un coup d'œil à de nouvelles excavations. Connaissant son intérêt pour les maisons romaines, je lui demandai par quelles voies l'Afrique s'était faufilée dans de si nombreuses fresques de la cité. Même si ces peintures mettent habituellement en valeur des mythes grecs et romains, les résidences pompéiennes consacrent une grande part de leurs murs à des scènes africaines. Certaines de ces images sont de nature religieuse, comme celles associées à Isis ; d'autres représentent l'équivalent dans la Rome antique des caricatures racistes à la *Sambo*, présentant des Africains dans des postures satiriques ou humiliantes.

Une peinture que j'avais vue au musée, à Naples, avait éveillé ma curiosité. Elle provenait de « la Maison du médecin ». Aux dires des conservateurs, elle montrait des Pygmées dans une scène classique de l'Ancien Testament, où Salomon résout un litige entre deux femmes se disputant un enfant, en menaçant de couper en deux le marmot et d'en donner une moitié égale à chacune des plaignantes. La femme qui se dit aussitôt prête à renoncer à l'enfant plutôt que de le voir mourir se révèle être la vraie mère. La fresque restitue la scène avec des Pygmées africains grotesques dans tous les rôles. Salomon, la tête rapetissée par un casque de gladiateur, brandit un fendoir de boucher au-dessus d'un bébé gigotant. Deux femmes l'observent, l'une à la peau sombre avec un rictus de cupidité, l'autre au teint livide détournant tristement le regard. Devait-on y voir de l'humour raciste dans le monde antique ?

Andrew Wallace-Hadrill se rangea à mon interprétation, mais éclata d'un rire sonore à l'idée d'une scène tirée de la Bible. « Cette interprétation a la cote, m'expliqua-t-il, or le jugement de Salomon n'a rien à voir dans l'affaire. La scène renvoie vraisemblablement à une légende sur un monarque égyptien, mais nous la qualifions de "Jugement de Salomon" parce que nous connaissons la Bible. » Dans leurs fresques, poursuivit-il, les Romains représentaient souvent la culture égyptienne par des Pygmées. Certaines d'entre elles sont surtout des caricatures grivoises : l'une montre des Pygmées dans une barque en forme de pénis portée par un flot de sperme. D'autres expriment le respect, dépeignant de somptueuses scènes nilotiques dans lesquelles des figures africaines d'inspiration réaliste vaquent à leur tâche ou accomplissent des rituels. Comme en témoigne le temple d'Isis, les dieux égyptiens faisaient ici l'objet d'un culte. Ce mélange d'images pieuses ou détestables, partout présentes à Pompéi, traduit une extrême sensibilisation culturelle au pouvoir politique de l'Égypte. Les uns y adhéraient, les autres le brocardaient, mais il ne laissait personne indifférent.

L'Afrique, ajoutait l'historien, s'était aussi introduite à Pompéi par le biais de l'empire punique, dont l'empire s'étendait sur les régions qui forment aujourd'hui le nord de l'Algérie et de la Tunisie. Carthage, cité punique et place commerciale majeure, avait souvent contesté l'autorité de Rome sur la région pendant la période républicaine déchirée par la guerre. Nous savons que les Pompéiens pratiquaient des échanges intensifs avec le monde punique car, pour citer Andrew Wallace-Hadrill, « Pompéi utilisait d'énormes quantités de monnaie d'Ebusus [la moderne Ibiza] ». Dépendance punique, l'île occupait un emplacement stratégique entre l'Algérie et l'Espagne actuelles, tombées toutes deux dans les griffes de l'Empire romain. Le *garum*, condiment de poisson fermenté dont se délectait Pompéi, trouvait lui aussi son origine dans le monde punique. Jusqu'à l'architecture de la ville qui s'inspirait de ses techniques stylistiques. Un type courant de maçonnerie en brique, intercalant de grands blocs entre des briques plus petites et plus minces pour former des motifs en forme de « T », était un emprunt direct à l'architecture punique. Au point que les Romains parlaient de maçonnerie *africanum*, ne faisant nul mystère de son origine.

Après qu'Andrew Wallace-Hadrill eut pris congé, je revins sur mes pas et remontai la Via Stabiana jusqu'au temple d'Isis, cherchant au passage la présence d'africanum dans les murs. Brusquement, je compris que je n'arpentais pas un équivalent pur jus de la Rome antique, préservée depuis des milliers d'années, mais bien les ruines d'une communauté urbaine hétérogène, dont la population aux origines bigarrées avait fusionné les traditions de l'Afrique du Nord et de Rome en un grand œuvre à nul autre pareil, Pompéi. Et de même que tous les New-Yorkais ne sont pas de la même eau, tous les Pompéiens ne se ressemblaient pas.

Julia Felix, créatrice d'entreprise

Les noms de presque tous les résidents de Pompéi demeurent inconnus, et ceux qui fouillent le site vous parleront de « la Maison du chirurgien » ou de « la Maison du Poète tragique » en référence aux œuvres d'art ou autres éléments découverts à l'intérieur. L'une des rares constructions où le nom du propriétaire a survécu est « le Domaine de Julia Felix ». Étendant son emprise sur un îlot entier à l'extrémité nord-est de la ville, cette propriété se situe à l'exact opposé du temple d'Isis. Sur sa façade, une inscription peinte le jour même de l'éruption signalait des appartements et boutiques à louer dans ses murs :

> À louer, dans le domaine de Julia Felix, fille de Spurius : élégante suite de bains pour clientèle de prestige, tavernes, mezzanines et appartements à l'étage pour un bail de cinq ans[5]

C'est la seule archive écrite dont nous disposions sur Julia Felix. Une femme qu'on imagine très riche au vu de la dimension du terrain attenant à la Via dell'Abbondanza, une grande artère qui coupe la ville depuis sa résidence personnelle dans la partie est jusqu'aux secteurs des théâtres et des temples, à proximité de la Via Stabiana. Nous savons aussi que le domaine de Julia connut d'importantes modifications jusqu'à 79 apr. J.-C., s'agrandissant pour fusionner avec la propriété voisine et absorbant une allée qui séparait naguère les deux résidences. Il semble s'y être développée une vocation plus commerciale, aussi, avec l'ajout de bains spacieux et d'une dizaine de tavernes.

Bien qu'elle ait pu être, à un moment quelconque, la « villa » privée – l'équivalent romain d'un d'hôtel particulier – de Julia ou d'un détenteur antérieur, la propriété subit des modifications successives qui la transformèrent en un club doublé d'un prestigieux établissement de bains. Dans la Rome antique, on ne fréquentait pas les bains pour des raisons d'hygiène, quitte à en ressortir un peu moins sale à l'occasion. Ils faisaient essentiellement office de clubs sociaux, où les clients discutaient de leurs affaires et de l'actualité tout en se prélassant dans un bain chaud. Au « spa » de Julia, près d'une fontaine ombragée du jardin, ils avaient tout loisir de dérouler un volumen de poèmes scabreux à peine mis en circulation, ou de faire la sieste sur une couche voisine. Et de s'offrir une petite collation, sinon deux, dans l'une des tavernes des lieux.

Les bains de Julia donnaient sur l'animation de la Via dell'Abbondanza et attiraient probablement une clientèle locale mais aussi des visiteurs de passage. Comme le laisse entendre l'avis de location, c'était l'endroit rêvé pour ouvrir un commerce. La rue était encombrée de touristes qui affluaient par la porte du Sarno, à deux pas de là, pour aller voir les gladiateurs s'entraîner à la Palestre, un grand terrain d'exercice en plein air, et assister à des jeux et autres divertissements dans l'énorme amphithéâtre édifié au bout de la route qui partait du domaine de Julia. Le périmètre s'était fait une solide réputation de désordres et d'échauffourées, au point que l'empereur Néron y avait vu une menace pour l'ordre public lorsque, en l'an 59, une émeute sanglante avait opposé les supporters de l'équipe locale de gladiateurs et ceux de la formation invitée venue de Nocera, la colonie voisine. Le carnage atteignit de tels sommets que Néron interdit Pompéi de jeux durant dix ans.

Mettant mes pas dans ceux des émeutiers de 59, j'abordai la ville par le sud-ouest, juste à côté de l'amphithéâtre. Le site accueille encore des concerts, et j'avais manqué de peu l'occasion de voir King Crimson se produire à l'endroit même où Nucériens et Pompéiens s'étaient massacrés en d'autres temps pour un combat de gladiateurs. Je pris vers le nord, passai entre l'amphithéâtre et les colonnes ceinturant le terrain d'entraînement des gladiateurs, puis plongeai dans une allée bordée d'une vigne qui n'aurait pas déparé les heures de gloire de la ville.

Imaginant que, derrière moi, les émeutiers se rapprochaient, je tournai vivement à gauche dans la Via dell'Abbondanza et me retrouvai devant l'entrée de la propriété de Julia Felix. De larges marches conduisaient de la rue à sa porte, ce qui permettait aux visiteurs d'éviter le trottoir et de pénétrer directement dans ses jardins et dans l'établissement de bains. Je glissai un regard à travers le portail. La colonnade en marbre et l'aménagement paysager avaient disparu, de même que l'inscription « À louer », mais on ne pouvait se méprendre sur la majesté des lieux. C'est une immense propriété en forme de « L », dont l'emprise occupait un îlot entier de la Via dell'Abbondanza et se continuait à l'angle sur toute la longueur d'un autre îlot dans le Vicolo di Giulia Felice, l'allée de Julia Felix. Depuis l'entrée, je pouvais voir l'atrium où elle devait accueillir ses visiteurs et, plus loin, un jardin paysager. À gauche se succédaient un bar équipé de comptoirs à plateau de marbre et les bains. Et, plus loin, d'autres bars et des chambres privées à louer. Le domaine de Julia forme une insula, un îlot, de forme carrée, dont plus de la moitié était occupée par un verger et des jardins luxuriants réservés aux invités.

Compte tenu de l'étroitesse relative de la Via dell'Abbondanza, une bataille rangée aurait sûrement happé n'importe quel passant, et je me demandais à quoi s'occupaient les locataires de Julia pendant qu'on s'étripait. Jouaient-ils les badauds depuis le jardin ? Avalaient-ils une rasade de vin avant d'en découdre aussi ? Si elle avait aménagé des chambres à cet endroit, Julia ne perdait sûrement pas une miette du spectacle à l'étage, dans les parties privées de l'habitation. Elle-même avait dû regarder les supporters se rouer de coups ou piller ses tavernes.

Les émeutes de 59 ne représentaient que la version la plus extrême des fêtes avinées qui remplissaient souvent les rues à proximité. Elles avaient conduit nombre de ses voisins à murer les entrées de leurs résidences donnant dans la Via dell'Abbondanza. Pour autant, en 79, Julia venait d'aménager de nouvelles entrées, accueillant un surcroît de tavernes à l'usage des passants et de la clientèle des bains. Son complexe richement décoré devait offrir un refuge idéal aux piétons fatigués ayant quelques sesterces à dépenser.

Il fut aussi la première structure de la ville à être dégagée lors des fouilles pratiquées sur le site, au XVIIIe siècle. Christopher Parslow, archéologue de l'université Wesleyenne, explore le domaine de Julia depuis bientôt quarante ans. L'édifice fut découvert il y a près de trois siècles, raconte-t-il, lorsqu'un cultivateur vit le haut des colonnes en marbre pointer dans son champ. Charles VII, le Bourbon espagnol qui régnait sur Naples à l'époque, avait déjà financé des excavations à l'emplacement de deux villes romaines enfouies sous la cendre, Herculanum et Stabies. Homme des Lumières, le roi s'était pris de passion pour l'histoire antique, et il dépêcha sur les lieux un ingénieur suisse, Jakob Weber, afin d'inspecter la trouvaille du fermier. Creusant plus profond, Jacob Weber mit au jour un alignement d'admirables colonnes en marbre – les seules dans ce matériau à avoir été exhumées à Pompéi à ce jour –, ainsi que le superbe bâtiment dans lequel elles se dressaient. Nous savons, d'après l'inscription publicitaire de Julia, qu'il comportait de nombreuses pièces à l'étage, mais tout porte à croire que les techniques d'excavation « pelle et pioche » de l'ingénieur saccagèrent ce qui pouvait encore en subsister après l'éruption. Pourtant, c'en fut assez pour convaincre le monarque de procéder à de nouvelles fouilles. Bien que recouvert par la suite, pour être à nouveau dégagé au XXe siècle, le domaine de Julia Felix fut le premier à porter à l'attention du monde les ruines de Pompéi.

Nous n'en continuons pas moins d'en savoir très peu sur la femme à qui l'avis publicitaire attribue la propriété des lieux. On crut longtemps qu'elle avait occupé les lieux jusqu'au jour de l'éruption, me dit Christopher Parslow. Un squelette portant des bijoux ayant été découvert dans le jardin, nul ne douta qu'il s'agissait de Julia. « D'après moi, elle n'était pas le squelette, poursuivit-il avec un sourire en coin. Nous ne savons même pas s'il était de sexe féminin. » Il doute que Julia vécût sur place. « Sa maison se présente comme une demeure privée, mais elle est bien trop publique si l'on songe à l'interdépendance des espaces intérieurs. Ils n'offrent guère l'intimité d'une maison censée être privée. » Et en l'admettant, « Où est sa chambre ? demandait-il. On ne peut la mettre nulle part en raison du va-et-vient permanent » des visiteurs.

Julia, pose-t-il, gérait de loin ses vastes locaux, peut-être depuis une autre propriété à Pompéi. Le domaine de Julia Felix ? « Je pense qu'il est conçu pour les loisirs, me dit-il. Il s'adresse à une clientèle qui vient s'y restaurer et passer un moment agréable [aux bains]. »

Mais Julia n'aurait sûrement pas admis n'importe qui dans les lieux. « L'endroit aspirait à l'élégance », rappelait Christopher Parslow. Et elle ne s'arrêtait pas aux colonnes en marbre ; le domaine entier se distinguait par des peintures raffinées, et son jardin paysager s'agrémentait de détails délicats, par exemple de petits ponts jetés au-dessus du bassin placé au centre. D'autant que l'accès à un établissement public aussi chic s'accompagnait sûrement d'un droit d'entrée élevé, qui accentuait encore sa ressemblance avec un club select. Et comme le précisait l'inscription, Julia tirait une part de ses revenus de l'accueil d'une « clientèle de prestige ».

Il lui avait fallu surmonter de nombreux obstacles pour posséder cette propriété. À son époque, selon le droit romain, les biens d'une femme étaient administrés par un « tuteur », habituellement son père[6]. Toutefois Julia ne semble pas avoir été soumise à cette obligation. L'avis de location mentionne le nom de son père, mais stipule clairement qu'elle est propriétaire et qu'elle négociera elle-même avec les candidats. Une part d'explication réside peut-être dans les « lois juliennes », définies par l'empereur Auguste en 17 avant notre ère afin de gouverner la conduite sexuelle et reproductive des femmes. Aux termes de cette législation, une femme née libre pouvait se voir reconnaître le droit d'administrer ses biens si elle avait au moins trois enfants. Si elle avait été esclave, puis affranchie, elle aurait dû avoir donné naissance à quatre enfants pour jouir du même statut[7]. En partant du principe qu'elle appartenait aux classes aisées, Julia se serait vraisemblablement mariée à l'adolescence et pouvait avoir convolé à plusieurs reprises avant la trentaine. La guerre transformait souvent les jeunes épouses en veuves, et le divorce aussi était largement accepté pour les motifs les plus divers. Nous en sommes donc réduits à poser l'hypothèse que Julia avait probablement mis au monde au moins trois enfants, ce qui la laissait en position d'administrer l'héritage d'un mari défunt.

Pour nos esprits modernes, les lois juliennes paraîtront absurdes, mais les dirigeants romains les prenaient très au sérieux. Elles auraient sûrement porté préjudice à la réussite financière de femmes comme Julia. Auguste se voyait volontiers en réformateur de la société, soucieux d'infléchir les mœurs décadentes de la jeunesse aux derniers jours de la République. En même temps qu'elles incitaient les femmes à multiplier les naissances, les lois juliennes punissaient sévèrement les femmes réputées « de mœurs légères ». Auguste se distingua en condamnant sa propre fille à l'exil en l'an 2 de notre ère, lorsqu'elle refusa de renoncer publiquement à pratiquer l'équivalent de l'amour libre dans l'Antiquité. En même temps, une curieuse libéralisation des mœurs s'insinua dans le monde romain par le canal de cette législation. Afin d'encourager le mariage, Auguste autorisa les hommes libres à épouser des femmes affranchies – c'était une première –, légitimant ainsi leur progéniture. Désormais, une femme née esclave pourrait être affranchie pour devenir l'épouse d'un citoyen romain, et ses enfants seraient libres par leur naissance.

Nous ne pouvons prendre l'entière mesure de l'environnement bâti à Pompéi si nous ne comprenons pas qu'il fut modelé par les femmes, et pour quelles raisons.

Même si elles ne pouvaient se présenter aux élections ni voter, elles avaient accès à la propriété. Elles pouvaient devenir entrepreneuses ou protectrices de cultes influents. L'emprise hors norme du temple d'Isis ou celle du domaine de Julia Felix témoignent du pouvoir des femmes à Pompéi, et de la façon par laquelle elles remodelaient désormais le paysage urbain.

Quelques points au crédit de Néron

À l'époque où Julia Felix administrait sa propre entreprise dans la ville, les lois juliennes s'étaient vues remises en question et modifiées par au moins trois générations de jeunes loups. Les entraves imposées aux femmes s'étaient resserrées, puis assouplies. L'empereur Néron, en particulier, parut peu désireux d'imposer un carcan rigide à la pudeur féminine. Lisa Hughes, professeur d'études classiques à l'université de Calgary, s'intéresse en particulier aux théâtres de Pompéi pendant cette période. Alors que je l'interrogeais sur ses découvertes dans un café, elle me fit une confidence qui me prit de court.

Coinçant une mèche rebelle derrière son oreille, elle me gratifia d'un sourire malicieux.

— J'adore Néron ! me déclara-t-elle avec feu.

J'en renversai mon café, évitant de peu l'ordinateur sur lequel je prenais directement des notes.

— Pas vraiment le genre de commentaire qu'on entend sur Néron, lui renvoyai-je en riant, tandis qu'elle m'aidait à éponger les dégâts avec des serviettes en papier.

Elle haussa les épaules, comme habituée à ce type de réaction.

— En fait, il a été génial avec les femmes.

Néron était issu d'une longue lignée d'icônes puissantes. Sa mère, Agrippine la Jeune, s'était valu une notoriété politique fâcheuse après avoir écrit des Mémoires qu'on s'arrachait sur l'histoire de sa famille, en l'occurrence son frère Caligula, son époux, Claude, et sa mère, Agrippine l'Aînée, très proche de l'empereur Auguste et qui avait été emportée dans les violences politiques du début de l'Empire. Au moment où Néron s'empara du pouvoir, les femmes quittaient la sphère domestique pour passer aux affaires publiques. Elles remirent en question la tradition romaine qui confinait les honnêtes femmes au foyer, avec pour tout horizon leurs métiers à tisser afin de vêtir mari, père et fils.

Bien qu'amplement décrié pour avoir régné en tyran dégénéré, Néron fut aussi un démagogue fou de théâtre et de musique. Lui-même acteur, il utilisait la scène pour déclamer les tirades politiques que ses prédécesseurs réservaient au forum. Il n'est pas exagéré de comparer la communication de Néron à celle des hauts responsables américains d'aujourd'hui, qui recourent plus volontiers aux médias sociaux ou aux spots télévisés qu'aux exposés circonstanciés pour diffuser leurs idées. Pendant son règne, m'expliqua Lisa Hughes, Néron finança plus que généreusement les théâtres, et la demande en compagnies d'acteurs flamba comme jamais. Et ce avec une conséquence pour le moins inattendue : « Sous Néron, le théâtre se décloisonne et les femmes sont plus nombreuses à se produire sur scène », me dit-elle. Les rôles féminins sont tenus par des actrices, mais les femmes investissent aussi l'activité théâtrale en qualité de productrices et de protectrices. Pline le Jeune, commentateur romain de l'époque qui réchappa de l'éruption à Pompéi, stigmatisait une certaine Ummidia Quadratilla, matrone fortunée, qui avait sa propre troupe de mime[8].

À Pompéi, deux théâtres publics et des divertissements attiraient tout spécialement les visiteurs, Lisa Hugues explore une veine moins connue des arts du spectacle dans cette ville au Ier siècle : les théâtres installés dans les jardins des résidences privées. Onze nous sont connus et, d'après son hypothèse, les hôtes fortunés y organisaient des prestations lors de dîners *al fresco*, conviant des cercles d'amis de choix, de relations d'affaires et d'alliés politiques. Pour elle, cette pratique s'inscrit dans un changement plus général de l'idée que le public se faisait de la place des femmes. Elle ouvrait des débouchés aux femmes douées d'esprit d'entreprise comme Ummidia Quadratilla, dont la troupe se produisait vraisemblablement dans des théâtres privés. Mais le théâtre offrait plus que l'indépendance économique aux femmes ; c'était un lieu où les Romaines réimaginaient les rôles sexuels.

Dans les décennies où Julia et Ummidia géraient leurs affaires, me raconta Lisa Hugues, on se prit de passion pour les récits mythologiques qui mettaient en scène Hercule et Omphale, reine de Lydie. Au moins deux maisons de Pompéi se distinguent par des fresques dépeignant en détail une scène majeure du mythe, où l'on voit Hercule s'enivrer et revêtir les vêtements d'Omphale. La reine, quant à elle, porte les tenues du héros ou arbore ses armes. Une peinture murale de la « Maison du prince de Monténégro », la montre assise en tête de table, une place normalement réservée aux invités masculins. « Elle endosse le rôle du *domus*, le chef de famille, réfléchissait-elle tout haut… C'est une image de femmes qui mènent la danse, et aussi la maison. »

Le mythe d'Omphale lui rappelle Eumachia, une habitante très réelle de Pompéi, probablement du même âge que la mère de Julia Felix. Issue d'un milieu non aristocratique, Eumachia accéda à la tête d'une branche des augustales, puissante organisation civile qui regroupait des esclaves affranchis. Elle devint aussi une figure éminente de la corporation des foulonniers, une association qui représentait les professionnels du vêtement qui fabriquaient, teignaient ou lavaient les étoffes. À la tête d'une immense fortune qu'elle ne devait qu'à elle-même, Eumachia inaugura aussi un grand bâtiment public – « l'édifice d'Eumachia », comme on l'appelle aujourd'hui pour simplifier – sur un terrain très prisé jouxtant le forum, l'équivalent du quartier d'affaires à Pompéi. Rome est tenue pour avoir été, officiellement, un patriarcat, mais Eumachia réussit à s'imposer dans un espace masculin et à y prospérer. Peut-être le modèle d'Omphale l'inspira-t-il.

Le mythe d'Omphale ne récusait pas seulement les notions de genre : il transformait la vision de l'appartenance ethnique. Omphale était une reine étrangère, originaire d'une région qui forme aujourd'hui la Turquie occidentale. D'après Lisa Hughes, cette légende servait admirablement les valeurs en mutation d'une ville comme Pompéi, bourrée d'immigrés venus de tout l'Empire romain – les uns esclaves, les autres libres. « La création de ces images atteste l'existence d'un public et d'une communauté capables de les tolérer ou de s'en délecter, me dit-elle. Les fresques et les spectacles des théâtres privés ne s'offraient pas seulement au regard des classes privilégiées – mais aussi à celui des esclaves et des affranchis qui travaillaient dans ces espaces domestiques. À une période où ils investissent la sphère publique en nombre grandissant, m'expliquait-elle, les anciens esclaves et les femmes « cherchent à fonder leur identité, mais ils ne copient pas les élites ». Ils préféraient, peut-être, s'inspirer des récits et des images empruntés aux peintures et aux pièces dramatiques qu'ils avaient sous les yeux dans les espaces privés où ils dispensaient leurs services. « Le théâtre est un lieu incontournable pour mobiliser l'ascenseur social », rappelait-elle. Et Pompéi lui vouait un amour inconditionnel.

Les gens des cuisines

Lorsqu'on remonte vers le nord de Pompéi en venant du quartier des théâtres, on emprunte à un moment une artère qui franchit les portes de la ville, la Via Consolare. Dégagée et marquée par l'usage, elle coupe la ville en diagonale et se prolonge dans la campagne avoisinante, desservant les immenses villas des Romains riches et célèbres. Cette voie reliait Pompéi à Herculanum, une cité de bord de mer de dimension plus modeste et fréquentée surtout par les élites, que l'éruption du Vésuve enfouit aussi sous la cendre. Aux dires de certains archéologues, Cicéron aurait possédé une résidence dans la Via Consolare quelque cent cinquante ans avant l'enfouissement de la cité. Les villas qui la bordaient en 79 affichaient le même luxe que celles du temps de Cicéron, dignes des empereurs et des élites. Un matin de très bonne heure, je m'engageai dans la Via Consolare, longeant les vestiges presque en miettes de propriétés dont la superficie couvrait l'équivalent de plusieurs îlots urbains. De leurs élégants atriums d'autrefois ne subsistait que la pierre nue. Chaque atrium était pourvu en son centre d'un impluvium, ou bassin, désormais fissuré et vide. Ces pièces d'eau, qui participaient naguère au décor raffiné des espaces de réception, assumaient aussi une fonction pratique : elles recueillaient l'eau de pluie qui s'écoulait par une petite ouverture du toit, le compluvium. Presque toutes les maisons romaines étaient équipées d'une installation *impluvium/compluvium* sous une forme ou une autre, mais celles de cette voie se distinguaient par leur format hors du commun, digne de ces villas prestigieuses.

Des tombes se dressaient aussi le long de la Via Consolare, à la mémoire de quiconque avait une famille en mesure de s'offrir un tombeau. Les Romains plaçaient leurs sépultures hors des murs de la ville, en partie pour des raisons d'ordre spirituel mais aussi pour signaler aux visiteurs les familles les plus puissantes de la cité avant qu'ils n'en franchissent les portes. Il y a deux mille ans, la voie aurait été encombrée de piétons et de charrettes qui faisaient la navette entre Herculanum et Pompéi, beaucoup restant bouche bée à la vue des propriétés qui m'entouraient à présent.

Mais j'en cherchais une en particulier, « la Maison des colonnes de mosaïque », que l'archéologue d'État de San Francisco et son équipe travaillaient à dégager. Michael Anderson dirige le Via Consolare Project[9], un projet de recherche en cours depuis des années sur l'usage que les habitants faisaient de cette artère. Plan à la main, j'allais et venais en essayant de deviner laquelle de ces ruines désertées était la villa en question. Contrairement aux autres édifices du site, elle ne se signalait par aucun marquage ni panneau. Je découvris seulement un portail qui bloquait l'accès à un passage voûté conduisant à un jardin envahi par la végétation.

— Il y a quelqu'un ? lançai-je à tout hasard.

Je pensais être au mauvais endroit car on ne remarquait aucune activité. Mais j'aperçus bientôt Michael Anderson qui passait la tête à l'autre extrémité du passage et me faisait signe de la main. Après avoir ôté la chaîne qui verrouillait le portail, il me précéda dans une entrée que les invités auraient franchie en venant de la rue. Les murs voûtés devaient avoir été recouverts de fresques raffinées et l'espace était assez large pour laisser passer une charrette. Nous débouchâmes dans un jardin entouré d'un mur, assez vaste pour héberger un laboratoire de fouilles archéologiques en plein air au grand complet. Une structure de protection couvrait un espace de travail provisoire comportant une table, un ordinateur, des cartons de céramiques et un alignement bien ordonné de casques de chantier. Étudiants et chercheurs traversaient le jardin pour accéder aux tranchées qu'ils avaient creusées dans ce qui formait jadis la villa proprement dite. Dans le jardin, ils inventoriaient les céramiques et les passaient au tamis à l'endroit précis où, en d'autres temps, les patriciens admiraient les colonnes aux mosaïques délicates auxquelles la maison devait son nom. À leur place, quatre colonnes factices en béton brut s'effritaient, bizarrement penchées.

— Les colonnes aux mosaïques ont été transportées au musée de Naples et remplacées par ces atrocités assez saugrenues, m'expliqua Michael Anderson avec un sourire ironique.

Il avait travaillé toute la matinée dans la chaleur, et un bandana retenait ses cheveux foncés. Un excès de crème solaire s'attardait sur une oreille, comme s'il l'avait appliquée l'esprit ailleurs.

— Je ne vois pas ce qui leur a pris d'installer ces colonnes bidon. Elles ne sont pas au bon format ni au bon endroit.

C'était une initiation aux réalités de l'archéologie à Pompéi, où les chercheurs se retrouvent souvent à mettre au jour des reconstitutions antérieures de la ville en même temps que la ville elle-même. Il me dit avoir dégagé des présentoirs et de faux éléments architecturaux datant du XIXe siècle, ainsi que des années 1910 et 1950. Il me montra dans l'herbe ce qui me parut être deux cages en métal rouillé, plus ou moins en forme de cercueils, uniques vestiges de tombes samnites situées sous l'avatar romain de la villa datant des années 1950.

— La villa constituait la pièce maîtresse d'une exposition des années 1950. Nous en avons des photos. Les canalisations avaient été refaites et l'eau jaillissait d'une fontaine dans le jardin. Il y avait des arbres, plus les fausses colonnes. Ensuite, on s'est empressé de l'oublier.

Lors de l'excavation du passage conduisant à la villa, il avait découvert un linteau en pierre dont on l'avait agrémenté en 1910.

— Il faut s'attendre à tout !

Après avoir dirigé pendant quatorze ans le projet de la Via Consolare, Michael Anderson s'est attelé à deux énigmes. Comment cette villa se présentait-elle à l'apogée de la ville ? Et en quoi les fouilles antérieures ont-elles modifié son apparence actuelle pour satisfaire les attentes des touristes du XXe siècle ? Pompéi est un méta-site archéologique, qui révèle l'histoire de l'Antiquité en même temps que celle de l'archéologie comme discipline.

Bien que les précédentes générations d'archéologues aient été fascinées par les riches propriétaires de la villa, Michael Anderson appartient à une nouvelle vague de chercheurs influencés par Andrew Wallace-Hadrill, qui s'intéressent à la vie domestique des gens ordinaires. Raison pour laquelle il me conduisit aussitôt à une porte reliant le jardin à la cuisine, où devaient s'affairer les esclaves et les affranchis, les *liberti*. La pièce frappait par ses dimensions généreuses, même dans une villa aussi imposante. L'archéologue avait été ébahi d'y découvrir quatre plates-formes de cuisson, un luxe exceptionnel. La plupart des villas en possèdent deux tout au plus. Et cette cuisine, assez grande pour permettre à une dizaine de personnes de vaquer à leurs tâches sans se gêner mutuellement, comportait d'importantes resserres attenant à l'espace de travail placé au centre. L'enthousiasme de Michael Anderson et de ses collègues redoubla lorsqu'ils découvrirent que l'adduction d'eau avait été refaite avec des tuyaux en plomb au cours du Ier siècle. Ils alimentaient une fontaine logée dans un angle de la salle, qui fournissait en permanence de l'eau potable aux cuisiniers. Ce seul élément représentait sûrement une dépense colossale et un aménagement peu courant, et l'archéologue s'interrogeait tout haut sur les raisons qui avaient incité les propriétaires de la villa à procéder à son installation. Une hypothèse est qu'ils recevaient beaucoup et organisaient de nombreux banquets. Une autre, que la cuisine était utilisée aussi par les traiteurs qui vendaient des plats préparés aux passants.

Nous revînmes sur nos pas, traversant à nouveau le laboratoire archéologique du jardin pour gagner la Via Consolare, où Michael Anderson me décrivit à quoi devait ressembler la rue en 79 de notre ère. Il parlait avec les mains, ses doigts traçant comme un croquis d'architecte dans le vide. La Maison des colonnes en mosaïque surplombait la rue sur au moins trois niveaux, en partie grâce à un aménagement paysager qui la calait contre une butte artificielle derrière le jardin. Un péristyle à ciel ouvert, bénéficiant d'une vue incomparable sur la mer, coiffait l'étage supérieur. Le léger porte-à-faux du dernier niveau dispensait de l'ombre à la terrasse à colonnade située au-dessous. Comme le soulignait Michael Anderson, ce porte-à-faux avait aussi l'avantage d'occulter la rue aux personnes qui se trouvaient dans le péristyle, leur permettant de jouir du panorama marin sans voir le décor moins ragoûtant en contrebas.

Comme la résidence de Julia Felix, cette villa comportait des boutiques donnant sur la rue au rez-de-chaussée. Vue de la Via Consolare, la Maison des colonnes en mosaïque devait ressembler à une longue suite de points de vente au détail, un peu comme un centre commercial, avec deux ou trois entrées ménagées entre les devantures pour accéder au jardin et aux cuisines de la villa, invisibles au passant. Michael Anderson me montra l'endroit où l'échoppe d'un artisan bronzier se glissait autrefois entre des étals de restauration, bars et autres.

— C'est le plus long îlot de boutiques d'un seul tenant dans la ville, à part la Via dell'Abbondanza, me dit-il. C'est ce qui m'a attiré là.

Il s'interrompit, perdu dans ses pensées, tandis que j'imaginais les boutiques bouillonnant d'activité autour de nous, le trottoir embrumé par la fumée qui s'échappait de l'atelier du ferronnier, mêlée aux effluves de cumin et de coriandre d'un poisson frit à l'huile d'olive.

— La villa est portée par ces petits commerces, au sens propre comme au sens figuré, me dit-il, songeur. C'est sa métaphore. À mon avis, cette association n'a sûrement pas échappé aux observateurs anciens.

— Sûrement pas aux gens qui vivaient au rez-de-chaussée et assuraient le maintien de l'édifice !

Michael Anderson en convint avec un rire.

— Pour moi, l'important n'est pas les César ni autres empereurs sur qui nous en savons déjà trop – mais les gens dont nous ne savons rien. Même si nous ne connaîtrons jamais leurs noms, nous pouvons essayer de reconstituer un peu de leur vie.

Qui étaient donc, alors, les personnes qui louaient ces boutiques aux propriétaires des villas ? Très vraisemblablement des liberti, dont la vie était indissociablement liée dans le droit romain à leurs anciens maîtres. Une fois affranchis ou affranchies, ils voyaient leur maître devenir leur patron, comme on appelait cela, endossant habituellement le rôle de père adoptif à leur égard[10]. Un libertus (liberta au féminin) continuait d'ordinaire à vivre avec la famille dont il ou elle avait été l'esclave, menant ses affaires en indépendant ou aidant son ancien maître à gérer ses biens. Cicéron écrivait que son bien-aimé libertus Tiron administrait toutes ses affaires. On s'accorde à penser que les villes romaines regorgeaient d'esclaves et de liberti, en partie parce que le système de patronage offrait une solution attractive car de moindre coût. Les propriétaires de la villa perdaient un bien meuble, mais gagnaient un travailleur loyal dont le sort était lié à celui de la maisonnée. La manumission romaine équivalait souvent à un esclavage doublé d'avantages.

Henrik Mouritsen, historien du King's College et auteur de *The Freedman in the Roman World*, estime que la maisonnée romaine type aurait été constituée pour moitié d'esclaves, et pour un quart ou un tiers de liberti[11]. Ce dont convient Michael Anderson. Les gérants des échoppes « pouvaient être des esclaves, ou d'anciens esclaves, ou avoir des liens de parenté anciens avec la famille », avance-t-il. Probablement tout cela à la fois. Les liens familiaux formaient un élément essentiel de la tradition romaine, et on imagine qu'une maisonnée qui requérait quatre plans de cuisson était nombreuse, riche en combinaisons et permutations. Un individu né esclave à Pompéi pouvait gravir les échelons et parvenir presque au sommet de la hiérarchie sociale, pour peu qu'il ait eu la chance d'avoir été affranchi et de se voir placé à un poste enviable par son patron.

Pour autant les liberti, classe sociale en plein essor, se heurtaient au plafond de verre du pouvoir politique. Ils devaient se contenter d'améliorer leur position par l'entremise d'organisations civiles réservées aux personnes de leur condition comme les augustales, une confrérie créée par l'empereur Auguste pour ceux d'entre eux qui recherchaient des contacts professionnels ou politiques. Un libertus pouvait espérer que ses enfants seraient admis à voter, droit qui lui serait toujours refusé. La hiérarchie sociale était en voie de reconstruction, mais, en matière de pouvoir, l'écart infranchissable entre les élites masculines et le commun de mortels cuisait autant qu'une blessure suppurante.

Il existait aussi des signes plus souterrains de la lutte des classes. Annalisa Marzano, professeure d'études classiques à l'université de Reading, a mis au jour l'existence d'un conflit étrangement moderne, dirait-on, entre nantis et démunis sur l'accès aux plages dans la baie de Naples. De riches vacanciers avaient fait construire d'énormes villas sur le front de mer. Au lieu de prévoir des tavernes au niveau inférieur, ils installèrent des bassins d'aquaculture qui empiétaient sur la mer[12]. Ceci, d'après Annalisa Marzano, pour attirer encore plus de poisson dans leurs plans d'eau artificiels. La gestion des bassins incombait probablement aux esclaves et aux liberti, qui vendaient le poisson non consommé par leur patron sur les marchés de Pompéi et d'Herculanum, et le long de la côte. Ce genre de villas tendant à se multiplier, les pêcheurs locaux se virent interdire l'accès aux plages. Les familles en villégiature leur volaient leur gagne-pain.

Les tensions atteignirent un point critique quelques décennies après que le Vésuve eut rayé Pompéi de la carte. Des documents judiciaires montrent que deux pêcheurs adressèrent une requête à l'empereur Antonin le Pieux, lui demandant d'intervenir en leur nom auprès des propriétaires de villas qui les empêchaient de jeter leurs filets au large des côtes de leur ville natale. L'empereur décréta que n'importe qui pouvait accéder à la mer, à une réserve près : personne ne serait autorisé à pêcher à proximité des villas. Pompéi trépassa au beau milieu d'un litige qui opposait riches et pauvres, hommes et femmes, immigrants, Romains et autochtones. Nous ignorons peut-être le nom des individus englués dans ce conflit, mais ils ont laissé leur marque sur une ville où les Romains inséraient l'africanum dans leur technique de maçonnage, où des entrepreneuses finançaient les augustales, et où les villas des élites prenaient appui sur les tavernes d'esclaves affranchis.

Chapitre V

Ce qu'on fait en public

Pompéi attirait déjà les catastrophes avec la force d'un aimant lorsque le Vésuve entra en éruption en l'an 79 de notre ère. Dix-sept ans auparavant, la baie de Naples avait été victime d'un séisme ; il avait rasé de larges secteurs de la ville et déclenché un tsunami qui avait déferlé sur Ostie, le port romain voisin. Un grand nombre de résidents avaient quitté définitivement la ville au lendemain de la catastrophe, laissant derrière eux des maisons endommagées, et toujours inoccupées en 79. En un sens, la désertion de Pompéi avait commencé à cette date, réduisant sa population et portant atteinte à son attrait comme lieu de villégiature. Pourtant de nombreux habitants refusèrent de bouger une fois le calme revenu, impatients de remettre la ville en état et de la moderniser. L'empereur Néron contribua au financement des travaux de rénovation, encore visibles aujourd'hui dans les murs dont les maçonneries de brique mises à nu témoignent de réfections considérables. Les vestiges dégagés au temple de Vénus, sanctuaire dédié à la déesse protectrice de la ville, révèlent que, en 79, les ingénieurs s'occupaient à le consolider par d'épais murs en pierre qu'ils jugeaient pouvoir résister aux secousses sismiques[1]. La Pompéi que nous voyons aujourd'hui était une ville en chantier. Les propriétaires terriens remodelaient leur domaine afin d'exprimer une romanité plus moderne, axée sur le commerce et non plus les conquêtes militaires.

En d'autres termes, le paysage urbain de la Pompéi de l'après-séisme était tourné vers la consommation. Les liberti et autres groupes sociaux n'appartenant pas à l'élite transformaient de nombreuses villas et résidences prestigieuses en espaces polyvalents, où les boutiques empiétaient sur les anciennes surfaces d'habitation. La rénovation du domaine de Julia Felix suivait probablement l'air du temps quand elle ajouta des portes donnant sur la Via dell'Abbondanza. Des reconversions à vocation commerciale fleurissaient dans toute la ville, et nous voyons des foulonneries et des boulangeries surgir du jour au lendemain dans les atriums et les jardins raffinés des anciennes résidences de l'élite. Et surtout des tavernes, bars, restaurants et points de vente au détail, omniprésents dans Pompéi. Certaines tavernes consistaient en un minuscule local d'un seul tenant équipé d'un comptoir, d'autres offraient des salles multiples et des terrasses en jardin. Les tenanciers servaient des repas chauds, des plats préparés à emporter et des vins divers et variés. J'avais vu les vestiges de plusieurs d'entre elles chez Julia et à la Maison des colonnes de mosaïque, mais c'était juste une mise en bouche.

Toutes les voies importantes de Pompéi sont bordées de tavernes, et j'ai appris à les identifier à leur comptoir caractéristique en forme de « L » à plateau en marbre. Ces comptoirs s'accompagnent toujours d'un espace de rangement intégré en terre cuite, d'une soixantaine de centimètres de profondeur, dont le large bord arrondi s'ouvre au niveau du comptoir. Beaucoup devaient comporter un couvercle en bois disparu depuis longtemps. Jetant un coup d'œil à l'intérieur de l'un d'eux, j'aperçus les parois lisses d'un ancien présentoir à produits secs, tels des céréales ou des noix. Ces rangements ont aujourd'hui quelque chose de dépouillé et de minimaliste, presque réduits à une ellipse ponctuant le plan de travail. Mais les fresques de l'époque dépeignent les comptoirs des tavernes chargés de marchandise, tandis que des plantes aromatiques, des fruits et des pièces de viande pendent en surplomb, accrochés au plafond. Des amphores en argile au col effilé dans lesquelles on conservait le vin, l'huile d'olive et d'autres liquides, s'appuient contre les murs, calées sur leur pied en forme de cône pointu. Les tavernes auraient grandement déconcerté les habitants néolithiques de Çatal Höyük, qui produisaient intégralement leurs repas, depuis les récipients et les foyers jusqu'aux épices et aux protéines. À Pompéi, il suffisait de sortir dans la rue pour composer un plateau-repas – ou pour acheter de quoi cuisiner chez soi chez les détaillants d'ustensiles de cuisson, d'huile, de viande et de légumes. On trouvait même des marchands d'eau chaude pour qui répugnait à faire bouillir la sienne.

La tournée des tavernes

Souhaitant discuter des tavernes de Pompéi, je bus plusieurs bières avec Eric Poehler, de l'université du Massachussetts à Amherst, et Steven Ellis, de l'université de Cincinnati, tous deux faisant équipe depuis longtemps. Steven Ellis est l'auteur de *The Roman Retail Revolution*[2], ouvrage qui relate l'apparition des petites entreprises dans le monde romain. Spécialiste des tavernes de l'Empire romain, de l'Afrique du Nord au Moyen-Orient, il m'apprit que Pompéi comptait plus de cent soixante tavernes, ce que nul ne conteste.

— C'est ahurissant, convenait-il, ajoutant qu'il s'agit probablement d'une estimation basse car des secteurs de Pompéi attendent encore d'être dégagés.

Eric Poehler enchaîna avec des calculs griffonnés sur la nappe en papier :

— Si l'on a 160 points de restauration pour une population de douze mille âmes, autant dire qu'un dixième de la population prenait forcément ses repas dehors, sinon les tavernes n'auraient pas eu de quoi vivre.

Qui donc étaient ces clients ? Les résidents nantis auraient eu à leur service une phalange d'esclaves s'affairant dans les cuisines de leurs villas superbement aménagées. Des cuisines, les logements plus modestes de la ville n'en avaient guère, et l'on pourrait croire à première vue que les tavernes étaient réservées aux pauvres. Mais rien ne prouve non plus le bien-fondé de cette hypothèse. Même dans un minuscule appartement à l'étage sans eau courante, les occupants de peu de ressources auraient pu poser un poêlon sur un petit brasero, comme on utilise une plaque chauffante.

De l'avis de Steven Ellis, les tavernes étaient gérées et fréquentées par une classe intermédiaire, les « *middlers* » comme il les appelle, ni riches ni pauvres. Ils prenaient leurs repas à l'extérieur du pâté de maisons où ils tenaient de petites boutiques et vendaient de tout, des oignons et de la sauce de poisson aux étoffes et aux parfums. Dans leur grande majorité, calculait-il, ces gens-là « ont de quoi se payer de la nourriture » et d'autres agréments. Ils ne forment pas exactement ce que nous appellerions une classe moyenne, terme associé à nos sociétés modernes.

D'ailleurs, certains sont plus qu'aisés, tandis que d'autres appartiennent à la classe des liberti récemment affranchis qui peinent à joindre les deux bouts. Tous occupent le vaste espace économique médian entre les élites romaines et les esclaves. Une même caractéristique les singularise : ils tirent leur revenu du travail dans une entreprise ou un commerce. Ce genre d'activité était interdit aux élites, même si, naturellement, nombre de grosses fortunes de Rome tiraient leurs ressources de boutiques et de fermes employant leurs liberti et leurs esclaves. Comme le soulignait Michael Anderson à la Maison aux colonnes de mosaïque, la villa s'appuyait, au sens propre et au sens figuré, sur les petits commerces de son rez-de-chaussée.

Les maisons pompéiennes plus récentes montrent une ville dont les citoyens les plus fortunés travaillaient aussi pour subvenir à leurs besoins. L'édifice dit « la Foulonnerie de Stephanus » semble avoir été reconstruit après le séisme, transformant une maison de prestige avec atrium en « foulonnerie », ou atelier de traitement de la laine. Le nom de Stephanus figurait sur une affiche électorale peinte à proximité de l'entrée, dans la Via dell'Abbondanza. (Même si rien ne nous garantit que Stephanus était le nom du boulanger qui l'habitait, nous opterons pour l'affirmative pour faire simple.) Stephanus semble avoir procédé à un remodelage spectaculaire de la maison patricienne, convertissant l'atrium au sol carrelé en plusieurs espaces utilitaires équipés de bassins et d'outillage nécessaires à la transformation de la laine. Mais il avait prévu aussi de très vastes surfaces pour la vie domestique. L'archéologue de l'université de Leyde Miko Flohr, auteur d'un livre sur les foulonneries antiques, a fouillé la maison de Stephanus et découvert des bijoux, des cosmétiques, ustensiles de cuisine et autres indices montrant que l'on vivait dans les lieux tout en y travaillant. Plutôt que de reléguer la partie « travail » de la demeure dans un alignement de commerces donnant sur la rue, Stephanus intégrait celle-ci chez lui, où ses esclaves et ses liberti vivaient de toute évidence avec la famille. « Pour l'essentiel, écrit-il, c'était simplement une maison où ses occupants dormaient, mangeaient et travaillaient, et qu'ils considéraient probablement comme leur foyer[3]. »

Plus loin dans la Via dell'Abbondanza, nous rencontrons une reconstruction tardive conçue dans le même esprit, dite « la Maison des chastes amants », où une villa patricienne fut reconfigurée de façon à ouvrir son entrée directement dans une boulangerie de belles proportions et lumineuse. Fours et meules occupaient désormais les espaces qui protégeaient naguère du soleil les conversations feutrées entre aristocrates oisifs. Le boulanger se souciait bien plus du bien-être des mules qui faisaient tourner ses meules que de vivre dans un décor luxueux. Il construisit une écurie à côté du triclinium des anciens résidents – la salle à manger où les esclaves servaient leurs maîtres allongés sur des lits de banquet lors des réceptions. Comme la foulonnerie de Stephanus, la boulangerie incorporait les espaces de travail à la sphère domestique. Elle était reliée à une maison résidentielle, mais, comme le faisait remarquer Eric Poehler, les propriétaires avaient donné la priorité à la reconstruction de la boulangerie, achevant d'abord cette partie des travaux. Bien que peut-être aisés, ils n'appartenaient pas à la classe patricienne de Rome. Ils travaillaient pour gagner leur vie, et la main-d'œuvre faisait, littéralement, partie intégrante de la maisonnée.

Stephanus et les boulangers anonymes qui résidaient dans la Maison des chastes amants étaient probablement la principale clientèle de l'abondance grisante de bars et espaces de restauration qu'offrait Pompéi. Steven Ellis qualifie cette période de « révolution du commerce de détail ». Dans l'Empire, les conflits civils s'étaient essoufflés et les Romains jouissaient d'une période de paix peu courante. « C'est le début de la Rome alcyonique, poursuivait-il, et le volume des échanges commerciaux monte en flèche. Nous passons de l'artisanat pratiqué au niveau individuel à des individus qui participent à une industrie artisanale d'une certaine ampleur. » À Pompéi, cette mutation signifie que les habitants ne se contentent pas de commercer entre eux. Ils font partie d'un vaste réseau économique qui couvre tout l'Empire et se prolonge en Afrique, en Asie et au Moyen-Orient. Dans la Via Stabiana, l'archéologue a identifié des tavernes qui exprimaient la nouvelle réalité cosmopolite. En quête de traces de compartiments de stockage, de fosses d'aisance et de menus, des chercheurs ont découvert qu'une taverne proposait une carte sans prétention à base de fruits, céréales, légumineuses et légumes de production locale, agrémentés de fromage et de saucisses. Sa voisine, à deux portes de là, offrait un choix beaucoup plus varié. « [Il y avait] du cumin, du poivre et du carvi provenant de l'Inde, raconte-t-il. Les aliments étaient assaisonnés d'épices exogènes. » Les liberti qui entraient dans une taverne pompéienne pouvaient commander des spécialités exotiques ou de la cuisine locale. Les plaisirs gourmands jusque-là accessibles aux seules élites se glissaient dans le quotidien des consommateurs comme jamais auparavant. Même les individus nés esclaves pouvaient détenir un jour leurs propres points de vente et se nourrir en patriciens. À noter : d'après les données recueillies dans notre monde moderne, plus nous voyons de restaurants dans un secteur précis, plus ce secteur est prospère[4]. Une déduction tout aussi valable, semble-t-il, dans un passé lointain.

Aux dires d'Eric Poehler, qui a travaillé près de vingt ans à Pompéi avec Steven Ellis, les archéologues portent aujourd'hui un regard différent sur la transformation du paysage urbain opérée par la classe intermédiaire. Il y a un siècle, rappelait-il, les spécialistes se désolaient en voyant dans la foulonnerie de Stephanus et autres exemples analogues l'attestation de la décadence de la culture romaine. À les en croire, les aristocrates pompéiens, tenants de hautes valeurs et cultivés, se voyaient chassés des villes comme la leur par des commerçants vulgaires et crottés. Leur théorie témoignait des préjugés victoriens à l'encontre des classes laborieuses, en particulier à une période où la grande majorité des archéologues appartenaient aux classes huppées. Mais elle découlait aussi de leur lecture des Romains eux-mêmes. Le *Satyricon* de Pétrone, roman sur la face cachée de Rome écrit sous le règne de Néron, relate à longueur de pages les festins pour le moins douteux de l'affranchi Trimalcion, qui se vautre dans une consommation ostentatoire et vulgaire à la *Gatsby le Magnifique*. Presque toutes les descriptions des comportements de la classe intermédiaire nous ont été laissées par des écrivains appartenant à l'élite comme Pétrone, beaucoup d'entre elles sous l'angle satirique.

Eric Poehler but une gorgée de bière, joignant ses rires à ceux de Steven Ellis. Les archéologues d'aujourd'hui prennent beaucoup moins à la lettre les récits de fiction comme le *Satyricon*, probablement plus conformes aux préjugés qu'à la réalité. Ellis et lui voient au contraire cette période comme une phase de renouveau, durant laquelle les possibilités offertes à la classe intermédiaire firent pencher l'équilibre du pouvoir.

Mais comment prouver que les liberti et les autres membres de la classe intermédiaire ne furent pas des monstres qui détruisirent l'Empire, alors que si peu d'entre eux laissèrent la trace de leurs idées ? Il n'existe pas de réfutations éloquentes des remarques perfides de Pétrone à l'encontre de Trimalcion. Même les constructions à la gloire de leur pouvoir, tel l'édifice d'Eumachia, gardent un caractère ambigu au vu de notre ignorance quasi totale de leur fonction. Pour reconstituer la vie de cette classe, les deux archéologues ont fait appel à une nouvelle approche de la recherche historique : l'analyse des données appliquée à l'archéologie. À partir d'une observation méticuleuse, ils regroupent les informations disponibles sur de nombreux structures et objets – par exemple, des centaines de tavernes – pour déterminer les habitudes des individus. C'est la méthode par excellence pour explorer une façon de vivre en public aujourd'hui disparue.

Les données de caniveau

« À Pompéi, l'archéologie cherche plus volontiers le massif, le puissant et l'inhabituel », souligne Steven Ellis. Il faisait allusion aux villas et aux édifices monumentaux qui ont fait l'objet de tant de fouilles. « Nous, nous cherchons l'ordinaire. Je m'intéresse aux faits les plus courants qui survenaient dans les rues. Eric étudie ce qu'on fait dans la rue. »

Il ne s'agit pas d'une métaphore. Eric Poehler est l'auteur d'un livre intitulé *The Traffic Systems of Pompeii*[5], une recherche qui a exigé de longues stations accroupies dans la rue, à analyser le pavé jadis couvert de crottin, de ruissellements d'eaux usées et de véhicules à deux roues. Des chars, charrettes et chariots à n'en plus compter. Au point que la plupart des rues de Pompéi sont marquées de deux ornières profondes à l'endroit où les roues usaient le pavé. Leur présence livre d'emblée une information importante : le gabarit des véhicules, en tout cas l'écart entre les roues du châssis, était relativement normalisé. Ce qui indique à son tour qu'un ensemble de règles sociales largement acceptées régissait la conduite en ville.

Dans son exploration accroupie des caniveaux, Eric Poehler remarqua aussi des entailles en biseau sur les trottoirs aux intersections. Après les avoir dénombrées en notant leur emplacement, puis s'être entretenu avec un ingénieur, il comprit de quoi il retournait. Elles résultaient de milliers de virages trop serrés des attelages venant de la file de droite, dont les roues heurtaient le trottoir ou l'escaladait carrément. On ne relevait aucun signe d'usure similaire sur le côté gauche des croisements, ce qui dénote des virages à gauche largement négociés, comme chez nous aujourd'hui. Même un conducteur du dimanche tournant à gauche ne rentrerait pas dans le trottoir. Tout porte à croire, au vu de ces indices, qu'on roulait à droite à Pompéi.

J'ai fait une halte à un croisement dans la Via Nocera, à un îlot de la Via dell'Abbondanza, imaginant les véhicules qui l'encombraient tandis que les émeutiers s'en prenaient aux tavernes. Les rues de Pompéi sont profondes, avec des trottoirs élevés ; pour traverser, j'utilisai trois grosses pierres aplaties qui faisaient office de passage pour piétons. Leur présence s'expliquait par l'eau boueuse qui inondait souvent les rues. En sautant d'une pierre à l'autre, j'essaie de visualiser un torrent d'eaux usées charriant des détritus. Un char mord sur le trottoir, nous éclaboussant copieusement d'immondices en retombant sur la chaussée, tandis que fuse un flot d'injures en latin, punique et osque… C'est le genre de scènes de rue qu'Eric Poehler et Steven Ellis font revivre par l'archéologie des données, et à ce moment précis cette approche me rend le passé de Pompéi plus réel que le fait de savoir où les empereurs posaient le pied et où les consuls résidaient.

Les passages pour piétons proprement dits confirmeraient l'idée que les chars et charrettes répondaient à une réglementation précise, car l'écart entre les pierres de gué correspond exactement aux ornières. Et, à en croire des documents de l'époque, leur circulation n'aurait été autorisée en ville qu'à la nuit tombée, lorsque les piétons se faisaient plus rares. Des arrêtés municipaux romains stipulaient aussi qu'elle était interdite dans le centre-ville les jours de célébrations, afin que les fêtards sortant du temple d'Isis ne passent pas sous les roues des chars fonçant dans la Via Stabiana.

En un sens, l'archéologie des données représente la démocratisation de l'histoire. Elle se penche sur les activités des masses et s'efforce de reconstituer leur vie sociale, voire psychologique. Steven Ellis a recouru aux données pour dégager la vie romaine de nos idées préconçues et mettre au jour un groupe de citoyens prospères appartenant à la classe intermédiaire, qui aimait faire les magasins et aller au restaurant. Lorsqu'il regarde la ville, dit-il, il voit une « matrice volumétrique » de matériaux de construction et de main-d'œuvre. « Je me demande toujours : comment ce volume a-t-il abouti à ce point précis ? » C'est-à-dire, littéralement, qu'a-t-il fallu pour déplacer ces gigantesques volumes de matériaux dans le monde antique. La réponse renvoie à l'absence que j'ai mentionnée plus haut, l'espace vide qui a remplacé la vision qu'en auraient eue les liberti et les esclaves, si nous nous étions tenus dans la Via dell'Abbondanza deux mille ans auparavant.

Les absences peuvent nous en apprendre beaucoup, souligna Eric Poehler, ce qui se conçoit de la part d'un archéologue qui a reconstitué ce qu'était la circulation à Pompéi en examinant ce qui manque à des pierres à force d'usure. « Je m'intéresse au fragment de la pierre qui a disparu, me disait-il. À la forme de cette usure – c'est-à-dire à ce que les gens faisaient. » Une attention d'autant plus justifiée lorsqu'elle porte sur des espaces publics, où de nombreux individus se livraient plus ou moins aux mêmes activités. « Si l'on considère la somme des centaines de milliers d'interactions avec la pierre, dans la ville entière, l'absence consiste en des milliers d'individus prenant la même décision. Et là, brusquement, surgit une image du modèle de circulation dans un lieu comme Pompéi, dont nous n'avions jusque-là aucun élément probant. » Il s'interrompit, tandis que je réfléchissais à ma ville natale et à toutes les absences qui signalent les endroits où l'on se regroupe : les chemins terreux parce que trop piétinés dans l'herbe des parcs, la peinture du métro éraflée là où les banlieusards ont cogné régulièrement leurs sacs dans les murs, et, bien sûr, les rues couturées de cicatrices aux virages où les voitures ont tourné trop serré, ou bien ont rebondit en se réceptionnant au pied des nombreuses collines raides de San Francisco. Dans ces dégradations et ces fissures, nous entrevoyons les masses anonymes dont l'histoire n'a pas retenu l'existence.

Nous pouvons voir aussi comment la stratification sociale qui configurait la vie des individus reste inscrite dans le paysage urbain. Pour les Romains, la rue pavée représentait une technologie déterminante, permettant aux charrettes et aux chariots de déposer plus aisément marchandises et passagers, tout en rendant plus agréables les déplacements des piétons. Mais le budget municipal ne mettait pas ce luxe à la portée de tout le monde. Les voies larges et élégantes comme la Via dell'Abbondanza étaient pavées, certes, de même que la majorité des principales artères. En revanche, dans les quartiers est de la ville, plus pauvres, de nombreuses rues ne portaient aucun revêtement.

Aussitôt après le séisme, on procéda à la réfection des voies du secteur ouest de la cité, proche des temples, à la différence des voies secondaires qui desservaient les habitations les plus modestes. Eric Poehler décrivait une « enclave résidentielle huppée » au nord-ouest, où toutes les rues portaient un pavement en pierre sauf deux, revêtues quant à elles d'un mélange de terre battue et de cendre, moins onéreux. Les rues non pavées longeaient les entrées de service des villas et les portes en façade des logements à prix modérés. « Nous savons ainsi que certaines personnes ont la haute main sur la technologie [du pavage], et qu'elles n'entendent pas la partager avec tout le monde », concluait-il. Le message adressé au petit peuple de ces rues est limpide : il était tout juste bon à partager avec l'arrière des maisons des riches. Un léger détail de l'infrastructure urbaine, peut-être, mais le pavage de Pompéi nous en dit long sur les rapports de voisinage dans les cités romaines.

La montée en puissance des liberti

C'est seulement depuis peu que les chercheurs ont déterminé le pourcentage de liberti dans la population romaine. Henrik Mouritsen en a estimé le nombre après l'examen minutieux des sources qui compilaient tous les noms figurant sur des pierres tombales à Rome et dans quelques sites majeurs de l'Empire. Ces listes ont livré un profil de données auquel on pouvait s'attendre. Les patrons romains préféraient attribuer à leurs esclaves des noms étrangers, en particulier des noms grecs, pour marquer leur différence et leur infériorité. Même une fois affranchis, leur nom d'esclave les accompagnait la vie durant. L'administration romaine usait d'une nomenclature spécifique pour désigner un *libertus*, insérant le patronyme de son ancien maître dans son nouveau nom d'affranchi. Les registres publics comportent parfois un « L », libertus, à côté du nom de l'affranchi pour encore mieux souligner que la personne en cause fut jadis un « meuble ». Pour découvrir les tombes des affranchis, les sources d'Henrik Mouritsen se fiaient au « L » révélateur, ainsi qu'aux prénoms grecs et étrangers auxquels était accolé un patronyme latin.

Les chercheurs débusquèrent aussi leur trace en étudiant les documents officiels. L'empereur Auguste promulgua une loi qui excluait les liberti des allocations de céréales[6], ce qui permet de chiffrer la réduction des listes d'allocataires quand on en retranchait les affranchis. En se fondant sur ces données et sur les inscriptions des pierres tombales, ils en déduisent que jusqu'aux trois quarts des citoyens libres des villes étaient soit d'anciens esclaves, soit leurs descendants. Sandra Joshel, autrice de *Slaves in*

Rome, a recouru à des méthodes analogues pour déterminer l'importance du nombre d'esclaves, qu'elle estime à plus ou moins trente pour cent de la population de la ville. Les chiffres exacts nous échapperont toujours, en particulier parce que nous disposons d'extrêmement peu de documents sur les concentrations d'esclaves et de liberti. Mais il est indiscutable que l'esclavage et l'affranchissement étaient couramment pratiqués à Rome, et que les liberti représentaient le nouveau visage de l'urbanisme romain au Iᵉʳ siècle de notre ère.

Les inquiétudes spécifiques des liberti transparaissent même dans la reconfiguration de l'architecture pompéienne. Douloureusement conscients des stéréotypes négatifs qui s'attachaient à eux, ils cherchaient souvent à construire des maisons dignes de se fondre dans les quartiers opulents, en privilégiant les apparences aux dépens de la réalité. Une stratégie, que je vis à « la Maison du poète tragique », consistait à créer l'illusion de l'espace dans les volumes intérieurs. Les propriétaires de cette demeure, connue pour le raffinement de sa décoration, voulaient faire croire à leurs voisins qu'ils jouissaient d'un somptueux jardin à péristyle en marbre, à l'image de celui de Julia Felix. Pour ce faire, ils placèrent quelques colonnes dans leur modeste jardin en jouant de la perspective, de sorte que, de la rue, les passants pensaient voir une petite portion d'un péristyle beaucoup plus important. Ces décors de villa en trompe-l'œil semblent les ancêtres directs de la décoration d'intérieur actuelle, où l'on agrandit le volume apparent d'une pièce exiguë par des miroirs verticaux et des « murs d'accent » de couleur vive qui rompent l'uniformité de l'ensemble.

Certains membres de cette société de « l'entre-deux » tendaient à s'assimiler aux classes supérieures en adoptant la noblesse de leurs goûts. On en trouve l'un des exemples les plus suggestifs et enchanteurs dans une fresque provenant d'une villa cossue appelée la Maison de Terentius Neo, située dans la Via Stabiana. (Elle ne tire pas son nom de ses propriétaires, mais d'une affiche électorale apposée à l'extérieur qui enjoint au passant de voter pour Terentius Neo.) Cette peinture murale montre un couple marié prenant la pose, à l'image exacte des aristocrates dans les portraits de famille qui ornent les demeures de l'élite de la ville. Le couple appartient pourtant à cet « entre-deux » ; il y a du défi dans leur regard. Lui, boulanger de son métier, porte une toge de citoyen, signifiant par là qu'il n'est ni aristocrate, ni esclave. Elle, tient un stylet et une tablette de cire, articles dévolus à la tenue des comptes. Ils révèlent vraisemblablement sa qualité de *liberta*, car cette activité était couramment assumée par les esclaves femmes. Il émane un sentiment de beauté et de défi de ce couple qui a décidé d'être peint dans le style de l'élite, mais sans cacher les attributs de son ancienne condition. C'était une manière subtile mais puissante d'affirmer que les liberti n'avaient rien à envier à leurs homologues nés libres.

D'autres liberti géraient leurs complexes de classe par la décoration tape-à-l'œil de l'extérieur de leur maison, comme pour adresser un pied de nez à leurs contempteurs. La Maison des Vettii en est l'illustration par excellence. Les Vettii, deux négociants en vins liberti vraisemblablement frères, possédaient une splendide villa dans les beaux quartiers du nord-ouest de la ville. Près de leur porte d'entrée, ils peignirent une image de Priape pesant son gigantesque phallus en érection sur le plateau d'une balance qui ploie comiquement sous le poids. N'oublions pas que le membre généreux de Priape était un symbole d'opulence dans la Rome antique, et que la nudité ne passait pas pour obscène. Il n'empêche, cette peinture aurait été interprétée comme de l'humour vulgaire, une plaisanterie relevant plus du caniveau que des péristyles. Comme si les frères avaient voulu rappeler à leurs voisins de noble extraction qu'eux appartenaient au bas peuple – et n'en affichaient pas moins une réussite insolente[7].

En quête d'autres témoignages du mode de vie des liberti, je donnai rendez-vous à l'archéologue Sophie Hay dans la Via Stabiana, plusieurs rues au sud de la Maison des Vettii. Sophie Hay a passé des années à fouiller une taverne voisine et la villa adjacente qui appartenaient à un libertus dénommé Amarantus. Il faisait chaud, et le soleil de midi était à son zénith. Lorsqu'elle me rejoignit, cheveux blonds lui arrivant aux épaules et légèrement en désordre, elle mourait de soif. Nous avons fait une pause au bord de la voie à la façon des Romains des temps anciens pour partager la bouteille d'eau fraîche que j'avais remplie à la bouche d'un cupidon, à l'une des nombreuses fontaines restaurées de Pompéi. Au fil de la conversation, le récit de Sophie Hay redonna vie au quartier populaire qui avait occupé l'endroit deux millénaires auparavant.

Si vous prenez à droite dans la Via dell'Abbondanza en venant de la Via Stabia, puis de nouveau à droite dans une petite rue latérale nommée Citarista, vous tombez sur le bar d'Amarantus à deux pas de là. Quand les liberti ouvrirent boutique à cet endroit, la villa séculaire attenant à l'établissement menaçait de s'effondrer en raison d'années d'abandon et du séisme récent. Amarantus souhaitait lui redonner son lustre mais, semble-t-il, au coût le plus bas possible. Les artisans restaurèrent une salle à manger de toute beauté située à l'arrière de la maison, et dûment ornée de fresques. Mais quand on en vint au sort qu'il infligea à son atrium, Sophie Hay ne prit pas de gants. « Le plafond est de la camelote, m'expliquait-elle. Juste un torchis de roseaux et de chaux. » L'impluvium consistait tout au plus en des moulages au sol reproduisant la forme d'un bassin qu'on ne pouvait pas remplir d'eau. D'ailleurs, la plus grande partie de l'atrium servait de cellier, où des dizaines d'amphores de vin pour la taverne étaient entreposées dans la poussière. Amarantus ne toucha pas aux belles chambres attenant à l'atrium, mais il y logeait ses mules et ses chiens ; Sophie avait exhumé de ses propres mains les restes des animaux à l'endroit où la cendre les avait figés. Amarantus voulait peut-être imiter le parti adopté par la foulonnerie et la boulangerie, situées plus haut dans la rue, et dont les ateliers occupaient désormais l'atrium que les notables locaux réservaient naguère à leurs tractations commerciales ou à leurs manœuvres politiques. Mais le tenancier désirait aussi que sa maison conserve un semblant de son ancien prestige de villa. Sinon, à quoi bon aménager un impluvium factice au milieu de son espace de stockage ?

Même si Amarantus aspirait à s'élever dans la société, sa clientèle se composait vraisemblablement de liberti ou de membres de la classe intermédiaire comme lui. « Ce n'était probablement pas un bar chic, me dit Sophie Hay avec une grimace. Il s'adressait aux artisans et à la main-d'œuvre des ateliers. On recense au moins deux ou trois boutiques de peinture dans le voisinage, plus un fabricant de garum. C'est un secteur très commerçant, et il y a une autre taverne en face de chez lui. Ces établissements devaient nourrir et abreuver la population du coin. » Les collègues de Sophie Hay ont déterminé quelques produits figurant au menu de la taverne. En analysant les résidus alimentaires provenant des récipients de cuisson et d'un énorme entassement de ce que les clients d'Amarantus abandonnaient dans ses latrines, ils ont conclu que la carte proposait pour l'essentiel du poisson, des fruits à coque et des figues. La nourriture était abondante, souligne-t-elle, et de grande qualité. Pompéi avait beau être ébranlée par les fractures sociales, les fermes des alentours fournissaient largement de quoi nourrir riches et pauvres. Amarantus s'essayait aussi aux crus d'importation ; parmi ses soixante amphores de vin crétois, l'une d'elle était remplie de vin provenant de Gaza. « C'est le seul échantillon qu'on en a découvert à Pompéi ! s'exclama-t-elle avec admiration. Il voulait sans doute proposer à ses clients un petit vin de derrière les fagots. »

Comme nombre de ses voisins liberti, Amarantus participait à la politique locale. Les archéologues rencontrèrent pour la première fois son nom – une version latinisée d'un nom grec, comme il allait de soi pour un esclave – sur une enseigne peinte à la main fixée à l'extérieur de sa boutique, qui pressait les « patrons » de voter pour son candidat favori. Malheureusement, le peintre avait mal orthographié son nom et celui du candidat en question. « Peut-être que le type qui a peint l'enseigne était un peu bourré », me dit-elle. Un atelier de peintre jouxtant la maison, elle posait l'hypothèse qu'Amarantus avait négocié le savoir-faire de son voisin contre du vin. L'œuvre laissait peut-être à désirer, mais tout indique qu'Amarantus était solidement inséré dans le tissu politique de la cité – exactement comme le boulanger et son épouse, invitant la clientèle à voter pour Terentius Neo.

Nul doute qu'Amarantus passait le plus clair de son temps à travailler à la taverne. Mais il avait aussi des idées bien ancrées sur la façon dont ses habitués de la classe intermédiaire devaient voter.

La reine des suceuses

À sept îlots du bar d'Amarantus, dans une allée ombragée proche des murs de la ville, le promeneur attentif découvrait une invite d'une tout autre nature. En l'occurrence un graffiti anonyme à l'orthographe défectueuse : « Isadorum aed/optimus cun lincet ». Ce qui se traduirait, en gros, par : « Je t'implore de voter pour Isadorus à la mairie/il n'est pas de meilleur lécheur de chatte[8] ». Le compliment était certes ambigu. Même si ledit Isadorus éprouvait une bouffée d'orgueil à se voir nommément cité pour ses prouesses sexuelles, les Romains considéraient les rapports buccogénitaux comme une activité vile, réservée aux esclaves et aux femmes. Mais ce slogan électoral satirique n'a rien d'inusité ; Pompéi est saturée d'imagerie et de graffitis sexuels. Les archéologues qui fouillèrent la ville aux XVIIIe et XIXe siècles furent horrifiés par la surabondance de peintures érotiques qui se déployaient sur les murs de maisons d'un raffinement exquis, et par les images de pénis sans corps dont s'ornaient les places de la cité, les devantures des boutiques, voire les trottoirs. Priape, dieu de la fertilité, et son pénis aux dimensions ahurissantes ne s'exhibaient pas exclusivement sur la Maison des Vettii, même s'il se distingue par un rendu mémorable. Priape avait droit de cité dans tout Pompéi. La ville est peut-être plus célèbre pour ses peintures obscènes que pour son incomparable valeur archéologique.

Mais toutes ces images de verge concourent, précisément, à faire de Pompéi un trésor archéologique. Elles constituent peut-être l'exemple le plus dérangeant, pour les Occidentaux des temps modernes, de la disjonction culturelle radicale survenue entre la culture romaine préchrétienne et ce qui suivit. Pour les habitants de Pompéi, le Priape peint des frères Vettii aurait été aussi immédiatement déchiffrable qu'un rappel exubérant de leur réussite financière. Les carillons à vent et sculptures en forme de pénis étaient censés porter chance, et de nombreuses échoppes les plaçaient dans leur devanture pour la même raison que les boutiquiers d'aujourd'hui vous gratifient d'un adorable chaton articulé (*maneki-neko*) qui vous fait signe de la patte. La Rome antique ne s'embarrassait guère de tabous en matière d'imagerie sexuelle, exprimant une culture qui ne voyait pas dans la sexualité et les organes sexuels les sujets interdits qu'en ferait bientôt le monde chrétien.

Malgré le changement des mentalités en matière de sexualité à la fin du XXe et au début du XXIe siècles, les objets exhumés à Pompéi et à Herculanum, ville voisine, sont conservés encore de nos jours dans le cabinet secret du Musée archéologique de Naples. Les étudiants d'histoire à l'esprit curieux peuvent y contempler, bouche bée, des corbeilles débordant de verges en argile ou admirer des figurines en forme de pénis dotés de pieds, d'ailes et de mini-pénis bien à elles (oui, la chance ne vous sourit jamais assez). À quoi s'ajoutent d'élégantes statues de dieux copulant avec divers animaux et humains.

Miroir aux alouettes, cette histoire à l'index a pour effet d'attirer des foules de visiteurs au bordel de Pompéi, le lupanar (la tanière de la louve). C'est un bâtiment triangulaire de deux niveaux situé à une intersection du quartier d'Amarantus, au-delà de la Via dell'Abbondanza. L'établissement faisait, à n'en pas douter, tout autant sensation il y a deux millénaires que de nos jours, mais pour des raisons très différentes. Aujourd'hui, bien sûr, les touristes qu'on a obligés à apprendre le latin à l'école sont émoustillés à l'idée que les « grands hommes » qui façonnèrent notre culture aient pu forniquer dans un lieu tapissé de peintures licencieuses et pourvu de lits en plâtre encastrés dans la maçonnerie. À l'époque d'Amarantus, c'eût été une gâterie de choix que s'offrir, moyennant finances, des rapports sexuels dans un « bordel construit exclusivement à cette fin[9] », pour citer Sarah Levin-Richardson, archéologue de l'université de Washington. Par « construit exclusivement », elle souligne qu'il s'agissait d'un commerce de détail spécialisé. Les Romains en manque pouvaient recourir à la sexualité tarifée dans presque tous les lieux de divertissement, et les prostitués hommes et femmes disposaient habituellement de chambres dans les tavernes ou dans les boutiques en façade des villas de leurs maîtres. Les autres racolaient dans les rues proches des secteurs animés, comme celui du forum. Un établissement entièrement consacré à l'industrie du sexe se démarquait sûrement du lot, un peu comme un restaurant proposant exclusivement du chocolat à son menu. C'était tout simplement un établissement inhabituel. Et cela expliquerait pourquoi le lupanar de Pompéi reste le seul bordel de ce modèle découvert jusqu'à maintenant par les archéologues dans le monde romain.

Le jour où je l'ai visité, il était l'attraction reine du parc. Un ruban continu de touristes franchissait la porte d'entrée dans l'une des rues, parcourait rapidement un couloir ponctué de vestibules donnant accès aux chambres à lits encastrés et ressortait tout aussi vite par une autre porte donnant dans la rue voisine. Se conformant aux instructions de guides parlant italien, japonais et anglais, ils jetaient un regard aux fresques érotiques occupant une succession de panneaux au-dessus des portes, où des hommes et des femmes s'ébattaient en positions et combinaisons diverses et variées. Cela ressemblait un peu à une version « brique et mortier » d'un portail de sites pour adultes. Cliquez ici pour un plan à trois ; cliquez là pour un mâle gay ; et encore là pour une levrette. Ayant grandi avec la pornographie sur Internet, je fus frappée par le côté relativement pudibond des images fanées de figures à demi vêtues sur des lits couverts de polochons, comme une comédie érotique montée dans une résidence d'étudiants. Bien que l'endroit donne aujourd'hui une impression d'espace et d'air, au plus fort de sa gloire beaucoup de ses chambres étaient sombres et exiguës.

Les liberti s'orientaient souvent vers la prostitution, mais, ici, certains prostitués retombaient dans l'esclavage, exerçant une activité qui leur était imposée. Pourtant Sarah Levin-Richardson a mis au jour des éléments prouvant que les femmes du lupanar ne vivaient pas dans une sorte de dystopie terrifiante, du style *La Servante écarlate*. Nombre d'entre elles tiraient un orgueil frondeur de leur activité. L'archéologue a longtemps étudié le bordel attitré de la ville en cherchant des indices sur la vraie nature de son personnel. Quelques réponses lui ont été apportées par des graffitis graveleux, dans la veine de la fausse affiche électorale sur le « lécheur de chatte ». Bien que les abondants graffitis du lupanar aient été longtemps attribués au personnel masculin, elle signale qu'un grand nombre d'entre eux sont clairement l'œuvre de femmes. À Pompéi, l'alphabétisation des femmes était chose courante, et les esclaves sachant lire, écrire et compter aidaient leurs maîtres à tenir les comptes de la maisonnée, comme la *liberta* du portrait ornant la Maison de Terentius Neo. Ici, quelques prostituées au moins étaient alphabétisées, car Sarah Levin-Richardson a découvert des graffitis de la main d'une personne qui se dit de sexe féminin. Une simple phrase, inscrite sur le mur du lupanar, déclare : « *futata sum hic* ». Ce qui signifie : « Ici j'ai été baisée[10] », la grammaire faisant foi.

Dans d'autres graffitis, les femmes vantent leurs compétences. Plusieurs se disent « *fellatrix* » ou « *fellatris* », nom féminin dérivé de *fellare*, « sucer ». L'un d'eux pourrait se traduire par « La reine des suceuses ». Le couloir porte une inscription particulièrement suggestive : « Murtis · Felatris. » Sa graphie en capitales romaines imite la présentation, avec le point médian de rigueur, des noms et titres des dignitaires gravés sur les murs du forum. Murtis, reine des suceuses, écrivait son nom comme l'aurait fait un *Rector provinciae*, transformant son rôle insignifiant de prostituée en une fonction aussi haute que celle de gouverneur. D'autres femmes se qualifiaient de « *fututrix* », substantivant le verbe *futuere* (« foutre », au sens actif, pénétrer), en ce qui pourrait se traduire par *fouteuse* ou *maîtresse fouteuse*. Les femmes qui se disaient *fututrix* ne se contentaient pas de détourner un titre décerné aux politiques comme le faisait Murtis. Elles revendiquaient aussi un rôle social dominant. Dans la culture romaine, les hommes établissaient une distinction importante entre personnes pénétrant ou pénétrée (active ou passive) pendant les rapports sexuels ; la personne pénétrée était considérée de condition inférieure, comme les femmes et les esclaves. En qualité de *fututrix*, la femme tenait le rôle actif, soumettant, ce faisant, son client.

Me détachant des visiteurs qui traversaient le lupanar en une file ininterrompue, j'entrai dans une chambre seulement pourvue d'un lit en plâtre désormais à nu. Dans les années 70 apr. J.-C., la pièce exhibait une profusion de couvertures et de coussins, éclairée par des lampes à huile et couverte de graffitis fraîchement peints proclamant que ses occupantes appartenaient tout autant à l'élite que les hommes dont elles étaient la propriété. En ne s'en tenant pas aux seuls écrits d'hommes fortunés et en étudiant de plus près les ruelles et les quartiers des esclaves, on découvre l'existence d'une société dans laquelle les rôles sociaux rigoureux des Romains se voyaient, littéralement, redéfinis de bas en haut. D'anciens esclaves comme Amarantus et les frères Vettii pouvaient accéder à la richesse et au pouvoir d'influence ; des femmes comme Julia Felix, posséder des biens. Et les noms de travailleuses du sexe comme Murtis resteraient inscrits dans les mémoires durant des millénaires, tandis que ceux de ses clients seraient réduits en poussière.

Pour autant, malgré plus de deux siècles d'excavations sur site et de recherches, très rares furent ceux qui comprirent le monde qu'habitaient Murtis et Amarantus, et ce jusqu'à une période récente. En partie parce que l'archéologie des données nous a fourni de nouveaux outils pour explorer la vie des petits et des sans grade. Mais cette incompréhension résulte aussi d'un problème plus fondamental de notre manière d'étudier l'histoire. Les inconditionnels de Pompéi, qui ne cessaient d'y retourner aux XIXe et XXe siècles, pour entreprendre de nouvelles fouilles, préféraient fermer les yeux sur certains pans de sa culture. Lorsqu'ils mettaient au jour des sculptures d'organes génitaux ou des graffitis obscènes, ils les enfermaient dans des cabinets secrets, incapables de se dégager de leurs valeurs chrétiennes et de porter sur ces objets le même regard que les Romains. C'est seulement en l'an 2000 que le cabinet secret du Musée de Naples fut ouvert au grand public. La sexualité romaine est si étrangère aux sensibilités occidentales modernes qu'elle se révélait quasiment indéchiffrable. Pour les conservateurs de musée des siècles précédents, les porte-bonheur en forme de phallus relevaient de la pornographie, et les historiens tenaient les prostituées pour quantité négligeable.

Mais notre refus de comprendre ce volet de la culture romaine nous empêche d'apprécier la pleine mesure du tissu social d'un lieu comme Pompéi, où l'intimité s'exposait, au sens propre du terme, en public.

L'étiquette des toilettes romaines

C'est à peine si je levai les yeux sur les arcs et les supports des colonnes du forum. Je me mis en quête d'un espace anonyme situé au nord-est de l'enceinte réservée à l'élite politique. Je le découvris enfin, reconnaissable seulement à une fenêtre unique, placée très haut sur son mur élevé. À l'intérieur, un fossé le long du mur débordait de détritus et de mauvaises herbes. Il s'agissait de rares toilettes publiques de la ville, et leur agencement jurait autant avec le cadre que la vue d'un pénis esseulé peint à côté de la porte d'un boutiquier. On a du mal à comprendre aujourd'hui comment se présentaient les latrines dans ce qui a été, en des temps lointains, un espace fermé plutôt obscur, doté d'une ouverture en hauteur pour en évacuer la puanteur. Mais avec le concours d'Ann Olga Koloski-Ostrow, spécialiste de l'Antiquité à l'université Brandeis et autrice d'une étude approfondie sur les égouts de Pompéi[11], je pus reconstituer le puzzle. Le fossé profond creusé le long du mur canalisait de l'eau courante qui évacuait les excréments vers l'égout. Quelques blocs de pierre en saillie signalaient l'emplacement d'une sorte de banquette percée, avec des trous en forme de U placés à intervalles réguliers sur lesquels s'asseyaient les grands hommes du forum, toge retroussée, pour se soulager. « L'écart entre les sièges est de trente centimètres environ, me précisa-t-elle. Un cahier des charges rudement normalisé ! Sauf en cas de surpoids prononcé, on n'est pas cuisse contre cuisse avec le gars d'à côté. »

Pour autant, aucune cloison ne garantissait l'intimité qu'on attendrait des toilettes modernes. Tout le monde s'asseyait quasiment côte à côte sur la banquette. Et cette intimité se réduisait encore lorsqu'on en venait au papier hygiénique. Lorsqu'un visiteur du forum en avait fini avec ses besoins – ces toilettes publiques étaient largement réservées aux hommes –, il s'emparait d'une baguette munie d'une éponge à une extrémité, le xylospongium, trempait celle-ci dans une rigole d'eau courante ménagée à ses pieds, enfilait la baguette dans un trou de la banquette au-dessous de son postérieur et s'essuyait. Lieux d'aisance publics ou toilettes privées, tout le monde utilisait le même xylospongium.

C'est souvent dans les lieux les plus sordides et les plus immondes que nous découvrons la vérité profonde d'une société qui se croit civilisée. Dans les toilettes du forum, il saute aux yeux que les instances morales romaines ne se souciaient pas outre mesure de dissimuler certaines parties anatomiques ou les fonctions corporelles, à la différence des pères la pudeur chrétiens. Elles s'intéressaient davantage au comportement des individus dans l'espace urbain. Comme le soulignait Ann Olga Koloski-Ostrow, les toilettes du forum n'avaient que faire de la décence. « Je suis sûre que les Romains déféquaient dans la rue, dans les passages et à l'extérieur des murs d'enceinte, me disait-elle. Nous avons des graffitis aux abords de la cité, stipulant "Il est interdit de chier ici", qui ne s'expliqueraient pas sinon. » Les toilettes publiques, ajoutait-elle, réglaient le comportement de tout un chacun. « Les élites romaines ont construit [des toilettes] à cet endroit parce qu'on ne veut pas d'excréments sur le sol du forum. Elles ne s'inquiètent pas des rues, mais elles entendent que les places publiques de l'Empire conservent intact leur éclat originel. C'est une façon de policer l'espace, de dire "C'est ici que vous faites vos besoins et pas ailleurs." »

Plus je discutais avec des spécialistes de Pompéi, plus j'entendais d'allusions à la volonté des Romains de « réglementer l'espace ». Des rues aux tavernes, toutes les zones publiques se trouvaient engluées dans une toile de règles officielles et officieuses. Même au lupanar, les graffitis témoignent d'une société profondément soucieuse de la signification sociale des positions sexuelles.

Il existe un lien symbolique entre le sentiment d'être romain et l'organisation physique des individus au sein des villes. À la différence des résidents de Çatal Höyük, qui vivaient la phase initiale d'interpénétration émotionnelle et politique avec le sol, les citadins romains avaient vu le jour dans un monde où la vie sédentaire avait pris le pas sur le nomadisme des milliers d'années auparavant. À Pompéi la plupart des activités techniques et domestiques exécutées à la maison s'étaient irrésistiblement reportées à l'extérieur au cours du temps, définissant des emplacements publics dans toute la ville : boulangeries, foulonneries, cimetières, temples, ateliers de joaillerie, de sculpture, de peinture, tavernes et, oui, toilettes. La ville était moins une agglomération de résidences qu'un espace public complexe, rayonnant de tous ses feux. Les maisons se caractérisaient déjà par leur plan ouvert, avec un atrium donnant sur la rue et servant d'aire d'accueil pour les associés d'affaires et les invités. Cette tendance s'intensifia encore quand les membres de la classe intermédiaire transformèrent leurs habitations en espaces mixtes, où la démarcation entre vie privée et vie professionnelle se révélait, au mieux, des plus ténues. On pourrait dire que les Romains exprimaient leur interpénétration avec le sol en divisant leurs villes en zones publiques spécialisées, de la sexualité et la défécation au divertissement, à l'activité politique et aux bains. Se déplacer entre ces espaces et les fréquenter était une manière d'être pompéien.

Si l'on élargit la focale, l'idée vaut pour tout l'Empire romain. Chaque ville avait sa fonction spécialisée, ou son rôle à jouer pour affirmer la grandeur d'une civilisation dont l'emprise croissante enlaçait le pourtour méditerranéen. Pompéi était la ville de tous les plaisirs, réputée pour sa beauté et sa gastronomie. Elle était la fille issue d'un second lit, licencieuse mais bien-aimée, de la puissante et auguste ville de Rome. Lorsqu'elle disparut, dans un moment d'une violence irrépressible, terrifiante, sa perte causa un traumatisme historique qui transcenda l'horreur de l'anéantissement de milliers de vies. Les espaces publics avaient été abolis, et avec eux une part de l'identité romaine. La réaction de Rome à l'éruption du Vésuve ne fut donc pas la lente et interminable désaffection que nous avons observée à Çatal Höyük. Personne ne décida d'abandonner Pompéi. Son enfouissement brutal fut ressenti comme un deuil presque impossible à surmonter – et les rescapés se hâtèrent de reconstruire leur vie dans d'autres cités, mettant tout leur zèle à édifier de nouvelles versions des espaces publics qu'ils avaient perdus.

CHAPITRE VI

AU LENDEMAIN DE LA FOURNAISE

Il y eut d'abord un tremblement de terre. Les habitants des villes situées autour de la baie de Naples étaient accoutumés aux secousses telluriques, et les ondes de choc qu'ils ressentirent en ce jour de l'automne 79[1] ne durent pas trop les alarmer. Tous continuèrent de vaquer à leurs affaires, mirent une dernière main aux récoltes et s'invectivèrent au forum. Mais ensuite de la fumée s'échappa du Vésuve. Dans le monde romain, personne n'avait encore relaté d'éruption volcanique, et les récits ultérieurs, en latin, de celle du Vésuve décrivirent « une nuée noire et horrible, crevée par des feux qui s'élançaient en serpentant, s'ouvrait et laissait échapper de longues fusées semblables à des éclairs, mais qui étaient beaucoup plus grandes[2] ». Les mots manquaient pour relater ce qui fut sûrement vécu comme une catastrophe dépassant l'imagination. L'air resta saturé de fumée pendant un jour au moins, voire deux, avant que la montagne ne commence à vomir des pierres – parfois aussi grosses que celles qui pavaient les rues les plus élégantes de Pompéi.

Les secousses sismiques se répétèrent. Cette fois, la population fut prise de panique et commença à quitter la ville. Rassemblant leurs objets de valeur, en chariot ou à pied, les habitants s'enfuirent vers le sud ou à l'intérieur des terres, tandis qu'un déluge de pierres s'abattait sur les toitures, fracassant les murs et brisant les tuiles en terre cuite. Seul nous est parvenu le récit d'un témoin oculaire réchappé de l'éruption, Pline le Jeune, qui rapporta ce qu'il avait vécu plusieurs décennies après les événements ayant causé la mort de son oncle et de milliers d'autres victimes à Herculanum et à Pompéi. Il décrit la fumée qui remplit l'air tandis que sa tante et lui fuient la ville dans une cohue indescriptible, trébuchant souvent tant l'obscurité est épaisse.

Nous savons que, malgré l'évidence du danger, des milliers d'habitants restèrent sur place. Les affranchis par choix, les esclaves sur l'ordre de leurs maîtres. À mesure que des mètres de cendre et de pierres s'accumulaient dans les rues, même les plus irréductibles durent comprendre qu'il fallait partir. Sophie Hay, qui m'avait raconté l'histoire d'Amarantus, m'expliqua que la Pompéi que nous exhumons de la cendre est une ville en pleine confusion. Les habitants pliaient bagage avec leurs objets de valeur pour les mettre en lieu sûr. « Rien n'est à la bonne place », me disait-elle. Et toute la population était en mouvement. Plus de la moitié des habitants périrent dans les rues[3] alors qu'ils fuyaient à travers les quartiers sud pour échapper aux torrents de cendre et de boue qui déferlaient dans la ville.

C'est hors de Pompéi qu'a subsisté le témoignage peut-être le plus poignant de leurs minutes ultimes, sur les quais de la riche enclave d'Herculanum. Là, dans les dépôts réservés au fret récemment déchargé ou en attente d'embarquement, les archéologues ont mis au jour des dizaines de corps. À Herculanum, située au nord et beaucoup plus près du Vésuve, la mort frappa plus vite. Des squelettes sont pressés les uns contre les autres, monceaux de corps enchevêtrés au fond des entrepôts, beaucoup agrippant des sacs remplis d'objets précieux. Ils sont les restes calcinés de malheureux qui attendaient d'être secourus par la mer, mais les bateaux ne vinrent jamais. On imagine sans peine l'horreur qu'ils endurèrent, recroquevillés dans l'espoir d'échapper au feu liquide qui jaillissait de la montagne belle et verdoyante, toile de fond de tant de fêtes dans leurs jardins et de célébrations dans la ville. Ces gens-là se vêtaient peut-être d'étoffes fines et festoyaient allongés sur une couche tandis que les serviteurs remplissaient de vin leur coupe, mais ils moururent dans de vils entrepôts comme des esclaves. Ceux qui tentèrent de les sauver périrent aussi ; Pline le Jeune témoigne que son oncle perdit la vie après s'être porté à leur secours en bateau.

Au total, 1 150 corps ont été exhumés à Pompéi. On ne manquera sûrement pas d'en découvrir encore dans les portions non fouillées de la ville, et les archéologues s'accordent dans l'ensemble à estimer qu'un dixième des douze mille habitants de la ville périrent.

Ce ne fut pas le déluge de pierres et de cendre qui porta le coup de grâce à Pompéi, mais ce que les géologues nomment une coulée pyroclastique, des projections successives de gaz brûlants qui consumèrent net tout élément vivant sur leur passage jusqu'à dix kilomètres à la ronde autour du Vésuve. Après cette abrasion inexorable, la cendre continua de se déverser du ciel, ensevelissant Pompéi sous six mètres de matières volcaniques chauffées à blanc et toxiques. En se décomposant sous la cendre, les corps d'humains, de chevaux, de chiens et d'autres animaux laissèrent une empreinte en creux. Dans les années 1860, l'archéologue Giuseppe Fiorelli parvint à couler du plâtre à l'intérieur de ces empreintes afin de restituer la position, voire l'expression faciale des victimes du volcan. Aujourd'hui, lorsqu'ils pénètrent dans le parc voisin de l'amphithéâtre, les visiteurs de Pompéi défilent entre deux vitrines massives où sont présentés ces corps en plâtre. Il s'en dégage une impression macabre et bouleversante – on ne peut s'empêcher de les voir comme autant de cadavres, et non des moulages de corps depuis longtemps redevenus poussière. Certains d'entre eux tentèrent d'esquiver la mort, le bras levé dans un geste de parade, d'autres l'accueillirent paisiblement dans leur sommeil. Je repensai à la vie après la mort de Çatal Höyük. Des siècles après sa désertion, les populations qui vivaient dans la plaine de Konya avaient fait de la ville un cimetière et considéraient le lieu comme sacré.

Pompéi est devenue elle aussi un monument aux morts. Nous avons beau découvrir des signes de vie partout dans ses rues et dans ses échoppes, il est impossible de visiter la ville sans se heurter à l'atrocité de sa fin. Pour les Romains qui vécurent l'année 79, ce sentiment fut infiniment plus intense. La catastrophe ébranla tout l'Empire, et les réfugiés affluèrent en masse dans les cités voisines, hantés à jamais par la disparition fulgurante de leurs maisons. Peut-être parce que trop terrifiante, l'éruption devint un moment qu'on parut vouloir gommer de l'histoire. Eric Poehler, le spécialiste des rues, à qui je faisais part de mes réflexions me dit s'être étonné du mutisme quasi total du monde romain sur un événement d'une telle ampleur. Mais le phénomène lui était devenu moins mystérieux, ajoutait-il, lorsqu'il s'était penché sur l'idée, empruntée à l'histoire du XXe siècle, qu'une « génération du silence » surgit à la suite d'un désastre. Le même silence culturel suivit la pandémie de grippe espagnole de 1919, qui causa une hécatombe, tuant notamment 675 000 Américains en l'espace de quelques mois – plus que pendant toute la Première Guerre mondiale. Malgré les ravages causés par la maladie, gouvernements et médias avaient minimisé la gravité de la pandémie. Et une fois enrayée, elle ne donna lieu à presque aucun écrit[4].

Le silence des Romains sur la destruction de Pompéi peut être interprété comme la mesure du traumatisme causé par l'éruption. À la différence des nombreux incendies qui dévastèrent Rome et des guerres qui avaient pilonné la République, cela fut une catastrophe à laquelle ni l'argent ni les ressources humaines ne purent remédier.

« Un cauchemar absolu »

Au cours de mes recherches sur l'abandon de Pompéi, ce qui m'étonna le plus fut la soudaineté avec laquelle les habitants avaient renoncé à leur ville. En 79, l'Empire romain vivait l'apogée de sa richesse et de son rayonnement. Pourquoi l'empereur Titus n'avait-il pas dépêché une troupe d'esclaves pour dégager Pompéi et Herculanum ensevelies sous la cendre ? Certes, la tâche dépassait l'entendement, mais la réputation de Rome n'était plus à faire, renaissant de ses cendres après de nombreux incendies dévastateurs. D'accord, l'entreprise était gigantesque, mais la construction d'aqueducs aussi. Et Titus ne rechignait pas à la dépense. Sous le règne de son père, Vespasien, il avait injecté d'immenses ressources dans la mise à sac de la Judée. Après quoi il avait consacré la première année de son mandat impérial à l'achèvement de la construction du Colisée, projet pharaonique entrepris par son père. Les ingénieurs conçurent l'énorme structure de façon qu'elle pût être transformée en bassin et permettre aux Romains d'assister à des batailles navales. Au vu de la complexité d'un tel programme, pourquoi Titus ne voulut-il pas démontrer sa puissance en rebâtissant aussi Pompéi ?

L'une des réponses les plus courantes est que la population avait peur de regagner Pompéi, terrifiée par les forces surnaturelles sur l'ordre desquelles la terre avait vomi du feu. C'est oublier que les Romains se montraient d'un naturel infiniment plus réaliste. Les habitants qui avaient réchappé du puissant séisme de 62 rentrèrent chez eux pour reconstruire, et les affranchis et autres membres de la classe intermédiaire profitèrent de l'occasion pour reconvertir les villas abandonnées en boutiques. En clair, les catastrophes surgies des entrailles de la terre n'intimidaient pas les Pompéiens. Ce qui approfondissait encore le mystère à mes yeux. Peut-être cette indifférence traduisait-elle, tout simplement, le peu de cas que l'élite romaine faisait de Pompéi ? Bien qu'elle eût été une villégiature extrêmement prisée un siècle auparavant, l'Empire avait étendu son emprise au point que ses hédonistes pouvaient envisager des vacances à la plage sur les côtes de l'Espagne ou du Portugal. Les cités d'Afrique du Nord s'embourgeoisaient, le plan en damier à la romaine effaçant à Carthage et à Utique, sa voisine, la trame punique traditionnelle[5]. Cela signifiait aussi de meilleures sources de garum, le condiment à base de poisson qui constituait l'une des principales exportations de Pompéi. La ville était-elle, tout simplement, passée de mode ? Ou devenue une nuisance sur le plan politique ? Telle que je voyais la chose, Titus et les élites romaines avaient décidé, après mûre réflexion, que Pompéi n'avait plus assez d'importance pour justifier une remise en état concertée.

Puis j'en discutai avec Janine Krippner, une spécialiste des coulées pyroclastiques qui enseigne la géologie à l'université Concordia, en Nouvelle-Zélande. Elle a vécu l'éruption du mont Saint-Helens, dans l'État de Washington, et s'est aussi rendue dans d'autres régions frappées par des éruptions volcaniques semblables à celle qui anéantit Pompéi. Quand je lui demandai par téléphone ce qu'il serait advenu après l'éruption du Vésuve, elle ne mâcha pas ses mots : « Ç'aurait été l'enfer sur terre, et ce pendant longtemps, me dit-elle. Il aurait fallu des générations pour reconstruire la ville. Un cauchemar absolu ! » Elle répondit vite à ma question principale, à savoir pourquoi dégager Pompéi aurait-il été impossible. « La neige fraîche a une densité de 50 à 70 kilogrammes par mètre cube. La cendre, de 700 à 3 200 kilogrammes. Le seul fait de déblayer la ville sans bulldozers aurait été un travail de titan. » Elle réfléchit, puis : « Et pour couronner le tout, les coulées sont restées brûlantes durant longtemps. » La boue et les coulées de cendre avaient une température initiale de 115 degrés Celsius, et elles auraient retenu la chaleur en raison des couches supérieures de roches et de cendres qui les recouvraient. De plus, la cendre elle-même aurait émis des émanations et des particules toxiques. N'importe qui travaillant dans de pareilles conditions aurait souffert de la chaleur extrême tout en inhalant des matières volcaniques qui le rendraient vite malade.

Le désastre ne s'arrêta pas aux murs de la ville cependant. Ce fut une catastrophe écologique qui toucha toute la région de la baie de Naples. Comme le notait Janine Krippner, tous les cours d'eau qui alimentaient Pompéi devaient être obstrués par des tombereaux de cendre toxique, interrompant l'approvisionnement en eau potable et bloquant le réseau de canalisations qui reliait la cité côtière à ses voisines. À quoi s'ajoutaient les effets à long terme sur les terres cultivables. La géologue comparait les lendemains de l'éruption du Vésuve à ceux du mont Saint Helens, aux alentours duquel il ne pousse quasiment rien même quarante ans après. Quand le vent se lève, des rafales de cendre nauséabondes tourbillonnent encore dans l'air. Le Vésuve avait fait table rase des terres fertiles et des aliments savoureux qui faisaient la réputation de Pompéi en l'espace d'un instant – même si les habitants avaient réussi à évacuer la cendre une fois le calme revenu. « Une telle quantité de cendre volcanique peut empêcher le sol de s'oxygéner, et aussi l'acidifier en profondeur, m'expliqua Janine Krippner. La disponibilité de nutriments pour les cultures s'en trouvant réduite, il est extrêmement difficile de faire pousser quoi que ce soit par la suite. » L'éruption qui causa la mort de milliers d'habitants de Pompéi et d'Herculanum avait aussi rendu le sol stérile à des kilomètres à la ronde. Elle avait, au sens littéral, empoisonné la terre.

La catastrophe arracha la ville à ses résidents sans avertissement. Elle leur manquait cruellement, mais l'ampleur du cataclysme leur interdit tout espoir de retour. L'empereur Titus visita en personne les ruines fumantes de la cité en cherchant par quels moyens réduire les dégâts[6]. C'était une mission impossible. Même avec la technologie moderne, la tâche se serait révélée insurmontable. Les rescapés réussirent pourtant à survivre, greffant le souvenir de Pompéi à leur nouvelle vie. Le destin de Pompéi nous permet d'entrevoir ce à quoi l'on peut s'attendre lorsque la population se voit contrainte d'abandonner une ville contre son gré. Au cours de ces dernières années, les chercheurs ont recueilli les preuves d'une réinstallation massive des réfugiés dans toute la région, ainsi que l'existence de nouveaux projets de construction dans les villes voisines, notamment Naples et Cumes, où les rues se peuplèrent de Pompéiens qui refusaient de baisser les bras.

La bonne étoile de Gaius Sulpicius Faustus

Naples est une ville bruyante, regorgeant de petites rues pavées dans lesquelles voitures et motos s'engouffrent en rugissant, remontant de la baie à des vitesses terrifiantes. Ces voies du centre-ville furent construites pour les attelages tirés par des mules omniprésentes dans le monde romain antique et médiéval, mais aujourd'hui les piétons disputent l'espace à des engins en tôle qui n'auraient peuplé que les songes de Murtis et de ses compagnes du lupanar. Sinon, pas grand-chose n'a changé. Des monceaux de graffitis couvrent les murs et les bars ne désemplissent pas.

En 79 apr. J.-C., lorsque la ville s'appelait Neapolis et que la cendre du volcan tourbillonnait sur ses trottoirs, on vit apparaître peu à peu des réfugiés de Pompéi. Les uns avec des charrettes et des sacs remplis d'objets de valeur, les autres n'apportant que la suie emprisonnée dans les plis de leur tunique. Il est probable que beaucoup d'entre eux étaient malades pour avoir inhalé les particules volcaniques que Janine Krippner décrivait, pris de toux et de vomissements et affaiblis par un ou deux jours de marche sur la longue route qui reliait les deux cités. Les uns avaient choisi cette ville parce qu'ils y avaient de la famille susceptible de les héberger, les autres parce qu'ils n'en connaissaient pas d'autre à proximité. Nous ne pouvons que poser des hypothèses sur les lendemains immédiats de la catastrophe, mais il est vraisemblable que les réfugiés envahirent les auberges de la ville. Les nouveaux arrivants dormirent probablement dans la rue. Les temples et les amphithéâtres ouvrirent sûrement leurs portes afin d'offrir un abri à une population terrifiée qui avait tout perdu. Bref, un tableau bien connu de quiconque a été témoin à l'époque actuelle des suites d'une catastrophe naturelle, ouragan ou feu de forêt.

Ce qui pourrait nous étonner, c'est de voir à quel point la réaction du gouvernement romain fut conforme à ce que nous attendons aujourd'hui de l'État dans nos démocraties occidentales en ce début du XXIe siècle. Titus se rendit sur les sites dévastés, puis, au vu des dégâts, alloua aux rescapés une aide financière pour refaire leur vie. Dans la biographie de l'empereur qu'il publia au début des années 120, Suétone s'en explique : « Il [Titus] tira au sort, parmi les consulaires, des curateurs chargés de soulager les maux de la Campanie. Il employa à la reconstruction des villes ruinées les biens de ceux qui avaient péri dans l'éruption du Vésuve sans laisser d'héritiers. » Comme l'explique Steven Tuck, professeur d'études classiques à l'université de Miami, dont les travaux sur les survivants de Pompéi ont ouvert de nouveaux horizons, « soulager les maux de la Campanie » consista à construire dans plusieurs villes du littoral des quartiers entièrement neufs, semble-t-il, pour les réfugiés, comportant notamment des temples consacrés aux divinités honorées à Pompéi, à savoir Vénus, Isis et Vulcain, ainsi que des bains et des amphithéâtres. Les subsides provenaient sans doute en partie des coffres de Rome, mais il s'y ajoutait, affirme Suétone, « les biens de ceux qui avaient péri ». Si l'on songe aux fortunes peu communes des détenteurs de résidences secondaires à Herculanum et à Pompéi, ces biens représentaient à n'en pas douter un véritable pactole.

Pour retrouver les traces des rescapés à Neapolis, Cumae (Cumes), Puteoli (Pouzolles) et Ostia (Ostie), Steven Tuck recourut à certaines méthodes utilisées par les chercheurs pour identifier les affranchis : il se pencha sur les inscriptions funéraires. L'apparition de patronymes et de noms de clans n'appartenant qu'à Pompéi sur les pierres tombales d'autres villes signale la présence de réfugiés. Grâce à son travail de détective, nous savons que les survivants repliés à Neapolis comptaient parmi eux les Vettii, dont la boutique pompéienne s'ornait de la peinture mémorable de Priape pesant son phallus du même gabarit que lui. Rien ne permet d'affirmer qu'il s'agit des frères propriétaires de l'établissement, ou plus vraisemblablement de deux des nombreux liberti apparentés à la famille. Mais au moins quelques membres du clan élargi des Vettii parvinrent-ils à gagner Neapolis en faisant cause commune avec d'autres survivants. Les mariages entre familles de réfugiés étaient courants dans les villes d'accueil, ce qui laisse entendre que ceux-ci s'étaient probablement regroupés et continuaient de mettre leurs ressources en commun. Dans une inscription funéraire, L. Vettius Sabinus, un des Vettii, célébrait la mémoire de son épouse, Calidia Nominanta – dont le patronyme appartenait exclusivement à Pompéi avant l'éruption. Une autre sépulture à Naples commémore une certaine Vettia Sabina, dont l'époux laissa une inscription comportant un vocable en osque, la langue originelle de Pompéi.

Les rescapés que nous connaissons sont, pour la plupart, des liberti, relève Steven Tuck. En partie, estime-t-il, parce que les familles fuirent Pompéi avec leurs esclaves et leurs affranchis. Mais il pense aussi que les liberti survécurent parce qu'un grand nombre d'entre eux étaient en mission à l'extérieur de la ville lors de l'éruption. Il était courant que les liberti restent au service de leurs anciens maîtres, très souvent en qualité d'administrateurs de leurs intérêts financiers et de leurs terres hors de Pompéi. Ce dispositif, ajoutait-il, expliquerait aussi pourquoi tant de réfugiés préférèrent se réinstaller dans les villes de la côte nord de la baie. Ils ne le firent pas seulement par commodité. Les patrons pompéiens fortunés y avaient des biens commerciaux, que les liberti purent continuer à gérer après la mort de leurs maîtres.

Steven Tuck ne cachait pas son faible pour un rescapé, un certain Gaius Sulpicius Faustus, esclave affranchi d'une famille de banquiers établie à Pompéi. Gaius et la famille Sulpicii laissèrent derrière eux le genre de traces papier que tout historien rêve de découvrir. Nous savons qu'ils réussirent à quitter la ville, car ils se délestèrent dans leur fuite d'un coffret rempli de documents rattachant les Sulpicii à un petit empire financier qui comptait plusieurs entrepôts à Puteoli. C'était exactement la catégorie de biens qu'un liberti comme Gaius aurait administrés pour son patron. En 79, Puteoli était le port le plus actif de l'Italie antique, dans lequel les navires marchands déchargeaient leur fret de produits non transformés, comme le marbre, le bois, les céréales et le vin. Les Sulpicii y auraient entreposé ces marchandises avant de les réexpédier à Rome sur des bateaux de moindre tonnage. Nous retrouvons la trace de Gaius dans la charmante station balnéaire de Cumae, où Steven Tuck a découvert des tombes portant les noms de plusieurs liberti Sulpicii. D'après lui, Gaius et les siens continuèrent sûrement à gérer les biens de leur maître après la catastrophe, se fixant dans cette localité parce qu'elle leur rappelait Pompéi. Comme celle-ci, Cumae était une banlieue résidentielle pour qui possédait des entreprises à Puteoli. Une solution qui remportait d'autant plus de suffrages que Puteoli hébergeait surtout des entrepôts et présentait peu d'attraits pour y résider.

Les Sulpicii ne furent pas les seuls à avoir cette idée. Steven Tuck a découvert des éléments attestant que Titus, et après lui son frère, l'empereur Domitien, financèrent la construction à Cumae de quartiers entiers destinés aux réfugiés, avec des bains, un amphithéâtre et des temples consacrés aux divinités protectrices de Pompéi, Vénus et Vulcain. De plus, il commandita une route flambant neuve qui reliait la ville au réseau de voies romaines. Et comme on pouvait le présumer, le nouveau secteur comportait une salle d'assemblée pour les augustales, la confrérie des liberti. « L'opération ne se limita pas à un simple apport de main-d'œuvre servile, précisait-il. Elle créa des emplois pour la population locale. » La route représentait pour la ville un ajout particulièrement prestigieux, favorisant les échanges commerciaux avec Rome et l'afflux des touristes. À Puteoli, l'empereur commanda un amphithéâtre à l'image exacte du Colisée. Steven Tuck ne ménageait pas son admiration : « [Les rescapés] se voient gratifiés d'installations à la pointe de la technologie. C'est extraordinaire et sans précédent. Je vois d'ici les gens regarder [l'amphithéâtre] en s'exclamant : “Nous n'avons rien à envier à Rome !” »

Même si les victimes se comptèrent par milliers à Pompéi, le gouvernement romain semble avoir pris des mesures pour permettre aux milliers de réfugiés en Campanie de reprendre le fil de leur existence. Rien ne nous garantit qu'ils aient tous eu leur part du gâteau, car les témoignages dont nous disposons proviennent pour l'essentiel de la vie de liberti fortunés. Mais les réfugiés restèrent soudés dans leurs nouveaux ports d'attache, se mariant entre eux et poursuivant souvent les mêmes activités qu'à Pompéi. Ils furent peu nombreux à publier des écrits sur le traumatisme subi, mais ils s'accrochèrent à leur identité de Pompéiens.

Il est une chose, en revanche, dont ils se défirent en moins d'une génération : leur condition de liberti. Tous les enfants des liberti pompéiens cessèrent d'utiliser le nom d'esclave de leurs parents, de sorte que personne à Cumae, à Neapolis ou à Puteoli ne saurait qu'ils étaient issus de la classe servile. Le public ne les connaîtrait qu'en tant que Vettii ou Sulpicii, augustes familles pompéiennes dont la richesse continua de croître avec l'Empire.

Le déplacement de population de Pompéi à Cumae et à Neapolis ne ressembla en rien au retour des habitants de Çatal Höyük à la vie de village. Même si certains de ses résidents migrèrent probablement dans d'autres méga-sites tels que Domuztepe et sa « fosse de la mort », la plupart d'entre eux rejetèrent le surpeuplement de la vie urbaine au profit de communautés plus modestes. Les Pompéiens recherchèrent des villes très semblables à celle qu'ils avaient perdue, et les réfugiés du Vésuve furent en mesure de préserver la continuité de leur mode d'existence, bien qu'ayant presque tout perdu. Et ce en grande partie parce que Rome avait colonisé la région entière, créant des espaces publics en quelque sorte interchangeables.

Ce que les Pompéiens perdirent fut la culture métisse de leur ville, où les traditions entretenues par les habitants originels parlant l'osque s'étaient mêlées aux idées nouvelles venues d'Égypte, de Carthage, de Rome et de dizaines d'autres civilisations. Pour autant, comme le met en lumière l'histoire de la famille des Sulpicii, le commerce international en Méditerranée ne connut pas d'interruption. Et la nouvelle classe d'affranchis de la ville se vit reconnaître un statut social plus élevé qu'elle n'aurait pu l'espérer à Pompéi. Les liberti partagèrent leurs souvenirs de l'esclavage et de ce qu'avaient enduré leurs parents pour permettre à leurs enfants de naître libres. Ce fut un oubli délibéré, qui alla de pair avec la façon par laquelle tout le monde à Rome s'appliqua à gommer de sa mémoire ce qui était survenu quand les cendres brûlantes s'étaient abattues sur la ville.

Pour ma dernière soirée à Pompéi, je flânai pendant quelques heures dans la ville avant le coucher du soleil. Déambuler aujourd'hui dans Pompéi vous reporte à un degré hallucinant deux mille ans en arrière. Les rues sont encombrées de familles parlant les langues les plus diverses ; les enfants braillent et sautent à cloche-pied sur les grosses pierres de gué des passages pour piétons ; et des visiteurs recrus de fatigue et mourant de chaud passent la tête sous l'eau des fontaines pour se rafraîchir. On imagine sans peine la ville animée qu'elle fut en d'autres temps, saturée d'odeurs de viande grésillant dans l'huile, d'âcres relents de vin renversé et fumet agressif de la sauce de poisson fermenté – mêlés à la puanteur des rues, brouet sans doute peu ragoûtant de détritus, d'eaux usées et d'excréments de tous les animaux de la ville (humains compris). Je laissai derrière moi les villas qui entourent le forum au bas de la Via dell'Abbondanza ; la foule s'éclaircissait dans le soleil déclinant. Je me retrouvai au coin d'une rue calme, proche de l'insula de Julia Felix.

Je pris des photos d'un comptoir de taverne et de son marbre ébréché ; sur le trottoir d'en face, une touriste remplissait sa bouteille à l'une des fontaines publiques aujourd'hui restaurées. Fait de blocs de pierre à la surface irrégulière lissée par l'usage, le bord arrivant à mi-corps, le bassin carré accueillait un flot régulier d'eau fraîche et limpide coulant de l'embouchure d'un tuyau. Cet exemple antique d'infrastructure urbaine datait de milliers d'années, mais il était d'une simplicité trompeuse. Il devait d'exister à une conception très élaborée de l'espace public, et à un modèle économique qui avait fourni les pierres, les tuyaux et l'urbanisme. Et le tout reposait sur une hiérarchie politique qui assignait à tout un chacun des rôles différents en vertu de lois écrites ou tacites : marchand, esclave, aristocrate, épouse, patron, prostituée. Les rues de Pompéi attestent que ces rôles étaient en voie de mutation, mais aussi qu'ils demeuraient foncièrement intacts, à l'image d'une voie romaine qui a perduré durant des millénaires sous six mètres de pierre volcanique.

Troisième partie

Angkor : le réservoir

ANGKOR
Limite approximative de la ville
Canal
Grand Canal du Nord
BARAY OCCIDENTAL
BARAY JAYATATAK
MEBON OCCIDENTAL
PREAH KHAN
Rivière Puok
BANTEAY SRAS
VERS BATTAMBANG
Rivière Siem Reap
ANGKOR VAT
SIEM REAP (TEMPS MODERNES
TONLE SAP (LAC SAISONNIER)

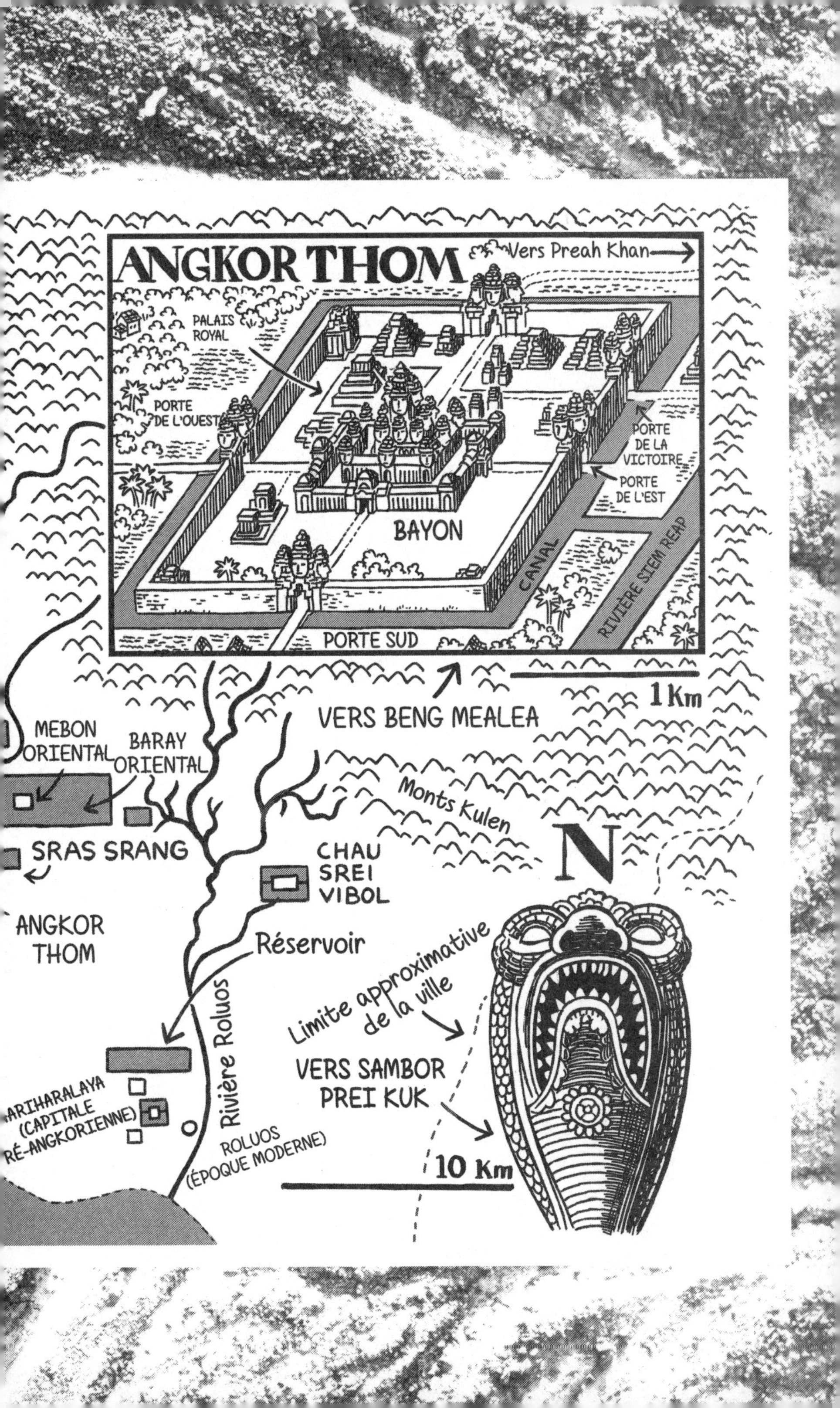

ANGKOR THOM
Vers Preah Khan
PALAIS ROYAL
PORTE DE L'OUEST
PORTE DE LA VICTOIRE
PORTE DE L'EST
BAYON
CANAL
RIVIÈRE SIEM REAP
PORTE SUD
1 Km
VERS BENG MEALEA
MEBON ORIENTAL
BARAY ORIENTAL
Monts Kulen
N
SRAS SRANG
CHAU SREI VIBOL
ANGKOR THOM
Réservoir
Limite approximative de la ville
Rivière Roluos
VERS SAMBOR PREI KUK
ARIHARALAYA (CAPITALE RÉ-ANGKORIENNE)
ROLUOS (ÉPOQUE MODERNE)
10 Km

Chapitre VII

Une autre histoire de l'agriculture

À mon arrivée à Phnom Penh, en janvier, la saison sèche au Cambodge, je m'enfonçai dans les rues à l'aventure, l'esprit embrumé par le décalage horaire, et voyant à peine la foule autour de moi. Je songeais aux temples khmers vieux d'un millénaire, dont les façades mordorées se désagrégeaient en blocs de pierre rongés par le temps, emprisonnés par d'épais lacis de racines géantes. Ces édifices, vestiges de la capitale de l'empire khmer établie à Angkor, se confondent depuis au moins deux siècles avec le mythe des cités disparues. On voit même Lara Croft explorer les ruines légendaires du temple angkorien de Ta Prohm dans le premier volet de *Tomb Raider*, le film. Mais, à la différence de la civilisation romaine, les traditions khmers ne sont ni perdues, ni mortes. La culture qui s'épanouit à Angkor – une forme du bouddhisme theravada doublée d'un pouvoir étatique centralisé – continue de définir de nombreux volets de la vie cambodgienne aujourd'hui. Le temps de dormir un peu, je pus m'en rendre compte dans les rues de Phnom Penh, la ville où s'est réfugiée la famille royale khmère au XVe siècle, quand Angkor s'est effondrée. Aujourd'hui, les constructions de l'ancienne capitale presque six fois centenaire disparaissent sous un fouillis de fils électriques qui ont remplacé les racines d'arbre, et les grilles qui protègent les palais de notre époque sont couronnées de spirales de barbelés à lames, si délicats qu'ils étincèlent au soleil comme des joyaux.

Phnom Penh est relié à Angkor par la rivière Tonlé Sap, qui déroule ses méandres au nord de la ville moderne avant de rejoindre le lac du même nom, dont les crues annuelles alimentaient les fermes de l'ancienne capitale. Il y a onze siècles, Angkor figurait au nombre des plus grandes métropoles du monde, forte de presque un million de résidents, touristes et pèlerins. Lorsqu'il la visita, au XIIIe siècle, le diplomate chinois Zhou Daguan décrivit les enceintes ouvragées de la ville, ses statues spectaculaires, ses palais dorés et ses immenses réservoirs enserrant des îles artificielles. Pourtant, alors même que Zhou se frayait un chemin dans les rues bondées pour ne pas manquer le spectacle des somptueuses processions royales, la cité portait déjà en elle sa propre disparition. Les rois khmers perdaient leur emprise sur les capitales des provinces lointaines de l'empire et se désintéressaient des infrastructures hydrauliques de la ville, cruciales pour la survie du royaume. Il y eut des années où les digues d'Angkor cédèrent à la saison des pluies ; d'autres où la vase engorgea les canaux et réduisit le débit des sources de la montagne à un filet d'eau. Et à chaque épisode il devint plus difficile de les remettre en état. Plus difficile aussi de cultiver les terres. Les activités commerciales ralentirent, les tensions politiques flambèrent. Au milieu du XVe siècle, la ville, qui avait compté des centaines de milliers d'habitants, n'en recensait plus que quelques centaines.

Bien que flagrante avec le recul du temps, ce fut une de ces catastrophes au ralenti que personne ne peut identifier avant qu'il ne soit trop tard. La disparition d'Angkor n'en est que plus obsédante. À l'échelle du quotidien, la transformation spectaculaire de la ville échappa peut-être à ses habitants. Aucun panneau géant n'annonçait la fin des temps tels qu'ils les avaient vécus ; en revanche, les sujets de mécontentement et les déconvenues ne cessaient de s'accumuler. Personne ne réparait les canaux et les réservoirs débordaient. Des secteurs naguère florissants étaient à présent déserts et silencieux. On ne voyait plus de parades bouffonnes les jours de fête. Les jeunes générations comprenaient sûrement que l'avenir leur était plus fermé qu'à leurs aînés avant eux. Au XIVe siècle, un jeune Angkorien doué pouvait escompter un emploi à temps plein de musicien ou de lettré à la cour. Ou une jeune fille, ouvrir un commerce de vente d'épices prospère sur les voies à grande circulation conduisant aux temples d'Angkor. À la fin du XVe siècle, peu de choix s'offraient aux jeunes de la cité. La plupart d'entre eux se tournaient vers l'agriculture. Quelques-uns devenaient prêtres ou moines, assurant l'entretien de ce qu'il restait des temples à la splendeur fanée.

Dans l'apocalypse tamisée d'Angkor, nous voyons aussitôt ce qui survient quand l'instabilité politique se double d'une catastrophe climatique. La ressemblance avec les tribulations que les villes endurent dans le monde contemporain a de quoi glacer le sang. Mais dans l'histoire spectaculaire de la coalescence et de la survie de la culture khmère, nous voyons à l'œuvre un élément tout aussi puissant : la résilience humaine face à l'adversité.

Cultiver la jungle

Pourtant, Angkor réussit à exister pendant des siècles avec une emprise au sol plus étendue que de nombreuses cités modernes, bien que cette région du Cambodge soit connue pour ses extrêmes climatiques, alternant les crues à la saison des pluies et le manque d'eau à la saison sèche. Alors que leurs rois guerroyaient en terre étrangère et menaient des luttes intestines chez eux à la cour, le peuple khmer rasa la jungle tropicale et la remplaça par une trame urbaine méthodique, associant des maisons sur pilotis à l'épreuve des inondations et un réseau de canaux assurant l'approvisionnement en eau potable et l'irrigation. Les Khmers construisirent des villes, des hôpitaux et des structures administratives à rendre jaloux les empereurs romains. Comment cette civilisation médiévale parvint-elle à prospérer dans un environnement que nous aurions du mal à maîtriser même aujourd'hui ?

Les Khmers n'étaient pas, d'une façon ou d'une autre, en avance sur leur temps, répondent les archéologues ; et pas davantage en cheville avec des populations anciennes venues d'autres mondes. (Car, *naturellement*, d'aucuns tiennent qu'Angkor fut construit par des extraterrestres[1]). Mais les habitants des villes étaient issus d'une tradition d'urbanisme tropical très différente, par son aspect, de ce que nous observons aujourd'hui en Europe et au Levant, régions plus septentrionales. Depuis presque quarante-cinq mille ans, les ancêtres des Khmers perfectionnaient des techniques qui leur permettaient de bâtir et de pratiquer l'agriculture dans la jungle, agençant le sol et l'eau pour édifier des empires dont souvent les vestiges se fondirent à nouveau dans le milieu naturel en laissant très peu de traces.

Tout partit, probablement, d'un feu de forêt. Il y a cinquante mille ans, les humains de l'Asie du Sud-Est essaimèrent dans le Pacifique Sud à bord de radeaux en jonc, sautant d'île en île avant d'aboutir en Australie. Pendant cette période, ils se fixèrent dans les terres qui appartiendraient un jour à l'empire khmer, et dans les îles que nous appelons aujourd'hui l'Indonésie, Singapour, les Philippines et la Nouvelle-Guinée. Dans tous ces endroits, des bandes itinérantes d'humains cherchèrent leur subsistance à la lisière de la jungle tropicale impénétrable, se nourrissant de plantes et de petits animaux. À un moment quelconque, ils durent se rendre compte que les feux de forêt avaient un effet paradoxal. D'abord dévastatrices, les flammes nettoyaient aussi les sous-bois en laissant derrière elles une couche de charbon. Certaines plantes alimentaires particulièrement appréciées des humains, comme le yam et le taro, croissaient en abondance après que la jungle avait brûlé – en partie parce qu'elles avaient plus d'espace, en partie aussi parce que les matières calcinés créaient un sol plus riche en nutriments. Voyant les bienfaits des incendies naturels, explique Patrick Roberts, archéologue à l'Institut Max-Planck, les humains comprirent qu'ils pouvaient eux-mêmes déclencher les incendies et en récolter les bénéfices.

Patrick Roberts est l'auteur de *Tropical Forests in Prehistory, History, and Modernity*[2], une étude passionnante sur la façon dont la jungle équatoriale donna naissance à des civilisations très différentes de celles observées dans la région du Levant, comme celle de Çatal Höyük. Dans des zones aussi reculées que l'Asie du Sud-Est et l'Amazonie, lui et son équipe ont découvert la preuve incontestable que les humains pratiquaient le brûlage dirigé. Parfois, ils malaxaient ensuite la terre, mélangeant manuellement les os et les déjections des animaux avec le charbon afin de bonifier le sol. Au cours de milliers d'années, ils apprirent à stimuler la croissance de certains arbres et plantes, disséminant des semences de bananier, de sagoutier, de taro et d'autres féculents qui constituaient la base de leur alimentation, modifiant au final les populations d'arbres des forêts situées dans leurs zones de ravitaillement. Pagayant d'île en île, ils apportèrent avec eux leurs semences et leurs techniques de brûlis, important au retour leurs plantes préférées et de petits animaux. De l'Asie du Sud, ils introduisirent aussi des poulets dans les îles du Pacifique Sud. Il ne s'agissait pas d'agriculture à proprement parler – plutôt de pratiques agricoles préludant à la période historique. Il est probable que ces groupes étaient encore nomades. Mais même après des millénaires, les scientifiques peuvent recourir à des techniques stratigraphiques pour déterminer comment ces populations anciennes modifièrent la jungle. Les couches inférieures (les plus anciennes) renferment un amalgame de pollens et de semences fossilisés provenant d'un mélange naturel de végétaux, mais les couches supérieures abondent en vestiges de plantes qui dénotent une préférence sensible des humains pour certaines cultures.

À l'époque où l'on moulait les briques des premières habitations de Çatal Höyük, à l'autre bout du monde, sur les hauts plateaux de Nouvelle-Guinée, on creusait des tranchées profondes pour assécher un site marécageux appelé Kuk. La population du marais de Kuk construisit des structures élaborées à l'intérieur desquelles habiter, et planta des bananiers, de la canne à sucre et du taro sur les terres cultivables nouvellement créées. Son implantation marquait le point d'aboutissement de générations d'humains devenus agriculteur. Un article qui fit date, publié en 2017 par Patrick Roberts et son équipe dans la revue savante *Nature Plants*, le résume ainsi : « Il existe aujourd'hui des preuves irréfutables d'un usage des forêts tropicales par les humains à Bornéo et en Mélanésie il y a environ quarante-cinq mille ans, en Asie du Sud-Est il y a environ trente-six mille ans, et en Amérique du Sud il y a environ treize mille ans[3]. » Au moment où nous arrivons à la période angkorienne, des populations d'Asie du Sud-Est auraient déjà possédé une solide expérience de bâtisseurs en milieu extrême.

Cela ne signifie pas pour autant, souligne Patrick Roberts, que les citadins des tropiques « coiffèrent au poteau » les communautés plus septentrionales dans la course à l'édification de cités. « À l'évidence, l'urbanisme est différent dans les différentes parties du monde, me disait-il. Nous devons nous montrer plus souples dans notre définition du phénomène. » Les villes ne sont pas construites dans les mêmes matériaux partout dans le monde, et pas davantage sur le même modèle. « Les tropiques, poursuivait-il, prouvent qu'il peut être très difficile de déterminer où nous situons la frontière entre agriculture et urbanisme. » Ce point a parfois compliqué la tâche des archéologues lorsqu'ils cherchent à identifier des vestiges urbains, moins reconnaissables que des murs en pierre ou des figurines. Pour découvrir les toutes premières cités d'Asie du Sud-Est, les scientifiques examinent ce qu'ils nomment la « géomorphologie anthropogénique ». (Pour clarifier toutes ces racines grecques, la *géomorphologie* est l'étude de la forme et de l'évolution des reliefs terrestres ; *anthropogénique* signifie provoqué par l'activité humaine.) L'appellation englobe toutes les interventions par lesquelles les humains ont modelé la terre pour leur usage personnel, depuis la plantation d'arbres et l'ajout d'amalgames de fertilisants dans le sol jusqu'à l'assèchement des marécages et la construction de collines artificielles servant de fondations à des huttes en bois.

Comprendre les origines anciennes de la géomorphologie anthropogénique est essentiel pour identifier les vestiges de cités comme Angkor, où seule une fraction infime de la trame urbaine est construite en pierre. Les villes qui surgirent au cours de la longue histoire de l'agriculture tropicale n'étaient pas des complexes de constructions en pierre densément peuplés entourés de fermes, comme Çatal Höyük ou Pompéi. Il s'agissait au contraire d'étalements urbains à faible densité de population, qui incorporaient de grandes étendues de terres agricoles. Les habitations privées et les structures publiques étaient construites en terre et en matières végétales périssables. Bien que spectaculaires, une fois désertés, ces attributs urbains laissaient vite la jungle reprendre ses droits. Lors de leur premier contact avec Angkor, la grande majorité des habitations de la ville demeura invisible aux archéologues européens, formatés à rechercher des modes occidentaux de développement urbain. Ils foncèrent droit sur les tours en pierre d'Angkor Vat et d'Angkor Thom, prenant à tort les complexes de temples pour de petites cités fortifiées, et non des enceintes murées au sein d'un immense étalement urbain. Les secteurs autrefois densément peuplés, les réservoirs et les fermes qui avaient laissé leur empreinte sur des kilomètres à la ronde leur échappèrent complètement.

Tout va mieux avec des lasers

Je compris sans peine la méprise des archéologues lorsque je visitai Sambor Prei Kuk, l'ancienne capitale jadis surpeuplée de l'empire du Chenla qui occupait cette région du Cambodge au VIIe siècle. Je distinguais seulement quelques tours de temple çà et là, et un rempart vieux de treize siècles qui ressemblait surtout à une butte recouverte par les broussailles. Debout sur un large rocher, scrutant les alentours, je ne parvenais pas à voir les vestiges d'une métropole dans ces édifices au bord de l'effondrement. Or Sambor Prei Kuk, avec ses temples hindous et son grand réservoir, représentait à beaucoup d'égards le prototype d'Angkor. À l'ombre des arbres dont le site tire son nom – Sambor Prei Kuk signifiant en khmer « le temple dans la forêt luxuriante » –, j'étudiai des cartes de la zone en compagnie de l'archéologue Damian Evans. « Autrefois, il y avait ici une immense cité en bois, me dit-il avec un geste de la main vers une petite route en terre jonchée de feuilles mortes. Elle a pourri sur place et seuls ont subsisté des douves, des remparts et des monticules. » Tous visibles sur sa carte, qui reproduit au grain près les élévations autour de nous.

Damian Evans et son équipe ont cartographié la région d'Angkor à partir d'une technique d'imagerie dénommée « lidar », acronyme de l'anglais *light detection and ranging*, (« détection et estimation de la distance par la lumière » en français). Les rayons laser balaient la surface de la planète à très haute fréquence, capturant les photons renvoyés vers l'émetteur. En analysant la configuration de la lumière au moyen de logiciels spéciaux, les cartographes sont en mesure de reconstituer les élévations du terrain au centimètre près. Le lidar est un instrument idéal pour étudier la géomorphologie anthropogénique, car les faisceaux de lumière se diffusent entre les feuilles, traversant le couvert forestier pour révéler la trame urbaine autrefois présente. Grâce au soutien de la National Geographic Society et du Conseil européen de la recherche, Damian Evans coordonna une équipe qui a effectué des relevés lidar extensifs à Angkor en 2012 et 2015. Bien qu'utilisant une technologie de pointe, leur méthode recourut aussi à l'improvisation. Les relevés furent d'abord effectués avec un Leica lidar ALS70 HP, d'un encombrement et d'un poids équivalant en gros à ceux de deux générateurs portables. Les opérateurs placèrent le lidar à l'intérieur d'un boîtier protecteur en plastique, puis arrimèrent le tout au patin droit d'un hélicoptère. Un appareil photo numérique fixé à côté photographia absolument tout, ce qui leur permit d'ajuster les données lidar à d'anciennes photos classiques. Le dispositif fonctionna à merveille – aux dépens du confort des passagers. « Il a fallu qu'on démonte presque tous les sièges de l'hélicoptère pour caser un bloc d'alimentation électrique et des disques durs », se souvenait Damian Evans. L'inconfort en valait la peine : leurs découvertes ont contribué à réécrire l'histoire des villes dans le monde entier.

Les cartes lidar de Damian Evans et de son équipe résolurent une énigme que posaient depuis longtemps Angkor et ses environs. Depuis des siècles, archéologues et historiens s'interrogeaient sur certaines inscriptions des temples angkoriens : elles laissaient entendre que la population de la ville approchait le million d'habitants. Ce qui en aurait fait l'égale, par sa dimension, des plus grandes villes du monde à l'époque, rivalisant avec la Rome antique à son apogée. La chose semblait impossible si l'on se fiait aux vestiges encore visibles à Angkor Vat et à Angkor Thom. Comment autant d'habitants se seraient-ils entassés dans ces enceintes fortifiées ? L'idée qu'une ville asiatique ait pu atteindre une pareille envergure hérissait les érudits occidentaux du XIXe siècle, et les chercheurs ultérieurs mettaient en doute la véracité d'inscriptions rédigées sur ordre du monarque. Lorsque Damian Evans et son équipe révélèrent, grâce au lidar, la réalité du terrain à Angkor même et alentour, il fallut se rendre à l'évidence : les inscriptions ne gonflaient pas les chiffres. Aujourd'hui, l'archéologue estime à huit cent mille ou neuf cent mille le nombre probable d'habitants, ce qui fait d'Angkor l'une des plus grandes villes du monde au plus fort de son expansion. Après avoir démontré l'extraordinaire efficacité du procédé, les chercheurs appliquèrent aussi la télédétection par laser radar à la prospection d'autres sites de l'empire khmer.

L'un d'entre eux était Sambor Prei Kuk, la cité qui avait précédé l'essor d'Angkor, où je me penchai sur une carte lidar aux côtés de Damian Evans. Je compris vite à quel point il est déconcertant de comparer ce que peut voir une machine équipée de lasers et ce que moi, je voyais à l'œil nu. Autour de moi il y avait des arbres touffus et des vallonnements à perte de vue. Mais sur la carte, je distinguais le plan d'une ville datant de la fin des années 700 : les mesures des élévations révélaient des milliers de monticules carrés et rectangulaires qui avaient servi en d'autres temps de fondations à des temples et à des maisons. Les rochers où nous avions fait halte pour une pause déjeuner occupaient le centre de la ville, ceinturés d'un quadrilatère presque parfait à l'endroit où se dressait jadis un mur d'enceinte à présent rongé par l'érosion, peut-être doublé d'une douve. Les dépressions du terrain que j'avais prises pour des fondrières naturelles étaient en réalité les vestiges de profonds réservoirs et canaux. En étudiant de plus près la carte, j'aperçus de minuscules excroissances autour des temples, un peu comme une chair de poule.

— Et ça, c'est quoi ? demandai-je à Damian Evans, imaginant déjà une particularité dénotant une agriculture spécialisée.

— Des termitières, me répondit-il avec un geste vers un petit tumulus voisin. Ces bestioles adorent les habitats en hauteur.

Tout ce que voit le lidar n'appartient pas à une civilisation disparue. Mais ces termitières attestent la puissance de la technologie – capable de saisir des traits infinitésimaux du terrain – et la maestria avec laquelle les chercheurs font la différence entre des structures anciennes et les éléments naturels de la forêt moderne. Essayant d'oublier les cités d'insectes qui foisonnaient autour de nous, je revins à ma contemplation des œuvres de l'humanité. Des chaussées surélevées partaient des entrées des temples et se prolongeaient jusqu'au Tonlé Sap, formant de longues langues de terre encore visibles dans le scintillement de l'eau. Ici, les souverains de l'empire du Chenla vénéraient la divinité hindoue Shiva, à la différence de ceux d'Angkor qui lui préféraient Vishnou. L'une des tours de sanctuaire les plus saisissantes du site dresse un octogone en grès orange-brun. Un palais volant, dont les immenses tours et galeries sont portées à dos d'oiseaux, est incisé dans l'un des murs. Les inscriptions qu'on y lit, ainsi que sur les vestiges de l'autre temple, attestent la grandeur de ces rois hindous, mais on relève peu de traces épigraphiques après une inscription sur le premier monarque d'Angkor, Jayavarman II, qui s'autoproclama roi-dieu en 802. À dater de là, Angkor prit son essor et Sambor Prei Kuk se vida lentement de sa population.

Sambor Prei Kuk n'en demeure pas moins un site majeur pour les Khmers encore aujourd'hui. Dans un temple, nous avons découvert des corbeilles fraîches d'encens, des fleurs en papier et un parasol doré abritant une statue du Bouddha. Mais l'effigie centenaire apportait aussi une note moderne : elle avait été érigée au sommet d'un linga ancien, symbole du pouvoir du dieu Shiva. Présents dans les temples de tout l'empire khmer, de taille et d'aspect variés, les lingas consistent le plus souvent en un bassin carré dans lequel se dresse, exactement au centre, une forme phallique abstraite – le linga. Un canal stylisé entoure le linga, relié à un petit bec en saillie au bord du piédestal. C'est ce qu'on appelle parfois le yoni. Les prêtres versaient des offrandes liquides sur le linga, qui emplissaient le bassin avant de s'épancher par le bec. Ce rituel évoquait la fertilité, reproduisant la façon dont l'eau, source de vie, coule des roches de la montagne. Une image à n'en pas douter puissante pour les habitants de la vallée, dont les terres sont irriguées par les eaux de ruissellement des monts Kulen.

J'étudiai la carte lidar de Damian Evans montrant le rempart carré autour du centre-ville de Sambor Prei Kuk et les éléments en terre du temple qui se projetaient dans l'eau scintillante. On aurait dit une gigantesque version du linga. Au cours de mes déambulations à travers les temples et le cœur des villes de l'empire angkorien, j'ai retrouvé cet assemblage de carrés et de canaux répété à des échelles diverses, des linga minuscules aux énormes douves carrées nichées autour d'Angkor Thom.

Mais Damian Evans s'intéressait moins à la perfection de la configuration cosmologique de la ville qu'aux secteurs dévolus aux roturiers au-delà des murs d'enceinte du temple. À l'extérieur, me précisa-t-il, « il n'existe pas de plan urbain rigoureux », même si la carte lidar fournit de nombreux indices prouvant que des milliers d'individus vivaient à cet endroit et y pratiquaient l'agriculture. Spiro Kostof, historien de l'architecture, postule que tous les plans des villes se conforment à deux modèles fondamentaux : organique et en damier[4]. Les plans organiques sont dictés par le contexte, associant des circulations sinueuses et des structures improvisées qui ne cessent de se modifier, comme à Çatal Höyük ou dans de nombreuses cités médiévales d'Europe. Viennent ensuite les villes observant un plan en damier, telles la plupart des cités romaines, dont le développement est souvent réglementé par un gouvernement centralisé. Les villes de tradition angkorienne adoptent les deux configurations, souvent sous la forme d'un quadrillage rigide entouré de formes organiques. Les secteurs organiques d'Angkor appartenaient souvent aux maîtres d'œuvre qui bâtirent la ville et approvisionnaient en vivres ses habitants. Leur histoire échappa aux radars de l'archéologie occidentale, jusqu'au jour où Damian Evans et son équipe eurent recours à un dispositif radar, au sens littéral cette fois, pour braquer sur eux les projecteurs.

La ville avant la ville

Les vestiges d'Angkor se dressent aujourd'hui à une petite distance de Siem Reap, ville cosmopolite et prospère qui enlace le Tonlé Sap. Comme la Pompéi moderne, Siem Reap accueille des flots de visiteurs, semblables à ceux qui s'y pressaient, il y a des siècles, pour en admirer les curiosités. Il émane une ambiance festive des quartiers de la ville fréquentés par les touristes. Les boutiques offrent aux visiteurs une « *happy pizza* » assaisonnée de cannabis séché, et les conducteurs de tuk-tuk stationnent le long des trottoirs, proposant leurs services pour une virée aux temples ou aux night-clubs. Des routards achètent du carburant pour leur scooter à des vendeurs qui l'écoulent au litre dans des bouteilles d'alcool recyclées. De jeunes urbains branchés et des étudiants traînent au Brown's Coffee, une chaîne qui ressemble à un Starbucks haut de gamme mais à la carte de boissons et de petite restauration nettement plus savoureuse. Les articles en vente auront changé depuis les riches heures d'Angkor il y a un millénaire, mais pas l'énergie de la cité qui fuse de partout. En ville et dans les temples situés à la périphérie, une cacophonie de langues appartenant à tout le continent eurasien vous assourdit. On croit sans peine que pendant plus de mille ans les visiteurs ont convergé en ce point précis pour voir de leurs yeux la splendeur de la civilisation angkorienne.

Ce ne fut pas toujours le cas.

Aux premiers temps de l'existence d'Angkor, rien ne garantissait l'ascendant que la ville exercerait un jour. Miriam Stark, archéologue à l'université de Hawaii, a fouillé le site pendant la majeure partie de son parcours professionnel, et elle s'est intéressée aux humbles débuts de la cité encore embryonnaire. Nous avons eu un court entretien par vidéo peu avant qu'elle ne reparte sur le site pour la campagne de fouilles de l'été 2019. S'accordant un moment de détente à sa table de cuisine à Honolulu, elle m'a raconté comme si la chose allait de soi comment elle avait échappé aux Khmers rouges lors de ses excavations au Cambodge au milieu des années 1990. Pétillante d'esprit et de l'humour à revendre, l'archéologue vous explique l'histoire d'Angkor avec une énergie communicative. À l'image des nombreux villages pré-angkoriens disséminés dans la région, les premières communautés qui s'égrenaient au nord du Tonlé Sap se regroupaient autour de buttes de terre surmontées de sanctuaires en bois. « Angkor ressemble à l'un d'eux mais sous stéroïdes », me dit-elle avec un rire. Elle a raison. Si vous retouchez terre après l'émerveillement provoqué par la splendeur de ses temples, vous remarquerez qu'ils consistent, pour l'essentiel, en structures démesurées et ouvragées reposant sur des plates-formes en terre. La ville qui se développa à perte de vue autour de ces temples fut elle aussi l'œuvre de bâtisseurs qui remanièrent le terrain pour construire les fondations, les routes et les bassins de leurs habitations. Déjà visible à Sambor Prei Kuk, cette tradition remonte infiniment plus loin, à leurs lointains ancêtres du pléistocène qui brûlaient et retournaient le sol.

Tel qu'elle le voit, l'essor d'Angkor fut plutôt un développement spirituel qu'un tour de force d'urbanisation. « La population était attirée par la religion, réfléchissait-elle tout haut. Et par le spectacle. Les rituels et la pratique finissent plus ou moins par vous enivrer. » D'après son hypothèse, les populations furent d'abord attirées dans la région par les temples et les chamans locaux. Lorsque Jayavarman II s'intronisa premier roi khmer, il le fit dans le cadre d'une cérémonie religieuse qui se déroula dans le massif du Kulen. Il poursuivit ses activités de bâtisseur d'État sur un emplacement très proche de la future Angkor, fondant la ville de Hariharalaya. (Les archéologues d'aujourd'hui la nomment Roluos.) Il y construisit des temples et des réservoirs et y organisa d'immenses fêtes et célébrations. Comme le souligne Miriam Stark, même si les villes se développent en promettant richesse et sécurité aux populations, on ne peut écarter l'attrait des divertissements qui ne manquaient sûrement pas d'accompagner les productions religieuses de Jayavarman II. Angkor s'imposa dans un premier temps en qualité de métropole fondée sur les cérémonies à grand spectacle et sur les scénographies politiques.

Il y a peu, Miriam Stark et Alison Carter, anthropologue de l'université de l'Oregon, ont exhumé des maisons d'habitation dans la province de Battambang, au sud du Tonlé Sap. Le site était pour l'essentiel une banlieue d'Angkor. Elles y ont découvert des implantations datant de milliers d'années ; autrement dit, leurs résidents furent témoins de la naissance d'Angkor sur l'autre rive du lac aux énormes fluctuations saisonnières. « Nous datons de 802 les débuts d'Angkor, me dit Alison Carter, rappelant la date à laquelle Jayavarman II revendiqua le territoire qui devint Angkor par la suite. Mais pour les gens d'en face, de Battambang, à quel moment la cité commença-t-elle d'exister ? Je me demande comment ils réagissaient à ce qui se passait de l'autre côté du lac. » C'est une bonne question, car nous savons que le site était occupé depuis longtemps quand Jayavarman II y fit son apparition. Les villages de la province avaient leurs propres chefs aux bienfaits dûment consignés dans des inscriptions ; ce n'étaient pas de simples fermiers attendant qu'un roi-dieu leur dicte leur conduite. On peut imaginer qu'ils accueillirent la croissance spectaculaire de la métropole avec un mélange de curiosité et de crainte.

Certains historiens relèvent dans la culture initiale d'Angkor des influences de l'Inde, berceau de l'hindouisme et du bouddhisme avant qu'ils ne se propagent en Asie du Sud-Est. Jayavarman II ne cachait pas son ambition de bâtir un empire hindou. Des inscriptions gravées après sa mort font état d'une cérémonie d'intronisation au cours de laquelle il se proclama roi des Khmers à l'égal d'un dieu, dans un rituel qui empruntait les concepts de monarchie divine aux traditions hindoues. Mais pour Miriam Stark et Alison Carter, le tableau est infiniment plus complexe qu'une brusque injection d'hindouisme indien. « Il ne s'agit pas d'indianisation, mais de mondialisation », précisa Alison Carter en relevant des apports venus de nombreuses régions d'Asie. Elle ajouta : « De plus, au moment où Angkor apparaît, le Cambodge compte déjà mille ans de développement culturel autochtone. » La population locale d'endroits comme Battambang joua un rôle tout aussi important dans l'expansion d'Angkor que les idées venues de l'étranger.

Il existe un moment de transition dans l'histoire khmère qui retient l'attention des archéologues. Durant les siècles qui précédèrent le regroupement de la région sous l'étendard de Jayavarman II, les Khmers cessèrent d'enterrer leurs morts. Les établissements humains d'Asie du Sud-Est datant en gros de 500 av. J.-C. à 500 apr. J.-C. regorgent de sépultures, accompagnées de tous les artefacts qui s'y associent et grâce auxquelles les archéologues prennent la mesure de la culture qu'ils étudient. Mais après la fin du Ier millénaire, elles disparaissent. Peut-être les corps étaient-ils désormais incinérés, ou transportés hors de la cité et livrés aux charognards dans la jungle. Les spécialistes attribuent ce changement de pratiques funéraires à l'essor de l'hindouisme et du bouddhisme, mais il pourrait aussi avoir émané d'autres traditions. Comme sa disparition, l'origine d'Angkor se révèle si complexe et graduelle qu'on peine à la déterminer avec précision.

Toujours est-il qu'au IXe siècle, les habitants de la région de Battambang, sur la rive opposée du lac, commencent à se sentir à l'étroit. Comme me l'expliqua Piphal Heng, chercheur en anthropologie de l'université de Hawaii, il existe deux grandes théories sur les raisons qui attirèrent les populations sur le territoire qu'avait revendiqué Jayavarman II. La première nous renvoie à la façon dont celles-ci modelaient le sol depuis des millénaires. Les communautés de cette zone, souligna-t-il, adoptaient toute la même configuration : des maisons familiales étroitement regroupées, entourées de vastes rizières. « Autrement dit, résuma-t-il, la ville dans son entier, et pas simplement son noyau central, avait la capacité d'accueillir à la fois les villages et les rizières. » La présence des rizières présentait un double avantage.

D'abord et à l'évidence, elles assuraient un surcroît de nourriture aux élites qui ne pratiquaient pas l'agriculture et à leur maisonnée. Elle signifiait aussi que l'emprise au sol de la cité ressemblait plutôt à l'étalement urbain de Los Angeles qu'à la densité de Manhattan. Et les dirigeants d'Angkor bénéficiaient ainsi d'un avantage stratégique sur les ennemis en embuscade à toutes ses frontières. « Ils pouvaient garder la haute main sur les terres plus éloignées, jusqu'au lac, au sud, et au nord ainsi qu'au nord-ouest », notait-il. Une ville dont l'architecture inclut des fermes occupe tout simplement une surface plus importante et en impose davantage, amalgamant les populations sur des distances plus considérables, qu'une ville aussi densément peuplée que Çatal Höyuk, ne pouvant l'envisager.

Il existe une seconde hypothèse sur les raisons de l'attrait exercé par Angkor, et infiniment plus difficile à mesurer que des hectares de terre cultivable. L'afflux de nouveaux venus permit aux élites de mobiliser assez d'ouvriers pour construire et entretenir l'infrastructure hydraulique de la ville. Les cités préangkoriennes comportaient en général de grands réservoirs appelés *barays*, où l'eau était stockée pour la saison sèche, de sorte que la ville ne faisait que continuer une tradition séculaire – mais à une échelle colossale. Pour assurer l'irrigation de ses rizières durant toute l'année, Angkor allait avoir besoin des plus énormes *barays* et réseaux de canaux que le monde ait connus. C'est à ce moment du IXe siècle que nous voyons s'enclencher un cercle vicieux ; la démographie galopante d'Angkor exigeait la constitution de réserves d'eau, mais le système de stockage d'eau ne pouvait subsister qu'au prix d'une innombrable main-d'œuvre. La cité était condamnée à poursuivre son expansion afin d'étancher sa soif.

Tant que la ville perdura, son infrastructure hydraulique fut plus qu'une solution pragmatique pour maintenir sa production de riz. Elle constituait aussi les ouvrages monumentaux où se déroulaient ses rituels. Les pèlerins qui convergeaient vers ses temples gagnaient ceux-ci en bateau, traversant des réservoirs et des douves creusés par la main de l'homme. Angkor Vat était consacré au dieu hindou Vishnou, que l'un des plus célèbres reliefs du sanctuaire dépeint au cœur d'une bataille spectaculaire où s'affrontent démons et divinités. Cette bataille, une lutte à la corde où celle-ci est figurée par un serpent gigantesque, baratte un océan de lait. Vishnou intervient et délivre l'univers de l'emprise des démons. Le peuple khmer en fit son récit des origines, raison pour laquelle tant des plus superbes œuvres d'art d'Angkor montrent Vishnou flottant sur un océan de lait, d'où il orchestre la naissance du monde. L'un des monuments les plus réputés d'Angkor Vat était une statue en bronze du dieu longue de six mètres, le figurant couché, la tête appuyée sur l'un de ses quatre bras. Il repose au centre d'un bassin carré, entouré d'une île artificielle elle aussi carrée, dans la partie médiane du réservoir rectangulaire du Baray occidental. C'est l'île que j'ai décrite dans l'introduction à ce livre, où Damian Evans reprochait aux configurations cosmogoniques de ne pas toujours se prêter au mieux à une technologie hydraulique fiable.

Comme tout programme pharaonique d'infrastructure urbaine, le modèle hydraulique d'Angkor, associant réservoirs et canaux, se signala par des défaillances répétées et spectaculaires. Il déroule un récit édifiant sur l'aptitude des villes à créer et détruire des écosystèmes. Cependant que la politique des ressources humaines à Angkor constituait elle aussi un écosystème, et des plus fragiles comme nous le verrons.

CHAPITRE VIII

L'EMPIRE DE L'EAU

Quand il visita Angkor, à la fin du XIIIe siècle, le diplomate chinois Zhou Daguan s'étonna grandement du climat dont jouissait la cité. « En ce pays il pleut la moitié de l'année ; l'autre moitié de l'année, il ne pleut pas du tout. De la quatrième à la neuvième lune, il pleut tous les jours l'après-midi. » Aujourd'hui, les météorologues diraient que le Cambodge est malmené par deux régimes de mousson différents. De mai à octobre, la mousson du sud-ouest apporte des pluies torrentielles venues du golfe de Thaïlande et de l'océan Indien. La rivière Tonlé Sap déborde et inonde les rizières d'Angkor ; seule la cime des arbres reste visible au-dessus des eaux rugissantes. Puis, de novembre à mars, la mousson du nord-est dévale en hurlant de l'Himalaya, détrempant des portions de l'Inde mais enfermant l'Asie du Sud-Est dans une zone de basse pression sans équivalent, appelée dépression ou creux de mousson. Même si de violentes tempêtes tropicales surviennent sur la frange de la dépression, au centre le temps devient extrêmement chaud et sec. Pris entre ces deux puissants effets, le Cambodge connaît des extrêmes climatiques en dent de scie. Dans le cas d'Angkor, la nécessité de subvenir aux besoins de presque un million d'habitants obligea les Khmers à construire un modèle de société fondé sur la régulation de l'eau.

Servitude pour dettes et patrons

Au début des années 900, environ un siècle après que Jayavarman II se fut autoproclamé roi divin, le roi Yasovarman déplaça sa capitale légèrement au nord-est et ordonna aux Angkoriens de creuser un énorme réservoir, appelé le Baray oriental. En règle générale, les empereurs construisaient un baray pour célébrer leur accession au trône[1], mais celui-ci se démarquait des précédents. D'abord et avant tout, par ses dimensions gigantesques. Long de 7,5 kilomètres sur 1,8 kilomètre de large, le Baray oriental dessinait un rectangle allongé qui renfermait quelque 50 millions de mètres cubes d'eau – soit l'équivalent de vingt mille piscines olympiques. Pour le remplir, les ouvriers aménagèrent un canal de dérivation qui introduisait la rivière Siem Reap au cœur d'Angkor.

Le Baray oriental dominait le centre de la ville de faible densité, mélange de temples dressés sur de petites élévations, de maisons en bois sur pilotis et de rizières réparties sur la rive du Tonlé Sap. La métropole était encore au berceau ; deux siècles allaient s'écouler avant que les ouvriers ne découpent les blocs en grès des tours spectaculaires d'Angkor Vat. Afin de libérer l'espace nécessaire à son projet colossal, Yasovarman dut ordonner aux habitants de secteurs entiers d'abandonner leur maison. Sans doute lui fallut-il aussi mobiliser l'équivalent d'une armée pour construire ce mastodonte. Et c'était un autre trait par lequel le Baray oriental se distinguait des réservoirs antérieurs. Il fut l'un des premiers projets d'infrastructure angkorienne à exiger des quantités phénoménales de main-d'œuvre humaine, prélevée dans tout l'empire en pleine expansion.

Lors de ma visite, le Baray oriental s'était à nouveau fondu dans la jungle, et les siècles avaient lissé ses murs de retenue en terre, formant un paysage de pentes douces densément boisées et parsemées de fermes. On imaginait mal qu'il accueillait jadis un centre cérémoniel fastueux, où Yasovarman conduisait en grande pompe son cortège de courtisans lors de somptueuses parades. Peut-être est-ce la grande question. Seule une main-d'œuvre innombrable aurait pu transformer ces espaces naturels en un bassin symétrique ; elle a disparu, le baray aussi. Le prodige d'Angkor, ce furent ses exécutants. Or il n'en est que très rarement question dans les annales de l'histoire ou dans les inscriptions gravées sur les murs de ses temples. Ils sont les masses anonymes qui se plièrent à la volonté de Yasovarman.

Chaque fois que j'interrogeais un archéologue sur le plan urbain d'Angkor, je demandais qui avait construit les barays. Des esclaves, forcément, me disais-je en songeant à Rome. Mais leurs réponses ne m'éclairaient guère, car l'organisation de la main-d'œuvre dans l'Empire romain et celle de l'empire khmer se prêtent mal à la comparaison. À en croire les inscriptions d'Angkor, les rois et les élites entretenaient des travailleurs, mais un terme courant du vieux khmer désignant cette catégorie, *khñum*, peut renvoyer à des rôles très divers[2]. Les khñum pouvaient être des serviteurs du temple, esclaves à vie, souvent issus de minorités ethniques (des « barbares », comme les nomme Zhou) ou faits prisonniers lors d'une guerre[3]. Ils pouvaient aussi être des travailleurs en servitude, parfois appelés esclaves pour dette[4], qui enduraient une période d'asservissement au titre de l'impôt. Parfois ces travailleurs apparaissent dans les inscriptions des temples en qualité de biens, à côté d'autres articles de prix, tels les étoffes, les métaux précieux et les animaux. Les khñum, à l'image des esclaves romains, couvraient un large éventail, allant des travailleurs manuels aux lettrés. Ils sont aussi identifiés par de nombreuses dénominations, *gho*, *gval*, *tai*, *lap* et *si*, qualificatifs passe-partout désignant tout et n'importe qui, de « travailleur » à « esclave » et à « roturier ». Pour simplifier, je parlerai de khñum.

La servitude pour dettes des khñum semblera un scénario cruel, jusqu'au moment où l'on constate que la plupart des cultures capitalistes de l'Occident appliquent un système identique. Aux États-Unis, il n'est pas inhabituel que les étudiants diplômés quittent l'université en étant endettés au point d'avoir à travailler toute leur vie pour rembourser. D'autres s'endettent pour acheter une maison ou une voiture. Même si, en théorie, nous pouvons tous choisir le genre de travail qui nous permettra de rembourser notre dû, il est rare de trouver quelqu'un qui accomplisse exactement le travail dont il rêve. Beaucoup d'entre nous ont l'impression qu'une firme lointaine leur ordonne de manier pelle et pioche sous peine de tout perdre. Nous n'en continuons pas moins de trimer au lieu de nous insurger contre les banques, et ce pour des raisons complexes. Peut-être parce que nous refusons de compromettre une existence relativement douillette, ou qu'il nous faut une mutuelle pour payer l'hospitalisation d'un enfant, ou encore que les multinationales nous semblent trop puissantes pour être tenues en échec.

La société angkorienne reposait sur le travail en servitude, mais la notion d'endettement imprégnait toutes les couches de la vie publique. Les inscriptions gravées sur les murs des temples et des palais révèlent que, dans la société khmère, tout le monde devait quelque chose à quelqu'un[5]. Même les monarques étaient redevables à leurs sujets de l'eau potable, des routes et des autres services. La dette cimentait aussi les relations politiques entre les souverains des royaumes périphériques par le biais du système de patronage khmer. Les élites éloignées dédommageaient Yasovarman en métaux précieux et étoffes de qualité, et par des tributs plus subtils comme des échanges commerciaux avantageux et la fourniture de main-d'œuvre humaine. En retour, Yasovarman leur octroyait d'énormes superficies de terre cultivable. Si les travaux agricoles laissaient froid un souverain épris de luxe, Yasovarman pouvait convier celui-ci à sa cour pour lui faire goûter les plaisirs de la ville. Il est attesté que certains rois accordaient des positions honorifiques à la cour angkorienne, comme porteur d'éventail, barbier ou chef de la garde-robe[6]. Des sinécures qu'on imagine rétribuer généreusement les services rendus et qui donnaient un prétexte à des alliés pour s'attarder à la cour et y perdre leur temps.

Mais Yasovarman ne se bornait pas à partager les dépouilles avec les aristocrates. Les autres monarques et lui-même désertaient souvent Angkor, bravant les périls de longs déplacements pour rendre visite aux cours respectives de leurs sujets. Ils le faisaient pour recueillir la vénération de leurs peuples, mais aussi pour leur signifier l'importance qu'ils leur attachaient. Si puissant qu'il fût, le roi n'était rien sans la force de travail qui fit d'Angkor une cosmopole rayonnant de mille feux.

La main-d'œuvre constituait la ressource la plus précieuse d'Angkor. La simplicité de l'économie khmère n'en expliquait pas le prix ; jusqu'au XIXe siècle, les sociétés esclavagistes dépendirent souvent en grande partie des ouvriers pour créer des richesses. Le sociologue Matthew Desmond, dans une étude sur le travail des esclaves dans le sud des États-Unis, a relevé que lorsque la guerre de Sécession se déclencha, « la valeur combinée de la population en esclavage dépassait celle des toutes les compagnies ferroviaires et manufactures de la nation[7] ». L'empire khmer était cimenté par un régime qui normalisait la servitude en la présentant comme un dû de son peuple à ses chefs et en l'intégrant dans des rituels publics. Pour citer Miriam Stark : « Les dirigeants flattaient plus qu'ils ne contraignaient, et recouraient tout autant au pouvoir des apparences qu'à la puissance militaire pour légitimer leur autorité[8]. » Toutefois, les nombreuses sources d'attraction d'Angkor n'existaient que parce que la population se sentait tenue de les construire. Un roi qui ne lui donnait rien n'obtenait rien d'elle en échange.

Miriam Stark soulignait l'instabilité d'un tel dispositif, notamment parce qu'il reposait sur la loyauté à tous les échelons de la société. Au sommet l'on trouvait le roi et sa famille. Directement au-dessous venaient les autres familles de la noblesse qui vivaient à Angkor, ainsi que les ministres, les hauts fonctionnaires et une classe sacerdotale héréditaire qui dispensaient leurs conseils au monarque. Auxquels s'ajoutaient, dans les provinces et dans les zones rurales, des modes de gouvernement locaux semi-autonomes. Parallèlement aux inspecteurs commis par le roi et aux notables locaux, les chefs de village et un conseil d'anciens détenaient habituellement un pouvoir de décision. Enfin, tout au bas de l'échelle, venait le groupe le plus considérable en nombre, les khñum, constitué d'esclaves, de roturiers et de serviteurs. Pour étendre l'empire, le roi avait besoin de tous ces groupes. Et, le processus de succession n'étant soumis à aucune règle, même les individus situés au sommet de l'échelle pouvaient tomber – et les occupants des échelons inférieurs s'élever. D'où les guerres de succession, les insurrections locales et les cycles récurrents d'anarchie. Réfléchissant à la disparition finale de la cité, Miriam Stark s'interrogeait : « Et si les structures qui avaient cédé étaient tout autant d'ordre social qu'écologique ou matériel[9] ? »

L'explosion de la population urbaine

Plus d'un siècle après la construction du Baray oriental, un nouveau souverain d'Angkor sortit vainqueur d'une longue lutte pour la succession. Au début du XIe siècle, Suryavarman devint le premier roi d'Angkor à pratiquer une politique expansionniste, étendant l'empire khmer au nord jusqu'au Laos et à la Thaïlande, et au sud jusqu'au delta du Mékong, au Vietnam. Il y parvint en partie grâce à ses relations solides avec le royaume Chola dans ce qui forme aujourd'hui le sud de l'Inde. Durant tout son règne, le Chola fut une source d'alliés de guerre et d'échanges commerciaux. Mais Suryavarman dut aussi sa réussite de monarque à son destin d'infatigable bâtisseur de villes. Durant son règne, des cités nouvelles surgirent au bord de la rivière Tonlé Sap, ainsi que du Mékong, de la Sen et de la Mun, les cours d'eau naturels qui rayonnaient à partir de la région d'Angkor. Le roi s'occupait de mettre en place un réseau de cités relié par l'eau, qui pouvait être utilisé pour le déplacement des dignitaires et pour les échanges commerciaux. D'après Kenneth Hall, historien à l'université d'État de Ball, le nombre de villes de l'empire khmer comportant le suffixe *-pura* (« ville » en sanscrit) passa à quarante-sept sous le règne de Suryavarman. Cinquante ans plus tôt, on en comptait douze seulement[10]. Les khñum de Suryavarman construisirent des routes et des temples dans des régions reculées, laissant parfois derrière eux un linga attestant sa souveraineté.

À Angkor, la passion d'urbaniste de Suryavarman s'exprima dans son monument peut-être le plus réputé : le Baray occidental, considéré encore de nos jours comme l'un des plus grands réservoirs à avoir été aménagés sans équipements industriels. Situé à quelques kilomètres du Baray oriental, il allait faire du palais royal un joyau serti entre deux superbes mers artificielles au dessin longiligne. On voit sans peine sur les cartes lidar de la ville établies par Damian Evans que les longs rectangles des Barays occidental et oriental respectent avec précision un axe est-ouest, même si le Baray occidental est de plus grande dimension. Expression encore plus admirable de la force de travail mise en œuvre que le Baray oriental, le Baray occidental mesure environ 8 kilomètres de long sur 2,1 kilomètres de large. Un promeneur marchant d'un pas tranquille pouvait en parcourir la longueur en une après-midi, et faire le tour des deux réservoirs, l'occupait toute une journée. Afin d'alimenter le réservoir en permanence, les ouvriers creusèrent un autre canal pour détourner l'eau de la rivière Siem Reap, qui approvisionnait déjà le Baray oriental ; ils construisirent aussi des voies d'eau artificielles qui le raccordaient au Tonlé Sap. À l'eau de la rivière s'ajoutaient les pluies des saisons de mousson. Au plus fort de l'inondation, le Baray occidental renfermait probablement quelque 57 millions de mètres cubes d'eau[11], soit à peu près l'équivalent de vingt-trois mille piscines olympiques. Sa construction prit si longtemps qu'il ne fut achevé qu'après la mort de Suryavarman, survenue au milieu du XIe siècle. Le réservoir est de nouveau partiellement en eau aujourd'hui, grâce à des travaux de réfection entrepris au XXe siècle.

Même après l'achèvement du Baray occidental, son entretien et celui de l'infrastructure hydraulique de la cité exigèrent très certainement des travaux constants. Pour ce faire, Suryavarman aurait tablé sur la protection qu'il octroyait à de nombreux royaumes éloignés, important des milliers de travailleurs prélevés dans tout le pays. Certains auraient été dépêchés par leurs dirigeants locaux en tant que rétribution forcée au souverain, d'autres se déplacèrent de leur propre gré pour s'acquitter de l'impôt. La construction du Baray occidental contribua de ce fait à consolider la stabilité précaire de la hiérarchie politique.

L'aménagement urbain fut aussi la stratégie qu'adopta Suryavarman pour réécrire l'histoire. Les travaux de terrassement obligèrent les khñum à raser toutes les zones d'habitation, routes et fermes construites autour de l'enceinte du vieux palais de Yasovarman, au prix, imagine-t-on, de l'expulsion des résidents. Et lorsqu'ils atteignirent le soubassement du futur réservoir, les travailleurs du roi-bâtisseur commencèrent à détruire ce qu'Ian Hodder, l'archéologue de Çatal Höyük, nomme « l'histoire dans l'histoire ». Exactement sous le fond du Baray occidental reposent les vestiges d'un village vieux de trois mille ans[12]. Nous le savons parce que le Baray occidental s'assécha en mai 2004, et que Christophe Pottier, l'actuel directeur des études de l'École française d'Extrême-Orient (EFEO), en profita pour procéder à des fouilles. Juste sous la surface, lui et son équipe découvrirent des sépultures humaines, des tessons de poterie, et même des fragments d'étoffe et de bronze, révélant que le site était habité au début du

Ier millénaire avant notre ère. Ces traces échappèrent sûrement aux tâcherons qui travaillaient pour Suryavarman au XIe siècle, mais ils mirent très vraisemblablement au jour d'autres éléments attestant que le réservoir royal recouvrait des proto-cités extrêmement anciennes. Pour construire le Baray occidental, on exhuma ainsi des installations humaines historiques datant de milliers d'années, et les ensevelit de nouveau sous des millions de mètres cubes d'eau.

Issu d'une autre dynastie, Suryavarman avait usurpé le pouvoir, et il était aussi le premier roi bouddhiste de l'empire khmer. Le désir de marquer l'avènement d'une nouvelle ère l'incita peut-être à effacer l'histoire sous les mers artificielles de sa création.

Une question suscite des débats passionnés chez les archéologues : le Baray occidental avait-il une vocation utilitaire ou esthétique ? L'importance de ces réserves pour l'approvisionnement en eau potable et pour l'agriculture tombe sous le sens, mais rien n'indique dans quelle mesure elle bénéficiait aux habitations et aux fermes. La ville était déjà surchargée de canaux, et chaque îlot urbain disposait de points de captage – ces innombrables et minuscules piqûres d'aiguille qui apparaissent sur les cartes lidar. Il n'est donc pas impossible que le Baray occidental ait été en grande partie destiné à l'apparat. Cette interprétation concorderait avec des indices prouvant qu'il tenait plutôt d'un projet inutile et coûteux. Afin de respecter l'orientation est-ouest définie par le Baray oriental, il fut construit sur une pente qui maintenait son extrémité ouest immergée cependant que l'extrémité est restait à sec. Il semblait rarement plein. L'impression persiste aujourd'hui, donnant au réservoir l'apparence d'un rectangle à demi submergé, dont les eaux n'atteignent presque jamais la voie cérémonielle conduisant au palais royal[13].

Pour nous faire une idée des réservoirs d'Angkor lorsque la ville vivait son apogée, Damian Evans et moi avons emprunté un petit bateau depuis un quai surélevé proche du temple d'Angkor Thom, pour traverser un réservoir de taille moyenne. À une époque, le Baray oriental, à présent à sec, se serait situé exactement au sud de la nappe d'eau sur laquelle nous flottions. Une pluie fine agitait doucement les nénuphars. Sur ce réservoir deux fois plus petit que le gigantesque Baray oriental de Yasovarman, j'avais l'impression de faire du bateau sur un lac naturel. Inspectant les alentours, Evans attira mon attention sur la maçonnerie délicate des murs de retenue. Nous en revînmes à notre discussion sur les défauts de conception du Baray occidental.

Je me demandai tout haut si les ingénieurs s'étaient tapé la tête contre les murs mille ans auparavant, quand leur roi leur avait notifié ses instructions : le Baray occidental devait être orienté est-ouest. Il éclata de rire :

— Inutile de compter sur les inscriptions pour nous le dire !

Sa boutade met en évidence une difficulté sur laquelle achoppe l'étude de la vie urbaine à Angkor. Les mille deux cents à mille quatre cents inscriptions des temples que cette civilisation nous a laissées ne restituent qu'une part infime de l'histoire de la ville. Nous savons que les traditions spirituelles de l'hindouisme et du bouddhisme ont influencé l'agencement de l'orientation est-ouest de la cité, dont le plan au sol se conforme au déplacement des corps célestes et à leur trajectoire dans le ciel. Mais les ingénieurs ou les ouvriers du chantier ne nous ont laissé aucune trace écrite de leurs états d'âme sur la construction d'un réservoir manifestement en pente. Plus tragique, nous ignorons ceux des khñum quand ils durent démolir les maisons de leurs voisins pour faire place à un plan d'eau peut-être purement décoratif. Pour autant, si l'on se fonde sur le travail qu'ils accomplirent, on ne peut douter que beaucoup d'entre eux adhéraient au système d'endettement-gratification angkorien. Quelles compensations justifiaient-elles de trimer gratis ?

Pour l'archéologue de l'UCLA Monica Smith, qui a fouillé plusieurs villes anciennes, le miroir aux alouettes est social. Comme Miriam Stark, elle pose que les villes se créèrent à partir de centres de pèlerinage où les villageois se rendaient une ou deux fois au cours de leur vie, afin d'y rencontrer des inconnus et de faire par eux-mêmes l'expérience de la nouveauté. Mais à mesure que les villes se développèrent, ils s'y fixèrent parce qu'ils voulaient vivre cette effervescence tout au long de l'année. Il ne s'agissait plus de spiritualité à grand spectacle, mais de rapports au quotidien avec des milliers d'autres personnes. « Seules les villes offraient la possibilité d'interactions intenses et constantes, et une gamme beaucoup plus étendue d'objectifs – sociaux, économiques et politiques –, que le proposerait jamais un espace rituel », explique Monica Smith[14]. Les villages formaient des enclaves d'éléments connus et similaires. Mais, écrit-elle, « dans les établissements urbains, l'inconnu devint la mesure des relations humaines. » Les villageois qui partaient travailler à Angkor incarnaient l'attrait de la ville aux yeux des immigrants en puissance. Une idée que reprend Saskia Sassen, sociologue spécialisée dans l'étude des villes modernes, lorsqu'elle souligne que la ville est le lieu de délicieuses rencontres fortuites et de confrontations aléatoires qui changent la vie[15].

Il convient de se demander si l'obsession de Suryavarman pour la construction de l'infrastructure urbaine n'a pas servi un objectif dont la compréhension, par la force des choses, lui aurait échappé. Plus il incitait les khñum à étendre celle d'Angkor, plus la ville devenait un port d'attache pour les classes laborieuses. Le physicien Geoffrey West, théoricien des réseaux au Santa Fe Institute, étudie cette idée dans son livre *Scale*[16], tiré de sa recherche sur les villes d'aujourd'hui en rapide expansion. Il lui est apparu que les populations urbaines croissent plus rapidement que leur infrastructure. Le fait de doubler, disons, le réseau d'adduction d'eau d'une ville se traduirait par une augmentation de plus du double de sa population. En raison des avantages présentés par le partage à forte densité des ressources, les citadins ont besoin d'environ 15 pour cent d'infrastructure en moins qu'on ne s'y attendrait au vu de leur nombre. En clair : les citadins se multiplient plus vite que leur propre espace urbain.

À Angkor, l'importance qu'attachait Suryavarman aux infrastructures aurait conduit à une explosion de la population urbaine. Les barays ne représentaient que la partie la plus visible du réseau de canaux qui détournait les sources du Kulen et permettait aux Angkoriens, rapportait Zhou, de bénéficier de trois ou quatre récoltes par an. L'infrastructure hydraulique était en excellent état, et les fermes en pleine expansion, tout comme les villes de l'empire khmer reliées par les rivières. Si la théorie de Geoffrey West sur le développement urbain est exacte, alors la population d'Angkor croissait encore plus vite que l'emprise au sol de la cité.

La richesse sans la monnaie

Que faisaient tous ces citadins lorsqu'ils n'exploitaient pas la terre ou ne creusaient pas des canaux ? La seule description contemporaine de la vie à Angkor dans les temps anciens nous vient de la relation qu'en fit Zhou Daguan à la fin du XIIIe siècle, en partie comme une introduction à la culture khmère à l'usage de voyageurs chinois. S'il ne nous éclaire guère sur la philosophie des résidents ordinaires, l'auteur est nettement plus prolifique sur l'incommodité des lieux d'aisance angkoriens (pas de papier hygiénique !) et sur la sensualité torride des milliers de concubines du souverain (il se vante de les avoir détaillées avec attention depuis une galerie donnant sur leurs appartements).

Les Khmers eux-mêmes laissèrent plus d'un millier d'inscriptions sur les parois des temples, nous donnant un aperçu de l'idée que certains d'entre eux se faisaient de leur monde. Malheureusement, elles consistent pour l'essentiel en louanges de fonctionnaires à la gloire de leurs incomparables dirigeants ou en bordereaux des dons consentis aux sanctuaires. Mais, depuis peu, l'archéologie des données nous a ouvert une piste pour déchiffrer la vie quotidienne de la population à partir de ces archives apparemment usées jusqu'au fil de la pierre.

Notre approche de la culture khmère au travers d'inscriptions en langue vernaculaire date d'une période relativement récente. Pendant plus d'un siècle, les Occidentaux qui exploraient Angkor réservèrent leur attention aux inscriptions en sanskrit, plus faciles à traduire, en l'occurrence des évocations poétiques des divinités et des éloges des monarques. Le sanskrit étant un idiome antique de l'Inde, les chercheurs en déduisirent, à tort, que la culture khmère était « hindouisée », pour l'essentiel une copie conforme de la société de l'Asie du Sud. Ce fut seulement lorsque la linguiste cambodgienne Saveros Pou traduisit les inscriptions rédigées en vieux khmer que l'on eut pleinement accès à l'histoire d'Angkor.

Le vieux khmer n'était parlé que dans cette région, et les seuls exemples que nous en ayons proviennent des épigraphes d'Angkor. Fascinée par cette écriture, Saveros Pou vint en France au milieu du siècle dernier afin de l'étudier sous la conduite du linguiste George Cœdès. Après avoir vécu plusieurs décennies en Asie du Sud-Est, George Cœdès avait traduit la plupart des inscriptions en sanscrit et publié un ouvrage qui fit date, popularisant l'idée qu'Angkor avait été « *hindouisée* ». Plus ancrée dans la culture khmère moderne, Saveros Pou se lança sur une autre piste. Dans les années 1960 et 1970, elle centra ses recherches sur l'existence d'une tradition linguistique spécifiquement khmère. Elle se plongea dans la version khmère du *Ramayana* et établit sur le tard le seul dictionnaire de vieux khmer dont nous disposions. Pour ce faire, il lui fallut inventer un système de translittération de la langue ancienne, car le vieux khmer possède son propre alphabet. Après quoi, elle s'attela à la traduction ardue, en français et en anglais, des vocables relevés dans des inscriptions datant de l'ère angkorienne à l'intention des chercheurs modernes. Sans ses travaux, et sans sa remise en perspective de « l'hindouisation », nous serions toujours en peine de comprendre comment les Angkoriens administraient leur force de travail.

Les inscriptions en vieux khmer fourmillent de détails concrets sur le quotidien d'Angkor, que les poèmes en sanscrit n'abordent jamais. Rédigées en prose, elles nous renseignent sur la vie économique, sans nous épargner çà et là des précisions fastidieuses sur qui doit quoi à qui. Elles révèlent aussi que le personnel des temples consignait les sujets élevés, la religion par exemple, en sanscrit, et les affaires ordinaires en vieux khmer. On effectuait une démarcation linguistique entre les transactions commerciales et les activités élitistes des rois et des gourous. Peut-être payait-on un denier du culte au temple, mais on n'évoquait pas les questions spirituelles et le quotidien comptable dans la même langue.

En 1900, l'explorateur français Étienne Aymonier balaya d'un revers de main les inscriptions relatives aux khñum, « ces listes interminables de noms d'esclaves » comme il les qualifiait. Une réaction que reflète une grande part de la littérature savante du XXe siècle sur Angkor, centrée presque exclusivement sur la vie des élites. Mais, récemment, l'archéologue de l'université de Sydney Eileen Lustig a procédé à l'examen approfondi de ces « listes interminables » en leur appliquant les techniques de l'archéologie des données. Elle a ainsi créé des bases de données recoupées pour tous les mots figurant dans toutes les inscriptions, afin de mettre en évidence des configurations particulièrement intrigantes[17]. L'une des premières à lui sauter aux yeux fut que soixante pour cent des noms du personnel des temples étaient féminins. Compte tenu de la coloration sexiste que nous observons déjà dans la division du travail à Çatal Höyük, elle estime que les tâches agricoles et les autres activités subalternes du temple étaient assumées par des femmes. Certains éléments indiquent que les femmes khmères assuraient aussi les travaux des champs hors du temple. Lorsque nous imaginons la vie à l'extérieur de l'enceinte d'Angkor

Thom, par exemple, nous devons donc poser l'hypothèse que les femmes prédominaient.

Il apparaît qu'à Angkor le travail n'était pas réparti à la semaine, mais sur à peu près le double. Une inscription datant du règne de Suryavarman donne la liste d'un groupe du personnel du temple, organisé par tranches de cette durée :

> Esclaves au tableau de service : tai Kanso, une autre tai Kanso, tai Kaṃvṛk, tai Thkon, tai Kañcan, si Vṛddhipura – celles-ci pour la période de la lune montante. [Pour] la période de la lune descendante : tai Kandhan, tai Kaṃbh, si Kaṃvit, tai Samākula, si Saṃ'ap, si Kaṃvai[18].

Chacun et chacune, comme Kanso ou Saṃap, a un qualificatif, *tai* (esclave/servante) ou *si* (roturier), et un travail posté, de la durée de la lune montante, ou de celle de la lune descendante. Les temples prévoyaient aussi les fêtes et les rituels en fonction des phases lunaires. Dans un temple, au XIe siècle, nous trouvons les instructions suivantes à propos de la nature des offrandes que le personnel du temple doit présenter aux dieux :

> Au changement de phase de la lune : deux pāda de beurre fondu, deux pāda de lait caillé, deux pāda de miel, deux 'var de jus de fruit ; à saṅkrānta, un thlvaṅ de riz décortiqué ; au changement des phases de la lune, seulement un je de riz décortiqué...[19]

Les quantités sont indiquées ici en pāda et en thvaṅ, des unités dont la valeur varia probablement au cours du temps. Il ne semble pas avoir existé de système de poids et mesures uniforme dans tout l'empire khmer. De plus, les spécialistes sont en désaccord sur la date du jour sacré de saṅkrānta ; sa récurrence pourrait avoir été par phases de la lune ou annuelle, suivant la région.

La paie, sous une forme ou une autre, s'effectuait elle aussi toutes les deux semaines. Certaines inscriptions font apparaître que les temples distribuaient du riz et d'autres denrées alimentaires à leurs khñum à ce rythme. Même les cycles politiques observaient cette périodicité, certaines inscriptions laissant entendre que les chefs d'État entendaient faire coïncider les transactions économiques importantes avec les cycles lunaires, notamment l'acquittement de l'impôt et l'octroi de terres. Il nous faut imaginer Angkor respectant un calendrier dans lequel la période de travail était intimement liée aux jours de fête et à l'exercice du pouvoir. Les personnels des temples comprenaient souvent des astronomes qui déterminaient les périodes de travail en fonction des phases de la lune et les jours de fête. Ils décidaient aussi des jours les plus favorables de la quinzaine, et ils influençaient très certainement le calendrier des acquisitions ou donations importantes pour leurs temples locaux.

La paie à ce rythme soulève une question : comment les travailleurs subsistaient-ils ? Si les khñum recevaient du riz toutes les deux semaines, de quoi se nourrissaient-ils le reste du temps ? Nous savons que le personnel de haut rang du temple était autorisé à consommer une partie des offrandes, à première vue savoureuses, offertes toutes les deux semaines aux divinités, et que les élites locales recevaient aussi les restes des jours de fête, où les fidèles remplissaient à ras bord les coffres du temple. Peut-être que les khñum pouvaient aussi y prélever un surplus de riz. Mais il est plus vraisemblable qu'ils rentraient tout bonnement chez eux pour vivre en famille leurs semaines de congé. À Angkor, cette solution aurait été d'autant plus simple que les enceintes murées autour des temples définissaient des zones résidentielles.

Nous le savons par des preuves inscrites dans le sol. Les relevés lidar de Damian Evans ont révélé l'existence de monticules de terre disposés en damier bien précis autour des temples, signalant les fondations de maisons. Curieuse d'en savoir plus, Alison Carter a fouillé l'un de ces monticules dans l'enceinte d'Angkor Vat en 2015. Elle y a découvert ce qui semble être les vestiges d'un four en brique, assorti de récipients de cuisson en céramique[20]. L'analyse chimique a révélé des restes d'écorce de pamplemousse, des semences d'une plante parente du gingembre et aussi des grains de riz. C'est ce que les archéologues nomment « la vérité du terrain », et elle confirme que les temples se dressaient au centre de secteurs densément peuplés, dont les habitants pratiquaient des activités commerciales, agricoles et textiles et d'autres travaux d'intérêt public. Ces résidents payaient leurs impôts en travail forcé, au moins une partie du temps. Mais ils appartenaient aussi à des communautés séculières. Dans ces secteurs, les femmes travaillaient dans les fermes au voisinage immédiat des moines, qui composaient des poèmes en sanscrit à la gloire de leur monarque.

Ces zones d'habitation ne formaient peut-être pas le pendant exact de leurs homologues hors de l'enceinte du temple, mais elles nous donnent un aperçu de ce qu'était la vie de personnes comme Kanso et Kaṃvit qui prenaient leur service une quinzaine sur deux. Qu'on ne s'y trompe pas, soulignait Miriam Stark : ces lieux faisaient la grandeur de l'empire, mais aussi sa vulnérabilité. Il est nettement plus difficile de mettre une population en coupe réglée que de maintenir le taux de remplissage d'un baray.

Un autre signal fort se dégageait des données épigraphiques d'Eileen Lustig, encore qu'il soit peut-être plus exact de parler d'absence de signal. Aucune inscription en vieux khmer touchant à l'économie ne mentionne une quelconque monnaie. En même temps, des inscriptions montrent que les temples opéraient de grosses transactions : quelque soixante-quinze pour cent de celles-ci concernent de larges parcelles de terre, dix-huit pour cent les khñum et sept pour cent le paiement de services liés au bornage, sorte de version angkorienne d'estimation de la valeur des terres. Les quelques entrées restantes devaient avoir trait aux approvisionnements[21]. Cela ne veut pas dire que les Angkoriens ne connaissaient pas encore la monnaie. Ils commerçaient avec d'autres royaumes qui pratiquaient ce mode de paiement, et ils disposaient de métaux en suffisance s'ils avaient voulu frapper la leur. Certains indices tendraient à prouver que les cultures khmères plus anciennes auraient recouru au numéraire. Eileen Lustig cite deux inscriptions pré-angkoriennes[22], dans lesquelles les scribes utilisent des unités en argent spécifiques pour définir la valeur d'une rizière et d'une esclave. Les Khmers possédaient aussi des connaissances avancées en calcul (notamment le concept révolutionnaire du zéro) et des méthodes complexes pour mesurer les dettes, les taux d'intérêt et le change.

Mais après que Jayavarman II eut fondé Angkor, nous ne voyons jamais de biens ou de personnes à valeur marchande estimée en argent ou autre unité d'échange. Quel était donc l'équivalent angkorien des « espèces » ? Peut-être, avancent certains historiens, existait-il une liste largement acceptée d'articles de valeur pouvant faire office de monnaie[23]. Dans des échanges datant du début du XIIe siècle, nous trouvons une parcelle de terrain vendue pour « 2 anneaux en or, 1 bol en argent, diverses unités d'argent… 1 récipient, 2 cruches, 5 assiettes, 3 ustensiles, 1 bougeoir, 20 coudées d'étoffe de qualité, 2 bœufs rapides, 2 lés d'étoffe neuve longs de 10 coudées et 3 chèvres ». Une khñum et ses quatre enfants se voyaient échangés contre « 60 vêtements ». En règle générale, la valeur se mesurait à l'aune d'une liste d'articles de cette nature, associant animaux, individus, métaux et biens ménagers de qualité. Peut-être se passait-on d'espèces parce que toutes les transactions pouvaient se négocier au cas par cas, à partir d'articles de luxe classiques. Ces exemples montrent que la fortune des élites se mesurait en terres et en outils (humains compris) pour les travailler.

Il en allait autrement des transactions financières ordinaires dans la classe des khñum. Lors de sa visite à Angkor, à la fin du XIIIe siècle, Zhou décrivait les femmes alignées au bord des rues de la cité, proposant de la nourriture et autres produits sur des nattes posées à même le sol. Les clients payaient avec des pièces de monnaie venues de Chine et d'ailleurs, ainsi qu'en riz, céréales et étoffes en guise d'espèces. Il semble que des articles peu coûteux auraient pu en tenir lieu, en particulier sur ces marchés parallèles. Rien n'empêche de penser non plus que les Angkoriens fortunés faisaient bel et bien usage de monnaie, et que les scribes des inscriptions jugeaient sa valeur fiduciaire trop évidente pour en faire état. Une autre possibilité, suggérée par l'observation de Zhou selon laquelle les femmes avaient la haute main sur les marchés à Angkor, est que les transactions monnayées incombaient aux femmes et ne méritaient donc pas d'être rapportées.

Prises ensemble, les inscriptions des temples et les observations de Zhou révèlent un trait profond de l'État angkorien. Les échanges économiques ne semblent pas avoir été soumis à une quelconque forme de surveillance. Les royaumes locaux fixaient leur propre fourchette de prix pour les terres et les khñum proposés aux temples, tandis que le petit peuple se tirait d'affaire en combinant le troc et les monnaies étrangères. Un dispositif peu maniable à première vue pour qui a grandi dans des sociétés entièrement monétarisées, mais qui se conçoit dans une civilisation pour qui la terre et la force de travail constituaient les biens les plus précieux qu'on pût posséder. Certes les dirigeants d'Angkor aimaient leurs réserves d'or et d'argent – et faisaient probablement commerce de métaux précieux avec des étrangers qui convoitaient ce pactole – mais ils n'amassaient pas de la monnaie. Ils préféraient thésauriser des contribuables susceptibles de transformer le terrain. La plupart des rois d'Angkor s'enrichirent en exploitant une source inépuisable de main-d'œuvre gratuite, les *tai Kaṃvṛk* et autres *tai Thkon*.

La fragilité de la pierre

Un siècle après que les corvées de Suryavarman se furent attelées au creusement du Baray occidental, Suryavarman II accéda au trône. Comme son homonyme, il n'en hérita pas mais s'en empara au prix d'une sanglante bataille de succession. Prince d'un royaume éloigné dans ce qui est aujourd'hui la Thaïlande, il adopta la culture angkorienne, et la ville lui doit un de ses monuments les plus réputés : Angkor Vat, colossal temple-montagne à galeries édifié au sud des deux grands barays. Suryavarman II n'avait pas de visée expansionniste, et il ne fut pas non plus un chef de guerre au souvenir impérissable. S'il est resté dans les mémoires, c'est pour sa remarquable préservation des canaux et des routes qui reliaient Angkor aux régions excentrées de l'empire. À quoi s'ajoute le fait que Suryavarman II veilla aussi à inclure de multiples effigies très flatteuses de sa personne dans nombre des reliefs les plus spectaculaires d'Angkor Vat. Il est le premier roi angkorien à s'être représenté en sujet d'œuvre d'art, et il est difficile d'oublier l'image du souverain assis en lotus dans son palais sur d'épais tapis, tandis qu'une cohorte de serviteurs élève au-dessus de sa tête une forêt de parasols à étages.

L'auto-starisation de Suryavarman II ne manquait pas de piquant, mais je voulais en savoir plus sur les porteurs de parasol. C'est pourquoi je passai une matinée tranquille en compagnie de Damian Evans, à visiter l'endroit où Angkor Vat avait été conçu. Situé à une cinquantaine de kilomètres au nord-est d'Angkor, le complexe de Beng Mealea, clôturé d'une galerie extérieure, appartient au riche programme de bâtisseur de Suryavarman II. Aujourd'hui, les touristes ne le visitent qu'à titre exceptionnel, et l'on vient seulement d'entreprendre la restauration de ses galeries et bibliothèques formant des quadrilatères étroitement imbriqués, et des canaux qui traversaient tout le temple et le palais situé au centre, déployant une nappe d'eau chatoyante entre des passerelles ouvragées. Le complexe de Beng Mealea était entouré autrefois par un baray qui mesurait le double de sa superficie. Mais aujourd'hui le réservoir et sa douve profonde sont encombrés d'empilements de blocs de pierre gigantesques, vestiges de ses murs de soutènement. On accède difficilement au palais, et Damian Evans me guida vers l'entrée ouest, située à l'arrière, en veillant à ne pas s'écarter du chemin tracé car on nous avait mis en garde contre la présence de mines antipersonnel dans la jungle.

Autour de nous le terrain était bosselé, ponctué de monticules régulièrement espacés. « Comme vous le voyez, la topographie n'a rien de naturel ici », me fit-il remarquer, revenant aux notions de géomorphologie anthropogénique. Nous avions sous les yeux les derniers vestiges du secteur de maisons en bois dévolues aux gens du commun qui entourait jadis Beng Mealea. En arrivant aux murs érodés du complexe, Evans s'arrêta. « Nous sommes ici dans un quartier dense, entouré par les habitations du personnel du temple », me dit-il simplement. Dans mon esprit, les arbres autour de nous disparurent, faisant place à des routes bordées de maisons sur pilotis à toit de chaume ; de la fumée montait des fours placés au-dessous des pièces d'habitation surélevées. Aux cris des enfants répondaient les grognements des animaux de la ferme.

Après quoi nous avons gravi les larges marches en bois qui conduisaient à l'intérieur du complexe monastique au fil de corridors en ruine mangés par la mousse. Des plafonds voûtés abritaient une galerie dont les fenêtres longilignes portaient des balustres en pierre faisant office de pare-soleil. Chaque balustre dessinait une torsade qui allait en s'effilant, projetant des ombres compliquées. Au centre du complexe, les sols en pierre avaient été surélevés sur des colonnes afin de permettre à l'eau de s'écouler entre leurs fûts.

Damian à mes côtés, je longeai des blocs de pierre qui jaillissaient des porches ; les marches en bois grinçaient légèrement sous nos pas. Une fois au sommet d'un mur de soutènement extérieur, je plongeai mon regard dans un profond canal en pierre qui avait fait partie en d'autres temps de la douve extérieure de Beng Mealea. Aujourd'hui, il donne l'impression de charrier dans son courant des roches gigantesques, comme si le temps entraînait l'édifice dans ses canaux à sec. Il était encore tôt le matin, et il faisait frais sous les arbres qui croissaient entre de majestueux empilements de décombres. Seuls nous parvenaient le chant des oiseaux et le bourdonnement des insectes. Tandis que Damian Evans déroulait une carte lidar du complexe, je reconstruisais les ruines dans mon esprit... Des milliers de khñum nous bousculent, allant et venant sur les longues digues orientées selon les points cardinaux. Ils font la navette entre les fermes de leur secteur, de l'autre côté de la douve, et les élites qui tuent le temps au cœur des nombreuses chaussées de Beng Mealea. Ils vaquent aux tâches habituelles du temple, s'occupant des fermes et entretenant les jardins, dont les fleurs odorantes occupent une place prépondérante dans les rituels des deux semaines. Mais si tant de monde se presse ici, c'est que l'endroit n'est pas un avant-poste provincial ordinaire.

Beng Mealea se spécialisait dans une industrie qui revêtait un intérêt tout particulier aux yeux de Suryavarman II. Le temple occupait un emplacement stratégique, à la jonction de deux routes de première importance et de plusieurs voies navigables. L'une des routes conduisait aux carrières de grès des monts Kulen, au nord, l'autre à un centre de transformation du fer, dans le complexe monastique de Preah Khan de Kompong Svay, à l'ouest[24]. Beng Mealea et Angkor Vat sont bâtis en grès du Kulen, dont les blocs s'empilaient autour de moi comme s'ils arrivaient tout juste des montagnes. Ici, à Beng Mealea, les khñum réceptionnaient la marchandise, la déchargeaient et la traitaient parfois aussi. À mesure que le grès pénétrait dans le complexe par les canaux, ils le découpaient en blocs et l'entreposaient pour les besoins du temple ou l'expédiaient à Angkor. Quand le fer arrivait de Preah Khan, ils le chargeaient sur des barges pour effectuer par les voies navigables artificielles le long trajet jusqu'à Angkor. Ils procédaient probablement de même pour le riz et les autres denrées en provenance des terres fertiles de l'arrière-pays. Suryavarman II, lui-même enfant d'une cité provinciale, avait certainement une conscience aiguë du rôle déterminant que jouait Beng Mealea dans son empire.

Certains chercheurs voient dans Beng Mealea une version bêta d'Angkor Vat. C'est le premier site sur lequel les ingénieurs expérimentèrent les nouveaux types de voûtes et de hauts murs omniprésents à Angkor Vat. On relève aussi quelques similitudes dans la configuration des cités. Comme me le montra Damian Evans, le lidar met en évidence des îlots urbains symétriques autour de Beng Mealea, extrêmement semblables à ceux d'Angkor. Mais ici, à l'intérieur des terres, les secteurs se caractérisent par une plus grande diversité de formes et d'emprises au sol. Pour autant, les Angkoriens ne se sentaient sûrement pas dépaysés dans les rues de Beng Mealea, aux alignements de maisons séparés par des étangs poissonneux. C'est aussi grâce au lidar que nous connaissons la principale activité du complexe. Une fois qu'elle eut révélé de profondes carrières de grès dans le massif du Kulen, les chercheurs reconstituèrent vite les tracés des canaux, comprenant d'où provenait le grès qui avait servi à édifier Angkor Vat et Beng Mealea.

De nombreuses inconnues n'en subsistent pas moins. Les relevés lidar révélèrent deux structures passées jusque-là inaperçues, et qui demeurent une énigme. La première consiste en un lacis rectangulaire et compliqué, les *coils* (spirales), *spires* (spires) ou géoglyphes comme on les nomme. Ces motifs géométriques furent d'abord repérés à l'extérieur des douves d'Angkor Vat lors de la campagne lidar de 2012, mais celle de 2015 révéla des lacis similaires à l'extérieur des enceintes de Beng Mealea et de Preah Khan. À première vue, on dirait des canalisations d'adduction d'eau, mais Damian Evans et son équipe écartèrent l'idée car ils sont trop peu profonds, et coupés du réseau général de la ville. L'hypothèse prévaut que ces formes linéaires étaient des jardins où l'on cultivait les plantes servant au rituel du temple. Les petits canaux fréquemment inondés pourraient avoir accueilli des lotus, les zones surélevées étant réservées à des « espèces aromatiques comme le santal[25] ».

Il y a plus mystérieux : les *mound fields* (ou champs de bosses), découverts à proximité de quelques-uns des plus grands réservoirs et canaux d'Angkor. À la différence des buttes résidentielles fouillées par Alison Carter et son équipe, ces protubérances ne renferment pas de céramiques ni de reliefs de nourriture. Ce sont de simples bosses, manifestement les fondations d'une ou plusieurs constructions surélevées. Au vu de leur emplacement, elles étaient peut-être reliées au réseau d'adduction d'eau de la ville, mais la notion de corrélation n'implique pas forcément un rapport de cause à effet, n'est-ce pas ? Les géoglyphes et les champs de bosses nous rappellent l'étendue de notre ignorance sur la façon dont les anciens Khmers édifièrent leurs villes.

Suryavarman II et ses prédécesseurs ne marquèrent l'histoire que parce que d'innombrables roturiers et khñum taillaient le grès, coulaient le fer et récoltaient le riz, acheminant le tout vers la capitale. À Angkor Vat, les tours ouvragées du temple ne m'ont pas évoqué le mont Meru dominant les eaux miroitantes de la création. J'ai vu à la place des empilements de blocs de pierre taillée dans les carrières et les ateliers de milliers de travailleurs forcés non rémunérés. Me glissant dans ses murs blafards avec un essaim de touristes, j'ai payé l'encens que j'ai laissé en offrande à l'esprit de la ville, qui hante un Bouddha drapé d'or assis en lotus dans une pagode ancienne de l'ensemble monastique. En examinant avec attention les célèbres bas-reliefs montrant Suryavarman II partant en guerre contre les Cham, dans ce qui forme aujourd'hui la Thaïlande, les corps des porteurs de palanquin ont attiré mon attention. Plus les khñum bâtissaient l'infrastructure d'Angkor, plus il incombait à leur roi de l'entretenir durablement. Miriam Stark m'avait fait cette mise en garde : le régime de protection et d'endettement menaçait à tout instant de s'effondrer.

Chapitre IX

Les vestiges de l'impérialisme

Angkor a été abandonnée si souvent, de tant de façons, que la notion de disparition se fond aujourd'hui dans son identité. Mais elle doit en partie sa réputation de « cité disparue » à l'explorateur français Henri Mouhot, qui relata sa visite d'Angkor Vat en 1860 dans un célèbre récit. Ses journaux de voyage, publiés à titre posthume, firent sensation, et la France se prit de passion pour la culture cambodgienne. Mais une passion d'une nature très particulière. Peu après son expédition, le Cambodge passa sous protectorat français. Les articles exaltant la découverte, par un intrépide naturaliste français, des richesses de la nouvelle acquisition coloniale de la France touchaient une corde sensible dans la métropole, d'autant qu'Henri Mouhot laissait entendre que les Cambodgiens contemporains ne mesuraient pas la juste valeur de leurs trésors[1]. En réalité, l'explorateur estimait que les Cambodgiens de l'ère moderne étaient bien trop barbares pour avoir édifié cette ville admirable, et qu'il fallait plutôt y voir l'œuvre des Égyptiens ou des Grecs des temps anciens. On ne pouvait se fier qu'aux seuls scientifiques européens pour étudier Angkor, puisque les Cambodgiens eux-mêmes l'avaient laissée pourrir dans la jungle. Bref, la lourde tâche de l'archéologie incombait à l'homme blanc.

Ce sentiment gouverna les conversations sur Angkor en Occident durant le siècle qui suivit. Non seulement cette idée se fondait sur des faits erronés, mais elle gomma l'histoire compliquée de la transformation du lieu, qui passa de gigantesque ville-capitale à un lointain site de pèlerinage occupé par des moines bouddhistes. Or il faut comprendre que la ville ne fut jamais désertée, même après le départ de la famille royale, au début du XVe siècle[2]. Au cours du XVIe siècle, alors qu'on tenait la cité pour « disparue », le roi cambodgien Ang Chan commanda l'achèvement de quelques bas-reliefs à Angkor Vat. Quelques décennies plus tard, la ville fut décrite par un moine portugais nommé Antonio Da Madalena, vraisemblablement son premier visiteur européen quelque trois cents ans avant Henri Mouhot. Au XVIIe siècle, un pèlerin japonais dessina un plan d'Angkor Vat, et au XVIIIe siècle un dignitaire cambodgien édifia un stupa pour sa famille dans l'enceinte du temple. Autant de preuves que le monde entier connaissait Angkor, et que la cité était un lieu de pèlerinage florissant. À leur arrivée, au XIXe siècle, les colonisateurs français durent déloger une communauté de moines qui vivait sur le site. Le récit d'Henri Mouhot fut une entreprise révisionniste, aussi arrogante et aussi durable que l'occultation radicale du vieil Angkor sous le Baray occidental à laquelle avait procédé Suryavarman.

L'engouement des Français pour la civilisation du Sud-Est asiatique, suscité par la relation d'Henri Mouhot, atteignit des sommets en 1878. Cette année-là, Paris organisa, dans le cadre de l'Exposition universelle, une présentation de spécimens d'art khmer ancien que des érudits français avaient prélevés à Angkor et sur d'autres sites de l'empire khmer. En 1900, un groupe de chercheurs français s'implanta définitivement en Asie du Sud-Est en fondant l'École française d'Extrême-Orient (EFEO) à Hanoï. Après quoi, en 1907, l'EFEO prit en charge la supervision des travaux archéologiques effectués à Angkor, rôle qu'elle poursuit encore à ce jour. Au début du XXe siècle, cette mission ajouta le sceau de la crédibilité scientifique à l'idée largement répandue selon laquelle les Français avaient découvert Angkor et faisaient autorité en la matière. Elle amena aussi les chercheurs français à présumer, à tort, qu'Angkor était une ville fortifiée sur le modèle existant en Europe, et que les Khmers ne possédaient pas de tradition culturelle distinctive.

Cette approche a considérablement changé depuis 1907. Damian Evans était rattaché à l'EFEO lorsqu'il conduisit le projet de cartographie lidar, qui permit de contester, preuves à l'appui, les affirmations des spécialistes européens, selon qui l'emprise au sol d'Angkor n'était pas aussi étendue que le laissait entendre son épigraphie. Entre-temps, de nombreux chercheurs modernes ont discrédité l'idée que la ville était plus ou moins portée disparue, et qu'un membre de la nation colonisatrice l'avait « découverte » à point nommé afin de permettre à ses confrères d'en piller les temples pour l'Exposition universelle.

Comme toujours, la vérité est plus bizarre et plus compliquée que la légende.

La première inondation

Des traces spectaculaires de ce qui se faussa dans la ville sont inscrites dans l'ancienne emprise d'Angkor. Les relevés lidar et les fouilles attestent tous de réfections dictées par l'urgence – de plus en plus complexes – et de modifications des canaux, remblais, digues et réservoirs de la ville au cours des siècles. Comme le soulignait Damian Evans lors de notre visite au Baray occidental, certaines de ces modifications s'expliquaient par la volonté des rois et de leurs prêtres d'aligner le paysage urbain sur les proportions idéalisées d'une cosmologie. Mais d'autres répondaient à l'instabilité du climat, en même temps qu'à l'usure normale dont souffre une infrastructure lorsque des centaines de milliers d'habitants en font usage. Pour autant, quand des inondations dévastatrices finirent pas frapper Angkor, au XIVe siècle, il n'apparut peut-être pas forcément à ses habitants que leur cité ne s'en remettrait jamais entièrement. Et ce parce que les Angkoriens avaient connu de pires tribulations et s'en étaient sortis avec un empire encore plus étendu qu'auparavant.

En 928, quelques décennies seulement après que Yasovarman eut installé sa capitale à l'emplacement de l'Angkor actuelle, un roi nommé Jayavarman IV accéda au trône. Pour des raisons qui ne sont pas clairement établies, il déplaça de nouveau la capitale – cette fois à Koh Ker, une ville bourdonnante d'activité du nord-ouest – et y transplanta sa cour au grand complet. Là, il ordonna à ses khñum de construire des palais et des ouvrages d'utilité générale à partir d'énormes blocs de grès extrait des carrières locales. Son œuvre maîtresse allait être, bien entendu, un baray comme on n'en avait encore jamais vu. Les terrassiers érigèrent une digue de sept kilomètres de long en travers de la vallée de la rivière Rongea, bloquant plusieurs cours d'eau importants et créant ce qui ressemblait à une immense nappe miroitante. Les ouvriers de Jayavarman IV édifièrent, exactement aligné au sud de la digue, le temple le plus haut du royaume, Prasat Thom. Pyramide impressionnante par ses flancs étagés, elle donne l'impression que chaque degré recule au loin, comme le ferait un versant à gradins. Au sommet de Prasat Thom se dressait un énorme linga, peut-être en bronze ou en bois, qui a depuis longtemps disparu. Seule subsiste la pyramide, dont chaque plate-forme déborde de végétation, située à proximité d'une vallée fluviale encore jonchée des briques projetées partout alentour il y a plus d'un millénaire, lorsque le cours d'eau submergea la digue à deux reprises en l'espace de quelques années, avant de la rompre définitivement.

Il semble évident que Jayavarman IV entendait créer chez les voyageurs qui entraient dans sa ville une illusion très précise. Koh Ker se déployait le long d'une route importante reliant Angkor et Vat Phou, dans le Laos actuel. La digue n'avait pas pour seule utilité de retenir l'eau ; elle dessinait aussi une chaussée éblouissante de beauté qui reliait directement la route d'Angkor au cœur du complexe monastique. Longeant le baray vers le sud pour gagner la capitale, les visiteurs distinguaient bientôt, directement dans leur champ de vision, le lingam géant qui coiffait Prasat Thom. Emblème de fertilité, de sainteté et de pouvoir[3], il devait se dresser au loin durant les sept kilomètres du trajet. Faut-il le préciser, le programme de Jayavarman IV répondait tout autant aux besoins de sa politique qu'à des objectifs fonctionnels. Le souverain voulait rattacher sa digue aux routes déjà existantes, et l'aligner avec ses temples. Comme dans le cas du Baray occidental, il s'agissait d'un aménagement hydraulique ambitieux, non d'un ouvrage technique appelé à durer.

Pourquoi Jayavarman IV consacra-t-il autant d'énergie à bâtir encore une autre ville, au lieu de continuer d'agrandir Angkor ? D'après une hypothèse avancée par l'archéologue français George Cœdès, Jayavarman avait usurpé le pouvoir et ne s'intéressait pas à Angkor. Mais l'historien Duong Keo, de l'université royale de Phnom Penh, tient que cette idée naguère admise illustrait l'ignorance des chercheurs occidentaux en matière de règles de succession dans les civilisations de l'Asie du Sud-Est. Présumant que l'ordre « normal » des choses consistait à voir les fils ou les frères du roi monter sur le trône après sa mort, il a échappé aux historiens que ce modèle de succession familiale constituait non pas la règle mais l'exception à Angkor[4]. Duong Keo propose une explication plus réaliste : Jayavarman IV était originaire de Koh Ker et y avait déjà édifié un luxueux palais. Pourquoi aller ailleurs ? Cette interprétation cadre aussi avec des études environnementales récentes de la région, montrant que la population cultivait la terre et pratiquait l'écobuage depuis des siècles, et que sa promotion en capitale de l'empire khmer ne modifia en rien ses pratiques[5].

Si l'on pose qu'il n'était pas originaire d'Angkor, Jayavarman IV se placerait alors dans la même catégorie que de nombreux rois expansionnistes de l'empire, tels Suryavarman Ier et Suryavarman II, eux aussi transfuges de régions éloignées. D'ordinaire, ces rois venus d'ailleurs réussissaient à unir des territoires disparates en partie grâce à leurs liens personnels avec les provinces. À Koh Ker, plusieurs éléments prouvent qu'une allégeance de cette nature était en voie de formation, mais avec un groupe d'alliés très différent. Nous découvrons des « listes interminables de noms d'esclaves » à Koh Ker – ils se comptent par milliers –, et de l'avis d'Eileen Lustig, spécialisée en épigraphie, elles montrent vers qui se portait la bienveillance de Jayavarman IV. La région traversait une période de grande instabilité et de luttes intestines, et l'emprise de l'empire khmer s'était fortement réduite. La description qu'en fait Kunthea Chhom[6], chercheuse à l'Aspara National Authority, révèle l'existence d'un tissu social richement structuré dans la ville, comportant entre autres une profusion de désignations distinctives pour les khñum.

Il se pourrait, selon Eileen Lustig, que Jayavarman IV ait fait alliance avec une classe de roturiers, les *si*, qui sont représentés dans les inscriptions de Koh Ker comme supérieurs aux *gho*, autre catégorie de gens du commun. Jayavarman IV aurait pu élever certains membres de la classe ouvrière au rang d'alliés. Brusquement, ces listes de noms d'esclaves cessent de paraître « interminables » mais jettent un éclairage sur la hiérarchie au sein des classes laborieuses. L'alliance du souverain avec les *si* peut aussi avoir signifié une modification plus marquée de la hiérarchie sociale khmère, comparable à certains égards au changement de rôle des liberti dans la Rome impériale. Elle écrit :

> Le déplacement du centre, d'Angkor à Koh Ker, pourrait mieux se comprendre comme étant une stratégie de Jayavarman IV pour affaiblir un groupe adverse et consolider sa base de pouvoir, allié avec les *si* [les roturiers]. À la suite du rapatriement de Koh Ker à Angkor, un changement de la structure socio-politique du pouvoir,

peut-être lié à l'influence grandissante de nombreux dignitaires et roturiers *gho*, devient apparent[7].

Laissant ses voisins aristocrates à leurs chamailleries, Jayavarman IV se replia à Koh Ker pour y vivre au sein du peuple. Peut-être avança-t-il son pion par la suite en s'alliant avec un sous-ensemble de ses propres khñum, les si, afin de créer une ville d'un type nouveau et d'étayer son autorité. Après son règne, quand la capitale se réinstalla à Angkor, un autre groupe de khñum, les gho, accéda au pouvoir. L'examen attentif des noms d'esclave a permis à Eileen Lustig de comprendre les mécanismes d'alliance des élites avec les diverses catégories de main-d'œuvre.

Pour autant, la belle époque de Koh Ker fut de courte durée. Pour comprendre ce qui arriva au baray le plus démesuré de l'empire, un groupe d'archéologues et d'ingénieurs des travaux publics ont mis à profit leurs connaissances des barrages actuels, reconstituant les défauts de conception de la digue-chaussée qui définissait la limite nord de la ville. Même s'il existait une infinité de problèmes, il semble probable que l'erreur majeure fut de ne pas avoir construit de déversoir adéquat. Lors d'une mousson particulièrement sévère, la masse et la vitesse de la crue dépassèrent les prévisions des ingénieurs. Au final, la digue ne fut pas simplement submergée : sa maçonnerie en pierre, déjà endommagée, fut déchiquetée par la vitesse des courants et se rompit[8]. Par la suite, la population tenta visiblement de renforcer le déversoir défaillant, augmentant la hauteur du mur de plusieurs centaines de mètres autour de la brèche, mais sans jamais en achever la réfection. En l'espace de quelques années, l'eau submergea à nouveau le déversoir. Des sections de la ville furent complètement inondées, et le roi semble avoir fait le deuil de son méga-baray. En 944, la capitale fut à nouveau transférée à Angkor. Un petit nombre d'habitants continua d'exploiter la terre dans la version réduite de Koh Ker pendant plusieurs siècles, reliés par la route à la capitale.

L'histoire de Koh Ker donne une idée à moindre échelle du sort final d'Angkor. Aux prises avec des difficultés politiques à l'extérieur, confrontée à une infrastructure en ruine à l'intérieur, la ville, naguère pôle d'activité densément peuplé, se transforma en un éparpillement anarchique de villages. Mais il faudrait à Angkor plusieurs siècles d'expansion avant d'égaler pleinement Koh Ker. Durant cette période, les corvées de Suryavarman Ier construisirent les routes commerciales et la bureaucratie de l'empire, cependant que Suryavarman II améliorait son infrastructure.

Et puis, en 1181, Angkor connut sa période d'urbanisation la plus intense. Un nouveau roi surgit, Jayavarman VII, souvent appelé encore aujourd'hui « le grand roi ». Ses ouvriers construisirent des milliers de routes, d'hôpitaux et d'écoles. Son règne est si souvent évoqué dans l'histoire angkorienne que les archéologues le surnomment J7. Il fut l'artisan par excellence de l'expansion d'Angkor. Lui aussi étranger à la ville, il vécut de nombreuses années en exil chez les Cham, dans ce qui forme aujourd'hui le Vietnam, avant de regagner Angkor lors de la guerre qui opposa les Cham et les Khmers. Avec le concours d'alliés au sein des forces cham, il négocia la paix, arrêta les Cham qui s'apprêtaient à envahir Angkor et monta sur le trône. J7 ordonna aux scribes de son clergé de rédiger des inscriptions célébrant son engagement pour la paix, mais il s'empara aussi de vastes fractions du territoire cham. Souverain aux multiples visages, J7 n'en reconstitua pas moins l'empire khmer, et ce sont les vestiges de son activité d'urbaniste qui retiennent aujourd'hui l'attention des archéologues. Après la fin de son règne, nous abordons les phases ultimes de la transformation d'Angkor.

Le roi aux mille visages

L'archéologie angkorienne fascina très tôt Pipal Heng, alors qu'il vivait au Cambodge. Il me raconta que lorsqu'il était enfant, au début des années 1990, Angkor Thom, où s'élève le célèbre Bayon de J7, n'attirait que de très rares touristes. « Quand j'avais onze ans, mes parents sont allés dans une pagode voisine, se souvenait-il. Pendant qu'ils effectuaient les rites, je suis monté jusqu'au temple. Le temps d'atteindre la tour centrale, j'avais perdu mes repères. J'étais terrifié. Il n'y avait personne, et des visages gigantesques me cernaient de partout. » Je compris aussitôt à quoi il faisait allusion. Quand je l'ai visité presque trente ans plus tard, le Bayon était pris d'assaut par les touristes, mais la majesté sublime du lieu restait tout aussi troublante.

Comptant parmi les nombreuses réalisations architecturales de Jayavarman VII, le Bayon n'a pas de murs d'enceinte. Son dédale de galeries est porté par une épaisse forêt de colonnes, coiffées de tours renflées en forme de bourgeons floraux de différentes hauteurs. De loin, il se découpe à l'horizon comme une forêt tropicale. À l'époque de J7, l'ensemble aurait été revêtu d'une peinture blanc et or, étincelant telle une fleur de lotus diaphane au cœur d'un secteur entretenu avec un soin extrême et réservé aux centaines de prêtres, d'artisans, de serviteurs et de membres de la famille royale qui formaient l'entourage du monarque. Aujourd'hui, le grès gangrené d'algues[9] arbore la teinte gris-brun du tronc d'arbres chargés d'ans. Des essences sauvages ont envahi les jardins et les bassins où se pressaient autrefois la population locale et les pèlerins. Mais c'est avec un sentiment de crainte et d'émerveillement mêlés qu'on en gravit les degrés jusqu'à la terrasse supérieure. À cause des visages.

Quand il accéda au trône, J7 devint le deuxième roi bouddhiste de l'empire khmer après Suryavarman. Mais avec une différence majeure. Suryavarman avait toléré la pratique de l'hindouisme chez ses sujets, J7 fit du bouddhisme la religion d'État[10]. Les inscriptions indiquent que J7 déclara être l'incarnation du Bouddha, dans une démarche très voisine de celle de son lointain prédécesseur, Jayavarman II, qui s'était autoproclamé roi-dieu hindou en 802. Durant son règne, J7 ordonna aux sculpteurs et aux ingénieurs de sa cour de remplir le royaume d'effigies de Bouddha qui, selon de nombreux chercheurs, arborent le visage du roi. Plus vraisemblablement, J7 entendait associer son image à celle d'un bodhisattva, illustrant ainsi une parfaite alliance des pouvoirs religieux et étatique. Plus de deux cents de ces effigies fusionnées peuplent le Bayon, la plupart atteignant la dimension d'un adulte.

Dans une succession ininterrompue, les piliers portent quatre visages de J7, chacun orienté vers un point cardinal, tous diffusant un sentiment de béatitude. La première fois que je les aperçus de loin, ils m'inspirèrent un sentiment de sérénité propice à la réflexion. Mais à mesure que j'approchais de la tour centrale, me heurtant sans cesse à ce visage, je commençai à me sentir comme sous surveillance. Comme si J7 entendait faire savoir aux Khmers qu'il les tenait à l'œil, soumis à son appréciation.

Le temps d'arriver au sommet du sanctuaire, il me semblait que la moindre surface était un visage. J7 n'avait pas fusionné avec un bodhisattva. Mais avec l'infrastructure elle-même.

Si l'on venait à Angkor pour ses rituels à grand spectacle, comme l'affirme Miriam Stark, le Bayon était sûrement l'une des attractions les plus courues. Son message s'offrit à la vue de millions d'individus au cours des siècles. Mais celui-ci ne se lisait pas seulement dans les visages omniprésents du monarque. Il s'affichait dans le parcours que tout le monde empruntait pour atteindre le Bayon. À l'attention des aristocrates des contrées éloignées sur qui s'étendait sa protection, J7 conçut un plan astucieux pour les inciter à multiplier leurs visites dans son royaume. D'après Miriam Stark, le Bayon comptait quatre cent trente-neuf niches abritant chacune une statue. « Les chercheurs pensent que ces statues étaient des Jayabudhamahānātha (des statues du bodhisattva Avalokiteśvara), confiées par le roi à au moins vingt-trois centres de province nommés dans les inscriptions », écrit-elle. « Leurs gardiens devaient apporter ces images à Angkor pour une consécration annuelle. » Ce prétexte idéal pour obliger les dirigeants locaux à faire acte de présence dans le pré carré de J7 transforma Angkor Thom en un lieu de pèlerinage religieux. Les Angkoriens témoins du rituel en déduisaient sûrement que ces chefs de fiefs éloignés venaient au Bayon pour rendre hommage, eux aussi, au monarque. Tout le monde servait le roi.

Vu d'avion, le Bayon ressemble à un assemblage de quadrilatères à l'intérieur du mur d'enceinte, plus massif, d'Angkor Thom, le somptueux palais de J7 situé directement entre le Baray occidental et le Baray oriental. Les pèlerins ordinaires franchissaient vraisemblablement la porte est du mur d'enceinte d'Angkor Thom, suivant une voie parfaitement rectiligne qui reliait l'entrée au Bayon. En longeant une profusion étourdissante de statues – nagas dont les multiples têtes de serpent se déployaient en éventail, fiers garudas aux redoutables ailes d'aigle largement déployées, alignements de démons et de dieux –, ils distinguaient au loin les résidences, les bassins et les jardins fastueux de la Maison royale. Mais avant de pénétrer dans l'enceinte d'Angkor Thom, les visiteurs avaient probablement déjà traversé une partie de la ville elle-même. Au sud se dressait le mur d'enceinte d'Angkor Vat, infiniment plus dérisoire. Au nord des vastes rectangles des deux plus grands réservoirs de la ville, le Baray occidental et le Baray oriental, J7 fit creuser sa retenue d'eau personnelle, le Jayatataka. S'ajoutait à l'ensemble un grand canal longeant le mur est d'Angkor Thom, qui était en réalité une dérivation de la rivière Siem Reap.

Lorsqu'ils entraient dans la ville à l'époque de J7, les voyageurs remarquaient sûrement aussi que les secteurs du centre de la cité se présentaient sous un jour aussi ordonné que les quartiers huppés et clôturés des abords du temple. Suivant l'exemple de ses prédécesseurs expansionnistes, J7 importa la force de travail dans la capitale. Cette population semble avoir modifié la configuration de la ville en créant un type de damier qui ne dépayserait pas les promeneurs de Manhattan. Des alignements denses mais ordonnés de maisons en bois bordaient les rues. Ce plan au cordeau ne put être établi que sous l'autorité d'un organe d'aménagements urbain centralisé, comme le fit remarquer Pipal Heng. Ce que sous-entend une courte inscription rédigée par le fils de J7 : « Il y est dit que Jayavarman VII s'empara du pays par la force », souligna-t-elle sans autre commentaire. Pour transformer les secteurs de la ville au tracé organique en un maillage à sections perpendiculaires, les forces du roi déplacèrent la population. L'urbanisation coercitive offrait aussi un excellent moyen de mater la rébellion, problème auquel se heurtaient en permanence les visées expansionnistes du monarque. « Une façon d'écraser la révolte consiste à s'emparer des biens du peuple et à transformer les familles en serviteurs du temple », concluait l'archéologue.

Afin de marquer l'histoire par son image de roi bâtisseur de ville, J7 expropria les populations de l'arrière-pays et enrôla des travailleurs aux quatre coins de son empire pour construire les ouvrages de génie public par lesquels il s'illustra. Peut-être fut-il le plus grand roi d'Angkor, mais l'histoire laisse entendre qu'il détruisit, peut-être aussi, le château de cartes édifié par le régime d'endettement et de protection qu'était l'empire khmer.

Une apocalypse climatique

Lorsque J7 mourut, vers 1218, son fils Indravarman II fit une courte apparition sur le trône et assista aux premiers stades de la transformation au ralenti d'Angkor de centre urbain à site de pèlerinage rural. Au cours des deux siècles suivants, les avoirs khmers subirent une fonte spectaculaire ; des parts de l'empire passèrent aux mains de royaumes aujourd'hui nommés Laos, Vietnam et Thaïlande. Mais Angkor demeura ancré au cœur d'une région indéniablement khmer, et les Angkoriens entretinrent d'étroites relations commerciales avec les populations voisines, ainsi qu'avec la Chine et plus loin encore. Pour qui résidait en ville, la vie restait fort enviable, surtout si l'on appartenait à la classe supérieure. N'oublions pas que c'est à la fin des années 1200 que Zhou Daguan rédigea sa célèbre relation de voyage à Angkor, qu'il décrivait à la fois prospère et riche d'activités culturelles.

Mais comme l'attestent les sévères amputations territoriales, le système de protection khmer s'effondrait sous son propre poids. Les rois khmers furent vraisemblablement obligés de compter sur une force de travail bien moins nombreuse, prélevée pour l'essentiel à Angkor et dans ses proches environs. Toutefois, il suffisait aux résidents optimistes de regarder autour d'eux, de voir les rues bondées de passants et le réseau de canaux en perpétuelle expansion, pour écarter toute inquiétude sur l'avenir. L'infrastructure hydraulique de la ville, en perpétuel remodelage, nous permet de cartographier la transformation de la cité. Au cours du XIIIe siècle, le travail forcé modifia le réseau de canaux, qui devint plus dense et plus complexe. Les corvées créèrent de nouvelles voies navigables artificielles qui se prolongeaient au nord, reliant la ville aux rivières prenant naissance dans le massif du Kulen, détournant leur cours naturel vers le sud. Lorsqu'elle parvenait aux franges de la ville, l'eau de la montagne était redistribuée dans de multiples canaux et réservoirs, habituellement réorientés au sud. Sauf qu'un problème se posait.

Les géologues ont découvert que les sédiments affluant de la montagne commencèrent à obstruer des points névralgiques du réseau de canaux, à l'endroit où les rivières pénétraient dans la ville. En clair, des goulets d'étranglement empêchaient l'eau d'alimenter le principal réseau d'adduction, entraînant la construction dans l'urgence de nouveaux canaux. Mais, dans les dernières années du XIVe siècle et au début du XVe siècle, il se produisit une brusque et intense prolifération de voies artificielles coulant en sens inverse. Ces nouveaux canaux emportaient des volumes considérables d'eau de crue *hors* de l'infrastructure de la ville et les déversaient dans le Tonlé Sap[11]. Le géologue de l'université de Sydney Dan Penny, qui s'est intéressé aux facteurs environnementaux ayant conduit à la disparition d'Angkor, parle à ce propos de « défaillances en cascade du réseau[12] ». En d'autres termes, des problèmes survenus à un point charnière du réseau provoquèrent des perturbations en chaîne catastrophiques en aval.

Qui porte la responsabilité de la rupture du réseau ? Les fluctuations du climat. Cette période, écrit Dan Penny, confronta les Angkoriens à des difficultés qui défient l'imagination. Une sécheresse qui sévit durant plusieurs décennies conduisit la population à construire des canaux supplémentaires pour détourner le maximum d'eau des montagnes. Puis elle s'interrompit brutalement pour faire place à plusieurs années de saison des pluies d'une intensité inhabituelle, qui eurent de tragiques conséquences. D'abord, la pluie submergea des aménagements conçus pour acheminer le plus d'eau possible dans la ville, causant des inondations et obligeant à construire ces fameux canaux de déversement massif dans le Tonlé Sap. Ensuite, les moussons provoquèrent l'érosion accélérée des terres desséchées et poussiéreuses, balayant des tonnes de débris dans le maillage de canaux. En raison de quoi les sédiments s'accumulèrent et bloquèrent l'approvisionnement en eau lorsqu'il devint nécessaire. Ajoutant encore aux tribulations d'Angkor, les inondations furent suivies d'une nouvelle période de sécheresse de plusieurs décennies.

Cette séquence présente plusieurs points communs avec le monde moderne. Solomon Hsiang, chercheur en politiques publiques à UC Berkeley, étudie les conséquences économiques des catastrophes climatiques à partir d'exemples anciens et modernes. Quand des régions sont régulièrement affectées par des tornades, me disait-il, « quelle que soit la richesse du pays... celui-ci ne retrouve jamais tout à fait son PNB initial ». La réfection des infrastructures se révèle si coûteuse qu'il est impossible de revenir au niveau économique antérieur. Et à chaque nouvelle tornade, le PNB subit une érosion encore plus marquée. C'est ce qu'il appelle « l'effritement du château de sable[13] », et il a observé que n'importe quelle civilisation, quel que soit son niveau, disparaît lentement sous ces assauts répétés. Il est probable qu'Angkor fut victime d'une forme de cet effritement graduel, chaque coup porté à son infrastructure laissant l'ensemble de la région moins prospère.

Le scénario de Solomon Hsiang nous permet d'imaginer la lente apocalypse qui frappa Angkor sous la forme d'une succession de revers économiques exacerbés par une crise environnementale. Les inondations à Koh Ker en furent le signe annonciateur, mais le roi évita de gérer leurs conséquences en rapatriant sa capitale à Angkor. Ses successeurs firent face aux pénuries d'eau en multipliant le nombre de canaux. Chaque fois qu'un monarque ordonnait à sa main-d'œuvre forcée de creuser un nouveau canal, nous devons en déduire que ce fut par réaction à une sécheresse qui grillait les fermes ou à une défaillance de l'infrastructure. À ce stade, nous devons présumer que les habitants d'Angkor commencèrent peut-être à se réinstaller dans des zones plus propices aux activités agricoles – et où ils n'avaient pas à payer tous les ans l'impôt sous forme de corvée. Chaque fois que la cité subissait une crise climatique, l'exode de la population équivalait à une perte financière.

Quand les inondations de la ville se multiplièrent, il y eut assez de khñum pour creuser rapidement de nouveaux canaux, laissant derrière eux un palimpseste d'infrastructures successives qui tentaient de maîtriser l'écoulement des eaux de crue. Mais leurs travaux effectués dans l'urgence ne suffirent pas ; l'eau détruisit les maisons et les fermes, suscitant probablement un exode encore plus massif vers des régions moins exposées aux catastrophes naturelles. Damian Evans, qui révéla le réseau toujours changeant des canaux de la cité grâce au lidar, compare cette phase de l'histoire d'Angkor à ce que vivent les villes aujourd'hui. Les urbanistes sont aux prises avec des siècles d'« infrastructure patrimoniale » qui ne fut pas conçue pour endurer les conditions extrêmes résultant de la crise climatique. « L'archéologie nous fournit un angle pour voir que le problème est récurrent », me disait Damian Evans. Modifier des égouts et des canalisations – surtout quand ils ont été construits sous des routes et des îlots urbains – est une affaire délicate, et les adapter à de nouveaux contextes climatiques pose des problèmes sans nom. À ce stade, l'avenir économique d'Angkor était plus bouché que jamais et la ville avait cessé d'être un phare pour qui recherchait la compagnie de fascinants inconnus.

Comme si la situation d'Angkor n'était pas assez compromise, des troupes venues d'Ayutthaya, dans l'actuelle Thaïlande, menaçaient ses portes. C'était le moment ou jamais de lancer l'assaut : saignée à blanc de sa main-d'œuvre forcée, la ville ne pouvait opposer que des défenses inconsistantes. Les assaillants fondirent sur la cité en 1431 et l'occupèrent durant quelques années, ajoutant l'instabilité politique au catalogue de ses maux. Lassées de la pénurie de serviteurs du palais, des inondations à répétition et des exigences des troupes étrangères, la famille royale khmère et la cour estimèrent que la coupe était pleine. Au milieu du XVe siècle, elles quittèrent Angkor et réinstallèrent la capitale dans une région proche de Phnom Penh. L'occupant ayutthaya partit aussi.

N'en déplaise aux interprétations largement répandues, cette dispersion ne marque pas le moment de la « chute » d'Angkor. Les classes supérieures l'avaient déjà abandonnée, emportant avec elles leur régime de travail en servitude. Artistes, prêtres et danseurs se fixèrent dans d'autres villes, certains d'entre eux à Ayutthaya. Mais les classes laborieuses de la cité ne bougèrent pas. Comme le soulignait Damian Evans, au XVe siècle, la population d'Angkor remit en état un pont important en réutilisant les pierres d'un temple du siècle précédent. L'ancienne méthode angkorienne consistait à extraire des blocs de pierre à Kulen, puis à obliger les serviteurs à les tailler à Beng Mealea avant de les acheminer par les canaux jusqu'à Angkor. Après le départ des élites de la ville, les ouvriers chargés des réfections jugèrent nettement plus profitable de recycler ce qui pouvait l'être. Yasovarman avait autrefois démantelé des secteurs roturiers pour faire place au Baray oriental. Cinq siècles plus tard, les roturiers démontèrent les monuments des élites pour réparer les infrastructures construites par leurs ancêtres.

Pour le prouver, Miriam Stark fit équipe avec Alison Carter, Pipal Heng et plusieurs autres chercheurs et publia en 2019 un article sur de nouvelles découvertes survenues dans l'enceinte du temple d'Angkor Vat[14]. Au cours des fouilles, ils mirent au jour les vestiges d'habitations occupées longtemps après le départ de la famille royale. Des communautés de khñum y étaient restées solidement ancrées après la prétendue « chute » de la ville. Également en 2019, Dan Penny signa un autre article avec Damian Evans et deux autres spécialistes, le géologue Tegan Hall et l'archéologue Martin Polkinghorn. Ils y effectuaient la synthèse de vingt ans d'indices sur le cycle de vie d'Angkor provenant de données lidar et d'observations directes sur le terrain. Le titre de leur publication résumait joliment leurs conclusions : « Les données géo-archéologiques recueillies à Angkor, au Cambodge, témoignent d'un déclin progressif et non d'un effondrement cataclysmique au XVe siècle[15] ».

Le double impact de ces articles a changé le récit angkorien. Il n'y eut pas de point de rupture brutal : la cité perdit lentement son emprise et sa population se raréfia. Aucun de ces chercheurs ne nie l'effondrement de la cité. On assista simplement à un collapsus très ralenti. La cause fut un feu de poubelle sur un mélange toxique de gouvernance calamiteuse, d'urbanisme désastreux et de coups du sort.

Un point retient tout spécialement l'attention de Pipal Heng : la manière dont la transition d'Angkor semble le reflet de celle qu'effectua le peuple khmer lorsqu'il passa du bouddhisme mahayana de J7 au bouddhisme theravada, largement pratiqué de nos jours au Cambodge. « Aujourd'hui, me disait-il, le bouddhisme gravite toujours autour de la cour, mais il n'y a qu'un Bouddha. Les rois ne sont pas Bouddha. Les esprits ont changé. » Autre changement : les pagodes du bouddhisme theravada appartiennent à leur communauté locale. Cette nouvelle façon de pratiquer le bouddhisme a rompu la chaîne de succession qui liait les familles fortunées et les prêtres aux temples depuis des générations. Sous le bouddhisme mahayana, m'expliqua-t-il, les temples se transmettaient par le biais des familles de l'élite qui s'en servaient pour faire valoir leurs droits sur les terres et sur les esclaves. Mais aux termes du bouddhisme theravada, « les liens familiaux du moine sont brisés ». Il ne peut plus transmettre le sanctuaire à sa famille parce que « le temple appartient à la communauté et [que] la communauté appartient au temple ». D'après lui, le changement des croyances a joué un rôle déterminant dans ce qui changea à Angkor aux XIIIe et XIVe siècles.

À mesure qu'ils quittaient la ville en vertu d'une diaspora urbaine, pour citer les archéologues, les habitants d'Angkor renouèrent avec la vie au village qui s'articulait autour des pagodes du bouddhisme theravada. On observe ici des points communs avec Çatal Höyük, dont la population abandonna un noyau urbain densément peuplé pour s'éparpiller dans les petits villages de la plaine de Konya. Comme l'écrit Miriam Stark, le bassin du bas Mékong consista bientôt « en un système agraire de hameaux et de bourgades, dont les fermiers et les artisans poursuivirent les activités qui assuraient leur subsistance ; peut-être avec moins d'intervention directe de l'État ». Ce qui s'effondra ne fut pas la civilisation angkorienne, mais « le centre politique et urbanisé d'une élite[16] ».

Même après cette transformation, on a la preuve que la famille royale essaya de revenir à Angkor, au XVIe siècle. L'archéologue Noel Hidalgo Tan est attaché au Centre régional pour l'archéologie et les beaux-arts, organisme sous la tutelle de l'Organisation des ministres de l'éducation de l'Asie du Sud-Est. Il fit une découverte fortuite en travaillant comme étudiant pour une fouille à Angkor. Spécialisé en art rupestre ancien, il s'écarta de l'endroit qu'il creusait pour marquer une pause et s'aventura dans les niveaux supérieurs du temple. Son attention fut attirée par des marques dans lesquelles son œil exercé crut distinguer une quantité incroyable de peintures sur pierre presque effacées par le temps. Il prit quelques photos, qu'il rapporta à son laboratoire. En soumettant les images à une technique numérique spécifique, appelée l'analyse de corrélation et d'étirements, il parvint à rehausser les couleurs des pigments. Brusquement il eut sous les yeux des images d'éléphants, d'orchestres et de personnes à cheval dans un décor qui ressemblait à Angkor. Il s'y ajoutait des motifs abstraits et l'image d'un stupa bouddhique où une tour de style hindou s'était dressée autrefois. Ces peintures semblent appartenir à une période précise de l'histoire du temple, au XVIe siècle de notre ère, lorsqu'il fut reconverti du culte hindouiste au bouddhisme theravada.

« Je pose comme hypothèse de travail que la capitale s'est déplacée au sud après la prétendue désertion d'Angkor. Mais que le roi Ang Chan a regagné Angkor au XVIe siècle pour lui redonner son statut », m'expliqua Noel Hidalgo Tan au téléphone depuis son bureau, à Bangkok. « Il semble exister de nombreux autres éléments prouvant qu'Angkor connaissait une activité intense au XVIe siècle. On lit dans des inscriptions de l'époque que le roi a transformé Angkor en temple bouddhique. » D'après lui, les inscriptions, ainsi que l'image du stupa bouddhique, indiquaient clairement que les peintures se rattachaient à la stratégie adoptée par le monarque pour donner un nouvel élan à Angkor. Apparemment, la tentative échoua et Ang Chan rapatria sa capitale à Phnom Penh. Mais d'autres éléments attestent que même si la population d'Angkor reprit un mode de vie rural, un certain nombre d'habitants restèrent sur place. La cité continua d'exister, mais de plus en plus en qualité d'ouvrage perpétuant le souvenir de sa splendeur d'antan.

Un des monuments les plus extraordinaires et les plus émouvants que j'ai vus à Siem Reap n'est pas un temple ni un palais. Mais un ensemble anonyme de bâtiments khmers de style moderne, où sont entreposées, pour la plupart à ciel ouvert, des statues inestimables provenant d'Angkor. Quelques-unes sont en cours de restauration, mais la plupart ont été regroupées à cet endroit pour échapper aux pilleurs. Certaines d'entre elles portent des traces de découpe et de mutilation aux points où ceux-ci commençaient à les démanteler avant de se faire prendre en flagrant délit.

Grâce aux contacts de Damian Evans aux services archéologiques locaux, je pus entrer dans l'entrepôt pour voir ces centaines de têtes du Bouddha, têtes de démons et inscriptions. Il apparut vite que l'endroit ne ressemblait en rien aux réserves tombées dans l'oubli de part et d'autre des voies express américaines. C'était un hommage vivant à l'histoire khmère, presque un lieu sacré. Des écharpes dorées barraient le torse des bouddhas ; de l'encens et des bougies votives se consumaient à leurs pieds. Il y avait un autel en l'honneur d'un bouddha particulier, vieux de plusieurs siècles. Damian me dit qu'il avait survécu à un raid des Khmers rouges de Pol Pot, toujours prêts à dynamiter les effigies. On raconte qu'ils auraient fixé une grappe de mines antipersonnel sur la statue, mais qu'elle en réchappa intacte. Seuls le naga aux sept têtes qui déployait naguère un parasol protecteur au-dessus de la tête du Bouddha fut pulvérisé. L'équipe de l'entrepôt restaura le naga et plaça le bouddha dans une pagode où l'encens, les bougies et les lotus déposés à ses pieds en offrande lui rendent hommage.

Nous avons visité un sanctuaire identique à Preah Vihear. Ce temple massif ancré au flanc d'une falaise fut édifié sous les ordres de Suryavarman Ier au XIe siècle. Mille ans plus tard, il formait le dernier bastion des forces des Khmers rouges, qui y effectuèrent leur reddition en 1998. Après avoir visité cinq temples placés toujours plus haut sur la pente et toujours plus ouvragés, je débouchai sur un promontoire offrant une vue spectaculaire sur les champs et les rizières du Cambodge et de la Thaïlande. Derrière le cinquième temple, sur un terrain gazonné, subsistent les vestiges de bunkers et de caches d'armes, et un affût de mitrailleuse. L'affût, presque en forme de stupa, a été reconverti en autel. Il disparaissait sous des fleurs, des rubans métallisés, de l'encens en train de se consumer et d'autres offrandes. Preah Vihear se dresse dans une zone encore disputée, et partout des soldats cambodgiens sont là à tuer le temps, tendant parfois une main secourable aux visiteurs khmers âgés pour les aider à monter ou à descendre les degrés massifs qui relient les différents niveaux du temple. Un garde visionnait une vidéo YouTube sur son téléphone tandis que nous prenions des photos de gravures anciennes ciselées dans la pierre. Immobile à la croisée des chemins, à l'intersection de l'actualité récente et de l'histoire profonde, je me suis demandé si toutes les villes étaient vouées à un barattage sans fin, au gré de cycles de brusque expansion et d'abandon tout aussi abrupt.

Cette question m'habitait encore quand je regagnai Phnom Penh, où les Khmers rouges avaient procédé à l'exode massif de la population au milieu des années 1970. Il est difficile d'imaginer une ville aussi effervescente vidée de ses habitants. Aujourd'hui, les rues de Phnom Penh sont encombrées de véhicules, allant d'énormes SUV et de scooters bourdonnant aux tuk-tuks bourrés de touristes et aux deux-roues en tous genres. Il n'y avait pas un centimètre carré de libre sur les trottoirs, où les habitants installent des grils improvisés pour cuisiner un repas rapide à côté d'empilements de briques et de charbon. Des marchands ambulants vendent de tout, des fruits et du pain au papier hygiénique et au café. On ne voyait aucun espace vide d'occupants, sauf dans les tours de prestige visibles au loin, sur l'autre rive de la Tonlé Sap. Les anciens cinémas avaient été reconvertis en un dédale de cages à lapins dignes d'un bidonville ; des appartements s'entassaient dans un ancien grand magasin français, et du linge fraîchement lavé pendait aux fils d'étendage fixés sous les plafonds élégants. À leur retour, les habitants avaient bâti des logements partout dans les ruines, et jusque sous les toitures des vieilles cathédrales trapues et des *vats* bouddhiques. Où que se posât mon regard, les murs, les rues, les ruelles débordaient d'activité.

Mais comme l'attestent les monuments aux victimes des Khmers rouges, la ville subit la ponction violente de tous ses habitants il y a quelques décennies seulement. Ils furent envoyés travailler dans ce qu'on appellerait un jour les champs de la mort, les camps de travaux forcés qui servirent aussi de charniers. Les lycées et les temples devinrent des centres de détention et de torture. Cela me rappela J7, qui avait remodelé la ville-capitale, s'était emparé des terres de son peuple et avait envoyé aux quatre coins de son empire des milliers de travailleurs corvéables à merci.

Les désastres politiques marquent la terre aussi inexorablement que les catastrophes naturelles. Mais au fil du temps, ces marques deviennent un palimpseste de témoignages sur les modes de vie de ceux qui en réchappèrent. Les Khmers continuèrent d'habiter Angkor longtemps après que leurs rois eurent disparu, remodelant les terres jusqu'à ce qu'elles ressemblent aux fermes et aux villages qu'ils avaient occupés dans les années 700. De même, les Khmers revinrent à Phnom Penh pour réoccuper, autrement, la ville après que les troupes de Pol Put eurent fui au nord, à Preah Vihear. On est tenté de parler à cet égard de cycle d'oubli réitéré et réitérant une histoire de ténèbres. Mais c'est par trop simpliste. Une autre interprétation s'esquisse peut-être, à savoir que la tradition urbaine khmère est plus puissante que les forces qui la mirent en lambeaux. Angkor n'est pas une civilisation perdue : elle est l'héritage vivant de gens ordinaires qui refusèrent d'abandonner.

QUATRIÈME PARTIE

CAHOKIA : LA PLACE CÉRÉMONIELLE

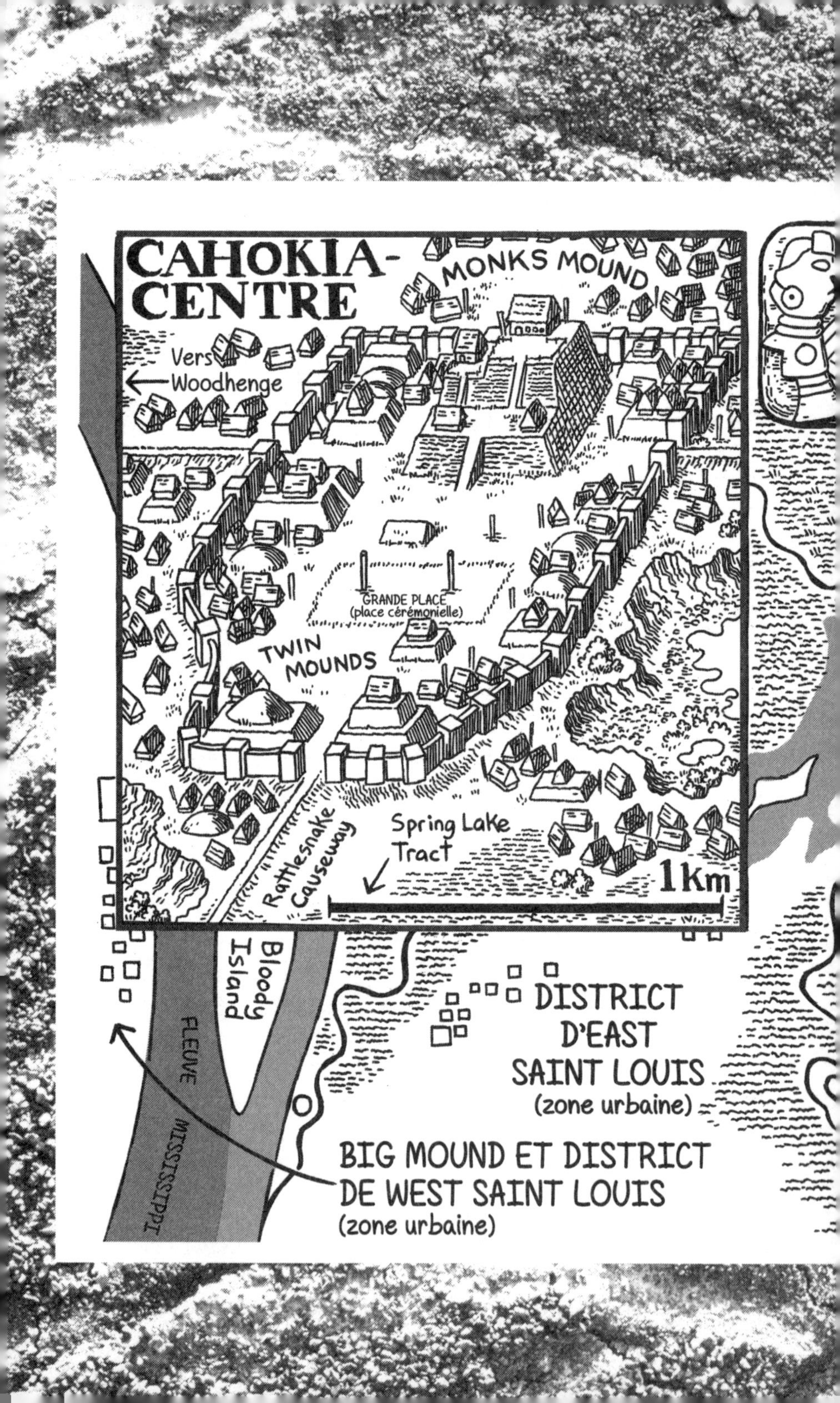

CAHOKIA-
CENTRE
MONKS MOUND
Vers
Woodhenge
GRANDE PLACE
(place cérémonielle)
TWIN
MOUNDS
Spring Lake
Tract
Rattlesnake
Causeway
1 Km
Bloody
Island
FLEUVE
MISSISSIPPI
DISTRICT
D'EAST
SAINT LOUIS
(zone urbaine)
BIG MOUND ET DISTRICT
DE WEST SAINT LOUIS
(zone urbaine)

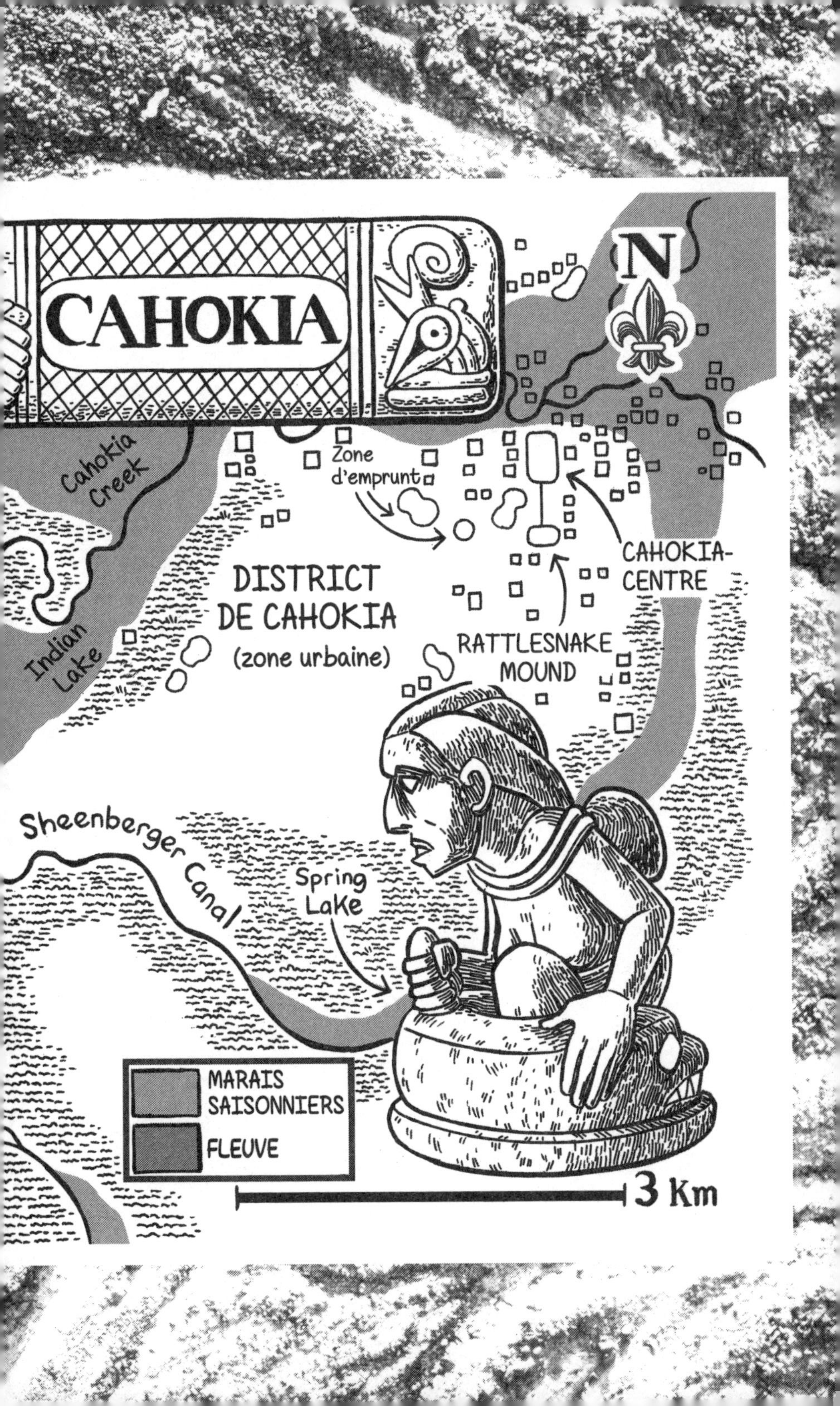

CAHOKIA
N
Cahokia Creek
Zone d'emprunt
CAHOKIA-CENTRE
DISTRICT DE CAHOKIA
(zone urbaine)
Indian Lake
RATTLESNAKE MOUND
Sheenberger Canal
Spring Lake
MARAIS SAISONNIERS
FLEUVE
3 Km

Chapitre X

Les anciennes pyramides de l'Amérique

Il y a un millénaire, des pyramides massives et des tertres se dressaient sur l'emprise actuelle de la ville d'East Saint Louis, dans le sud de l'Illinois. Une architecture urbaine monumentale dominait de sa masse la terre collante des plaines alluviales du Mississippi, et des chaussées surélevées serpentaient entre des zones résidentielles densément peuplées, des places publiques et des fermes situées à la périphérie. Des poteaux cérémoniels, peints et ornés d'objets rituels, pointaient au sommet des tertres comme autant de panneaux de signalisation. La ville impressionnait tant les esprits que sa réputation gagna le nord et le sud du Mississippi et de ses affluents, du Wisconsin à la Louisiane. Elle attirait les visiteurs par milliers, séduits par ce qu'on racontait de ses banquets faramineux, de ses parades spectaculaires et de ses jeux. Certains venaient s'y divertir, mais d'autres recherchaient une nouvelle forme de société. Beaucoup furent conquis au point de ne jamais repartir.

La ville devint un havre pour les immigrants ; ses divers secteurs débordaient d'individus venus de toutes les cultures des régions sud des États-Unis. À son apogée, en 1050, sa population compta jusqu'à trente mille habitants.

C'était la plus grande ville précolombienne de ce qu'on appela plus tard l'Amérique du Nord, plus étendue que Paris à la même époque.

Un ouvrage particulièrement remarquable, une pyramide en terre appelée aujourd'hui Monks Mound, s'élevait au centre névralgique de la cité. Il culminait à trente mètres. Trois terrasses spectaculaires rythmaient son versant sud, portant chacune des bâtiments cérémoniels. Pris dans son entier, le tertre occupait en gros la même emprise que la grande pyramide de Gizeh. La voix d'un orateur s'exprimant depuis l'étage supérieur portait jusqu'à la Grande Place, l'immense esplanade cérémonielle d'une vingtaine d'hectares située à son pied sud. Une chaussée cérémonielle longue d'un kilomètre partait du tertre, également vers le sud. Coupant des terres inondées, la voie surélevée aboutissait à un autre terrassement massif, Rattlesnake Mound (le tertre du Crotale), du nom que lui donnent les archéologues.

Un cercle de hauts poteaux en bois flanque la pyramide à l'ouest, surnommé Woodhenge ; ses éléments indiquaient les solstices. À l'est, on trouvait l'une des nombreuses cuvettes profondes, ou zones d'emprunt, d'où les Cahokiens avaient extrait la terre pour édifier leurs tertres. La plupart des cuvettes étaient enduites d'argile de couleur et servaient de réservoirs saisonniers. Alignés sur un plan nord-sud, ces élévations et ces bassins artificiels, chaussées et poteaux-gnomons laissaient entendre aux visiteurs que la ville n'hébergeait pas seulement des citadins, mais des présences surnaturelles venues des royaumes situés au-dessus ou au-dessous du monde humain[1].

Si les monuments les plus visibles de la ville étaient ses tertres – et ils se comptaient par centaines, grands et petits, éparpillés sur des kilomètres –, la place cérémonielle formait son cœur. Les habitants aplanissaient le terrain de la Grande Place et le recouvraient d'une mince couche de gravier pour accueillir la foule des visiteurs lors des cérémonies et des rencontres sportives. D'une superficie plus ou moins égale à trente-huit terrains de football américain, l'esplanade servait de modèle à de nombreuses places aux dimensions plus modestes, disséminées dans toute la cité. Certaines places n'étaient guère plus que des cours entourées d'une demi-douzaine de maisons dans un secteur résidentiel. D'autres se posaient en concurrentes. Les habitants veillaient à garder toutes ces places propres et dégagées pour les diverses activités et réunions qui s'y tenaient. Elles formaient un élément déterminant de la trame urbaine car la communauté se fondait sur une certaine conception de la sphère publique – un espace où les idées avaient la capacité de modifier la configuration du terrain et vice versa. Toutes les villes offrent à leurs résidents la possibilité de vivre une identité publique – Çatal Höyük avait ses « maisons d'histoire », Pompéi ses rues, Angkor ses complexes de temples. Mais à Cahokia, nous voyons partout dans la ville des structures entièrement vouées aux masses. C'était sur les places qu'on se réunissait en foule, que ce soit pour assister à un match ou écouter une harangue. Elles définissaient la société cahokienne, de la même façon que les rues marchandes définissaient Pompéi. La cité chérissait le pouvoir transformateur de la vie publique, offrant d'innombrables lieux de réunion conçus et aménagés avec soin, où les individus pouvaient se rassembler et former une entité plus importante que leur personne.

Bien que ville grandiose, elle vit son nom originel se perdre dans la nuit des temps. Sa culture est dite

« mississippienne » parce que ses vestiges s'égrènent le long du formidable fleuve qui unit le nord et le sud du continent. Lorsque les Européens explorèrent l'Illinois au XVIIe siècle, plus personne n'y vivait depuis des centaines d'années. À cette époque, la région était habitée par les Cahokia, une tribu de la Confédération des Illinois. Les Européens décidèrent de donner leur nom à la cité, quand bien même les Cahokia ne revendiquaient pas l'avoir bâtie. Le nom resta.

Des siècles plus tard, l'essor et la chute météoriques de Cahokia demeurent un mystère. En 1400, sa population s'était déjà largement dispersée, laissant derrière elle un semis de villages au sein d'un environnement complètement réorganisé par la main humaine. La culture mississippienne a persisté dans les traditions des tribus de langue siouane, en particulier chez les Osages, et les tertres exercent toujours leur ascendant spirituel sur les populations autochtones modernes de nombreuses tribus. Mais les raisons qui présidèrent à la fondation de la ville, puis à son abandon, restent une énigme. En quête d'indices, les archéologues creusent l'argile épaisse, détrempée, tenace dont usèrent jadis les Cahokiens pour édifier leurs tertres. Enfouies sous un mètre de terre, se superposent les couches des fondations de constructions millénaires, de dépotoirs, de reliefs énigmatiques de rituels publics, et de sépultures. Ensemble, elles racontent l'histoire d'une civilisation peut-être conçue, dès ses débuts, pour être temporaire. Pour les Cahokiens, la désertion de la ville ne fut pas un échec ni une perte : elle appartenait peut-être à un cycle de vie urbaine inscrit dans l'ordre du monde.

Le ralliement

D'après le calendrier romain, l'érection des premiers monuments de Cahokia date de la fin du IXe siècle. En ce temps-là, la civilisation européenne était embourbée dans les superstitions et les monarchies violentes du Moyen Âge. Mais en Amérique du Nord il n'existait pas d'aristocratie médiévale ancrée dans ses retranchements, pas de textes latins évoquant une grande civilisation disparue. À la place on trouvait des mouvements sociaux puissants mais en perpétuelle mutation, qui unissaient temporairement les tribus et les nations et dont les équivalents modernes les plus proches pourraient être les révolutions ou les renouveaux religieux. Et ces mouvements se déployaient sur la toile de fond de l'histoire urbaine vivante des Amériques, concrétisée dans des ouvrages massifs en terre et des monuments en pierre, dont l'origine remontait à des milliers d'années.

En nous fondant sur ce que nous apprennent l'histoire orale amérindienne et les observations des Européens aux XVIIIe et XIXe siècles[2], nous pouvons avancer que Cahokia fut vraisemblablement fondée par des chefs – voire un chef charismatique – laissant augurer une renaissance spirituelle et culturelle. Certains voient en elle une cité édifiée sur la religion, mais ses origines se révèlent plus complexes. La meilleure présentation de Cahokia consisterait peut-être à dire qu'elle naquit d'un mouvement social qui se propagea rapidement dans le sud des États-Unis et dans le Middle West, le long des rives du Mississippi.

Les Cahokiens n'ayant laissé aucune trace écrite, il est impossible de dire en quoi consista cette déferlante. Mais elle se nourrissait de la connaissance qu'avaient ses fondateurs de l'histoire de l'Amérique du Nord. Les cités de tertres appartiennent à une tradition ancienne de cette partie du continent, antérieure de plusieurs millénaires à Cahokia. Les premiers terrassements connus de l'Amérique du Nord se dressent en Louisiane. Le plus ancien, nommé Watson Brake[3], date de cinq mille cinq cents ans – précédant de plusieurs siècles la construction des premières pyramides d'Égypte. Il en existe un autre à Poverty Point, bâti il y a trois mille quatre cents ans à proximité du Mississippi, dans le nord de la Louisiane. Encore visibles de nos jours, ses élévations de terre en forme de croissant forment d'immenses parenthèses nichées sur une colline qui surplombe le lit d'une rivière à présent à sec. Mille ans avant la désertion de Poverty Point, un peuple de la culture Hopewell édifia des cités de tertres encore plus stupéfiantes dans l'Ohio et dans tout le Nord-Est. Les Cahokiens en auraient connu l'existence par les récits ancestraux – ils en avaient peut-être vu des exemples le long du Mississippi – mais ils pourraient aussi s'être inspirés des pyramides contemporaines des métropoles mayas et toltèques, situées plus au sud.

Les bâtisseurs de Cahokia entendaient probablement édifier une ville à l'image de celles de ces civilisations plus anciennes. Et ils le firent en un temps record, comme éperonnés par l'ardeur de leurs convictions. Tim Pauketat, archéologue à l'université de l'Illinois à Urbana-Champaign, a consacré presque toute sa carrière à l'étude de Cahokia. Comme il l'explique, la brusque apparition de ses tertres dans les archives archéologiques laisserait penser qu'ils furent construits directement sur une constellation de petites agglomérations, appartenant à un groupe connu aujourd'hui sous le nom de tribus des Eastern Woodlands[4]. À mesure que la ville se développait, ses fermes suivirent le mouvement, et les champs cultivés s'étendirent bientôt de Cahokia aux plateaux de l'Illinois. Les traces de la culture mississippienne épousent la continuité du fleuve, où des bourgades et de petites localités construisaient des tertres et partageaient certains rituels de Cahokia. Il est vraisemblable que la ville se présentait comme Angkor, dont on retrouvait parfois les styles architecturaux et la structure administrative à des milliers de kilomètres de la cité proprement dite.

Ce n'étaient pas les seuls points de ressemblance. Cahokia avait l'apparence d'une ville tropicale, avec de larges étendues de terre cultivable entre ses divers secteurs et des élévations en terre qui devinrent le centre-ville. Ses premiers résidents se répartissaient sur les rives du Mississippi, reconfigurant les terres par leurs cultures et leurs terrassements. La cité se caractérisait par son énorme emprise au sol, au point que les archéologues parlent parfois de ses « districts » : le centre urbain densément peuplé autour de Monks Mound, une autre concentration identifiée à East Saint Louis, et une autre encore à l'emplacement de l'actuelle Saint Louis. Tout porte à croire que ce n'étaient pas des villes distinctes, mais plutôt des secteurs du centre-ville, séparés par des fermes.

Cahokia fut entièrement construite par la main humaine. Les bâtisseurs utilisaient des outils en pierre pour extraire l'argile de tranchées profondes, les futures zones d'emprunt, puis la portaient à dos d'homme dans des paniers de charge en vannerie, dont ils déversaient le contenu sur les tertres de plus en plus massifs. Après quoi ils tassaient l'argile jusqu'à ce que les terrassements deviennent aussi compacts et robustes que des élévations naturelles. Des siècles plus tard, les archéologues qui fouillaient les flancs de Monks Mound discernaient encore des amas circulaires d'argile, chacun d'un ton légèrement différent, indiquant l'endroit où les charges avaient été versées[5]. Le travail de forçat effectué par les Cahokiens pour édifier ces monuments avait peut-être une valeur rituelle. Peut-être qu'ils creusaient et ployaient sous leur fardeau dans le seul but d'accroître la grandeur et la puissance de la ville. À moins qu'ils n'aient été une main-d'œuvre en servitude, comme les khñum d'Angkor.

À la différence de Pompéi, Cahokia n'avait pas de rues bordées d'échoppes. Les archéologues n'ont encore découvert aucune trace de marché ni de halle. Pour autant, leurs collègues du début du XXe siècle refusaient de croire qu'une ville de cette importance ne s'articulait pas autour du commerce ou du mercantilisme. Ils se ralliaient en partie aux thèses de Vere Gordon Childe, l'inventeur de « la révolution du néolithique », selon qui les villes, par définition, devaient avoir une monnaie, un système de taxes et un commerce à longue distance[6]. Et, comme les premiers explorateurs européens à Angkor, ils partaient du principe que toutes les cités anciennes de la planète comportaient une place de marché centrale et un mur d'enceinte. Mais au cours des dernières décennies, des archéologues comme Timothy Pauketat ont posé l'hypothèse que la ville constituait un centre religieux et non commercial. Pour preuve, il attire l'attention sur les souvenirs de Cahokia que les visiteurs rapportaient chez eux.

Un des articles les plus courants était un type de poterie cérémonielle, dite Ramey, exclusivement fabriquée à Cahokia. Les poteries Ramey alliaient la beauté décorative et la complexité technique. L'argile était trempée avec des coquilles de moule broyées qui protégeaient leurs parois, d'une remarquable finesse, contre les craquelures lors de la cuisson. Incisées de motifs compliqués représentant l'inframonde, quelques poteries Ramey s'ornent de délicates têtes d'animaux en guise d'anses et portent des spirales abstraites, éclatantes, peintes en rouge et blanc. Présentes dans toutes les implantations humaines mississippiennes, elles confirment que les visiteurs rapportaient de Cahokia des objets symboliques, non des articles utilitaires comme des amphores de vin ou des outils spécialisés.

Les archéologues ont mis au jour d'autres menus souvenirs de Cahokia – des figurines, des pointes de projectile décoratives et des coupes cérémonielles – sur des sites aussi éloignés que le Wisconsin et la Louisiane. Ces trouvailles laissent entendre que Cahokia faisait commerce d'idées et de spiritualité, et non de biens de consommation comme la nourriture, les outils et les textiles. Le troc s'y pratiquait sûrement à petite échelle, mais il ne s'agissait pas d'une culture construite autour du commerce comme à Pompéi. Les Cahokiens s'assemblaient pour participer à une vision culturelle du monde, cimentés par un sentiment commun de l'intérêt public. Nous pouvons reconstituer en partie en quoi il consistait en nous penchant sur la configuration de la ville.

La vie publique mississippienne

Malgré sa superficie, la Grande Place de Cahokia délimitait essentiellement un espace inoccupé, comme pour inciter la population à s'y rassembler à son gré. On pouvait y installer des palissades en bois et des poteaux cérémoniels lors de certaines activités, mais elle n'accueillait pas de structures permanentes, comme des boutiques ou des temples[7].

Certains jours, l'esplanade était entièrement dégagée pour permettre à la population d'organiser un grand jeu collectif de palets et de bâton, le « chunkey ». Timothy Pauketat imagine la scène :

> Debout au sommet de la pyramide noire en terre compactée, le chef lève les bras au ciel. Sur l'esplanade en contrebas, une clameur assourdissante jaillit de mille cœurs qui ne font qu'un. Puis la masse des joueurs se divise en deux, et les deux groupes se ruent sur le terrain avec des hurlements frénétiques. Des centaines de javelots fendent l'air en direction d'un petit palet en pierre qui tournoie. Les spectateurs massés en foule sur les côtés donnent de la voix et encouragent les deux équipes[8].

Les artisans de Cahokia confectionnaient des figurines de champions de chunkey, et l'une d'elles montre un homme s'agenouillant pour faire rouler un palet, les cheveux ramenés en arrière en un chignon compliqué, et paré d'ornements d'oreille. En nous fondant sur ce type de figurines et sur les récits d'Européens qui assistèrent à des parties de chunkey dans d'autres régions[9], nous savons que le succès du jeu tenait tout autant aux paris prévus dans ses règles qu'aux prouesses des athlètes. Les joueurs faisaient rouler leur palet sur le terrain en même temps qu'ils lançaient leur bâton épointé. Le gagnant était celui dont le bâton retombait le plus près du point où le palet s'immobilisait.

Mais les vrais gagnants étaient peut-être les assistants qui misaient sur un joueur et repartaient avec des prix en tous genres. Il semble que le rythme du chunkey était assez lent et que le jeu s'accompagnait d'innombrables paris et de la participation active des spectateurs. Ces éléments en faisaient un sport idéal pour rassembler les personnes qui cherchaient un prétexte pour faire des rencontres. Le jeu exerçait une véritable fascination, au point que les palets eux-mêmes devinrent des objets d'art, et les spectateurs qui se déplaçaient à Cahokia regagnaient souvent leurs villages avec un palet confectionné sur place, bellement façonné et poli.

Cahokia était aussi une ville qui aimait faire la fête. Les réjouissances consistaient essentiellement en banquets, où les participants festoyaient de chevreuil, de bison, d'écureuil, voire de cygne rôtis sur la braise. Des siècles plus tard, des archéologues ont découvert d'immenses fosses remplies d'os éclatés au feu et de vaisselle brisée. Les fêtards faisaient circuler de superbes plats en poterie réservés à ces occasions, débordant de pains et de fruits, et utilisaient des coupes cérémonielles spéciales pour avaler quelques gorgées de « breuvage noir », un hallucinogène comportant de la caféine et rituellement utilisé pour provoquer des visions et des vomissements.

Il est probable que la population de la ville doublait lors de ces fêtes, car la foule affluait à Cahokia depuis les agglomérations situées tout le long du Mississippi. Le breuvage noir en fournit une preuve fiable : il est confectionné à partir de buissons de houx qui croissent à des centaines de kilomètres de Cahokia, ce qui obligeait les visiteurs à l'apporter sur place. De même se chargeaient-ils d'objets de valeur qu'ils s'échangeaient aussi. Des outils et des poteries présentant des styles exogènes finirent dans les dépotoirs et les feux sacrificiels de Cahokia. À l'occasion d'une visite aux bureaux de l'Illinois Archaeological Survey, je vis une pointe de projectile taillée dans un style caractéristique de la région texane, mais le silex provenait de Cahokia. Cela signifie qu'un émigrant confectionnait des armes avec la technique de sa ville d'origine, mais en utilisant la pierre que les Cahokiens réservaient à leurs pointes de projectile. Soit l'équivalent, sous la forme d'un outil lithique, du taco coréen des temps modernes, dont la délectable existence résulte d'une tradition de métissage culturel.

Mais à Cahokia les réjouissances ne se limitaient pas toujours à une fusion d'activités sportives, de barbecues et de styles de pointe de projectile. Des fêtes géantes peuvent aussi susciter chez les individus une foi délirante en des chamans, des figures politiques, ou les deux. Les hauts dignitaires paradaient au sommet de Monks Mound pour haranguer la foule rassemblée sur l'esplanade[10]. À quoi s'ajoutaient les grands spectacles. Hybrides de théâtre et de rituel, ces productions étaient centrées sur des récits de fertilité et de renouveau, ainsi que sur les dieux et héros et leurs légendes[11]. Nous ne pouvons affirmer que les assistants faisaient l'expérience intime de ce que les Européens des temps médiévaux auraient appelé l'Église, ou que les Américains d'aujourd'hui qualifieraient de « film Star Wars ». Très vraisemblablement un peu des deux, suivant le cas.

Les Cahokiens édifiaient de grandes terrasses en terre formant une sorte de scène, où des personnages costumés en figures mythiques interprétaient des récits légendaires pour marquer des moments importants de l'année, comme les moissons. Certaines célébrations à grand spectacle comportaient des sacrifices humains. Ils pouvaient revêtir de nombreuses formes – j'y reviendrai plus en détail – mais la vie humaine n'était pas la seule oblation offerte aux dieux à cette occasion. Les archéologues ont mis au jour les corps de victimes sacrificielles entourés de nombreuses offrandes, parmi lesquelles des ossements d'ancêtres que les participants avaient déterrés et apportés pour les enfouir à nouveau auprès des victimes encore fraîches. La suite du rituel rappelle « la fosse de la mort » de Domuztepe, en Turquie. Une fois que la « scène » disparaissait sous un monceau de corps, d'ossements et de riches offrandes, celle-ci était recouverte de terre que l'on damait de façon à former un tumulus conique comme celui de Rattlesnake Mound. Ces cônes ressemblaient aux toits à forte pente des maisons typiques de Cahokia. Souvent, les scènes-tumuli étaient érigées à la lisière de l'esplanade du centre-ville, et d'après certains archéologues elles auraient fait office de bornes frontières entre notre monde et celui des morts[12].

Les sacrifices humains appartenaient tout autant à l'ordinaire des Cahokiens que les effroyables exécutions des hérétiques à celui de leurs contemporains européens. En Europe comme dans les Amériques de l'époque, le sacrifice était un spectacle public, destiné à cimenter les normes et les hiérarchies des sociétés. Dans les pays européens, les exécutions en place publique permettaient aux dirigeants de montrer leur pouvoir et de se débarrasser de leurs ennemis. Des siècles après que les Cahokiens eurent cessé de pratiquer des sacrifices humains, l'exécution publique de ses conseillers et de deux de ses épouses valut une solide réputation à Henri VIII, roi d'Angleterre. Les premiers colons des Amériques rapportaient aussi avec délectation l'exécution publique des mécréants dans leurs établissements de Plymouth et de Salem. À l'image des exécutions pratiquées en Europe, les sacrifices humains de Cahokia servirent peut-être à consolider une hiérarchie sociale dont les plus hauts représentants occupaient le sommet de Monks Mound.

Les Cahokiens conçurent une ville à l'image de leur passion pour l'astronomie. Les résidents observaient avec assiduité le mouvement du soleil, de la lune et des étoiles, orientant souvent leurs habitations en fonction de la position des astres dans le ciel. Au moment où la cité connut sa plus forte expansion démographique, le tracé des rues se déportait à 5 degrés exactement de l'axe nord-sud. D'après Timothy Pauketat et son équipe de chercheurs, il est orienté selon un phénomène astronomique appelé lunistice[13], un moment de position extrême de la lune où sa hauteur dans le ciel nocturne varie spectaculairement pendant une période de deux semaines.

L'expansion fulgurante de la ville fut peut-être brusquement déclenchée par un autre phénomène astronomique, encore plus sidérant. En 1054, au moment précis où la ville prenait son essor, une supernova illumina le ciel durant presque un mois. Elle brillait avec tant d'éclat qu'elle aurait été visible pendant le jour, et elle était aussi lumineuse que la pleine lune durant la nuit. L'événement est documenté dans le monde entier, des rouleaux calligraphiés en Chine aux peintures pariétales de Chaco Canyon, au Nouveau-Mexique, où s'épanouissait une autre civilisation urbaine autochtone. D'après l'hypothèse de Timothy Pauketat, un groupe de chefs religieux ou politiques ambitieux y vit peut-être le signe que les temps étaient venus – ceux de faire connaître leur civilisation en plein essor. L'étoile, dans sa gigantesque explosion, aurait étayé un nouveau corps de croyances qui rassembla dans un dessein commun des populations jusque-là disparates, jetant les bases de ce qui devint la civilisation du Mississippi.

Quelles que furent leurs méthodes, les chefs de Cahokia réussirent à attirer un vaste public. Plus d'un tiers de la population de la ville était constitué d'immigrants qui avaient vu le jour très loin de son enceinte[14]. Nous le savons car les scientifiques recourent à une procédure qui indique la contrée où un individu a grandi : l'analyse isotopique. En étudiant la composition chimique de l'émail dentaire de restes humains découverts à Cahokia, ils sont en mesure de discerner les signatures isotopiques spécifiques laissées par les aliments et l'eau qu'a ingérés le sujet pendant son enfance. Cette méthode est souvent utilisée en anatomopathologie, où elle aide les enquêteurs à déterminer d'où un corps est originaire. Appliquée par des archéologues, elle révèle les schémas de migration. Si une personne a été inhumée à Cahokia, mais a consommé la nourriture et l'eau d'un lieu éloigné pendant sa croissance, sa qualité d'immigrant ne fait presque aucun doute.

Cahokia devait peut-être son attrait à son pouvoir politique, mais la ville était aussi un endroit où les humains se livraient à des activités extrêmement prosaïques : ils cultivaient la terre, chassaient, entretenaient les infrastructures et élevaient leurs enfants. Lorsqu'ils fouillent le site, les archéologues mettent le plus souvent au jour des éléments liés à ce type d'activités : houes cassées jetées à la décharge, os de cerf rongés au repas, poteries en argile brisées, ainsi que les trous profonds révélant le pourtour de l'ancienne maison en bois d'un résident. Mais les Cahokiens créèrent ces objets du quotidien à une échelle peu courante en Amérique du Nord à cette époque. Les terres cultivées de la ville, qui produisaient plusieurs types de céréales riches en nutriments, ainsi que des fruits, des courges, des haricots et du maïs, nourrissaient plus de trente mille habitants lorsque la cité connut son apogée, de 1050 à 1250. On aurait pu parcourir à pied les quelque dix-neuf kilomètres qui séparaient Monks Mound et le Mississippi, traverser le fleuve en canoë et continuer encore sur plusieurs kilomètres sans jamais quitter vraiment la ville et ses fermes.

Les récoltes perdues de l'Amérique du Nord

Cahokia s'insère dans un patchwork d'écosystèmes divers et variés le long du fleuve Mississippi, appelé l'American Bottom. Pluies et inondations remplissent cette zone d'étangs et de marais saisonniers, tandis que les collines environnantes offrent des étendues de prairie parfaitement adaptées à la culture d'aliments de base tels que le maïs et les féculents. C'est l'une des régions les plus fertiles d'Amérique du Nord, et les Cahokiens avaient conscience de vivre sur des terres d'une productivité presque surnaturelle.

Une des sculptures en argile les plus énigmatiques que nous ait laissées Cahokia, la figurine Birger comme on la nomme, fut découverte dans un district rural de la périphérie est, le BBB Motor Site (ainsi surnommé parce qu'il fut dégagé lors de la construction d'une autoroute). Appartenant à un ensemble d'objets rituels et sculptée dans une pierre à fusil brun rougeâtre, la figurine montre une femme agenouillée ; la mâchoire crispée par l'effort, elle manie un sarcloir associant la pierre et le bois. Mais elle ne travaille pas la terre. Son outil tranche le dos d'un serpent dont le corps trapu emprisonne ses jambes repliées. D'une main vigoureuse, elle plaque au sol la tête du reptile, qui ressemble à celle d'un lynx découvrant ses crocs. Derrière la femme, la queue de l'animal se divise en vrilles chargées de courges. Elle a déjà cueilli une part des largesses dispensées par l'animal : un panier en vannerie sanglé sur son dos est rempli de potirons.

Gayle Fritz, une anthropologue de l'université de Washington, a montré la figurine à une paysanne amérindienne de la tribu Hidatsa nommée Amy Mossett, qui a aussitôt reconnu « Grand-Mère » ou « la vieille femme qui ne meurt jamais », un puissant esprit qui préside aux moissons[15]. Nous voyons ici la continuité entre les croyances mississippiennes et celles des actuelles tribus Sioux, ainsi que l'indication que les activités agricoles n'étaient pas dévolues aux seuls habitants des plaines alluviales. Brider le pouvoir des forces souterraines était une tâche dangereuse, aussi spectaculaire que n'importe quelle chasse ou bataille. À Cahokia, l'agriculture participait de la dramaturgie qui se jouait entre la vie, la mort et le cosmos.

À la différence des agriculteurs autochtones vivant plus au sud, la population de Cahokia ne planta du maïs qu'à une période tardive de l'essor de la ville. Elle consommait à la place des plantes domestiquées nord-américaines, comme le chénopode, la petite orge, l'ive arbustive, l'amarante et la renouée dressée, à ne pas confondre avec sa cousine invasive, la renouée asiatique. Ces plantes sont parfois qualifiées de « cultures perdues », parce que cultivées de façon intensive autrefois mais revenues à l'état sauvage. L'archéo-botaniste de l'université Cornell Natalie Mueller a consacré plusieurs étés à traquer les vestiges fugaces de certaines d'entre elles, en particulier la renouée dite dressée[16]. Croissant de nos jours en bordure de rivière aux États-Unis, elle ressemble à une banale plante fibreuse, à feuilles luisantes en forme de cuiller. Mais à l'époque de la fondation de Cahokia, la renouée était cultivée depuis des milliers d'années par les populations autochtones partout dans le Sud. Des générations d'agriculteurs avaient sélectionné une espèce à grosses graines pourvues d'un mince tégument et à croissance rapide – un peu comme des millénaires de culture sélective ont produit un maïs qui pousse plus vite et donne des épis plus charnus. Natalie Mueller a découvert des caches séculaires de ces semences rebondies, enfouies dans des zones d'habitation dans la région du Mississippi.

La renouée domestique produisait des graines oléagineuses extrêmement dures, à l'enveloppe très résistante. Pour les consommer, estime l'archéo-botaniste, les Cahokiens les cuisaient dans la braise à la façon du pop-corn, où elles éclataient en dégageant leur saveur. Peut-être recouraient-ils aussi à la nixtamalisation, un procédé ancien consistant à faire tremper la renouée dans une solution alcaline pour transformer les graines concassées en une sorte de porridge. De nombreux groupes autochtones des Amériques procédaient ainsi pour ramollir l'enveloppe des grains de maïs avant de les cuire, une technique que les Cahokiens connaissaient vraisemblablement. Quand ils ne se délectaient pas de renouée soufflée, peut-être en consommaient-ils les graines sous forme de bouillie mélangée à un hachis de viande et saupoudrée d'épices. La renouée et les autres cultures perdues formaient la base d'une alimentation variée qui associait poisson et gibier à des pains, bouillies, huiles, arachides grillées, ragoûts, courges cuites au four et haricots.

Gayle Fritz, qui a décrit la figurine de la Grand-Mère, a passé le plus clair de sa carrière à étudier les spécialités culinaires des populations amérindiennes de l'American Bottom, où surgit Cahokia. Elle se souvient avoir recueilli de nombreuses informations sur la vie quotidienne à Cahokia en explorant une décharge géante située au voisinage de Monks Mound[17]. En fouillant les couches de débris, les archéologues ont découvert de multiples superpositions de reliefs de festins, parmi lesquels des os de cygne et d'autres animaux rôtis, de nombreuses espèces de graine, des tessons de poterie, et même une couche de fourmis venues probablement faire bombance avant que les déchets ne soient recouverts d'herbe et brûlés. Ce sont, explique-t-elle, les vestiges de banquets qui s'étaient déroulés au début de la vie de la cité, quand Monks Mound sortait tout juste de terre. La grande diversité d'aliments, dont beaucoup avaient été jetés à demi consommés, fournit des indices sur la nourriture que Cahokia offrait à sa population. Une grande part provenait de fermes situées à plusieurs kilomètres de là, par exemple au BBB Motor Site, où Gayle Fritz et son équipe ont relevé des traces de culture intensive le long de petites implantations abondant en objets rituels cahokiens.

Les banquets qui ont rempli la fosse d'ordures, poursuit-elle, nous en apprennent beaucoup aussi sur la façon dont les habitants de la ville organisaient les travaux agricoles et se répartissaient la manne saisonnière. Pour reconstituer cette société complexe, elle étudie les résidus végétaux ainsi que les chroniques de visiteurs européens comme Antoine-Simon Le Page du Pratz, qui décrivit les festins mensuels des Natchez, une importante communauté d'agriculteurs bâtisseurs de tertres présente dans le Mississippi des années 1700. Les deux sources révèlent un même modèle d'organisation, selon lequel les cultivateurs apportaient les récoltes de l'arrière-pays dans les centres urbains, où elles étaient distribuées lors de festins. Se pose alors la question des critères de répartition. Gayle Fritz avance l'idée que les Mississippiens auraient gardé la main sur les terres par le biais des réseaux de parenté, à la façon des Hidatsa, plusieurs familles se partageant le même champ. « On enseigne aux écoliers américains que les Amérindiens ignoraient la notion de propriété privée, individuelle de la terre, écrit-elle. Néanmoins, il est clair que la famille ou le groupe apparenté détenait des droits exclusifs sur l'exploitation de parcelles clairement délimitées[18]. » Les femmes assumaient les travaux agricoles, entretenant diverses cultures sur leur lopin de terre, les hommes se réservant celle du tabac dans de petits jardins proches de leur maison à l'intérieur de la ville.

Le fait que des fermes éloignées aient alimenté les citadins soulève une autre question. La population du BBB Motor Site versait-elle un tribut en nature ou une taxe sur les aliments aux élites qui vivaient en haut de Monks Mound ? Je décidai d'interroger quelques archéologues dans le lieu le mieux fait pour évoquer l'histoire de Cahokia : le Stagger Inn, un pub d'Edwardsville, dans l'Illinois, fondé par un homme de l'art, que les chercheurs de Cahokia appellent tout simplement « le bar de l'archéologue ». Tous les jeudis, les spécialistes en mission sur tout le site y convergent pour savourer ses bières, ses hamburgers et ses frites sublimes.

Je m'installai à une table en bois couturée de cicatrices témoignant de discussions passionnées, à proximité d'une estrade où des musiciens se mettaient en place, bientôt rejointe par Tim Pauketat et Susan Alt, anthropologue de l'université de l'Indiana à Bloomington. Je les bombardai aussitôt de questions sur la structure économique de Cahokia. Comment les élites de la cité persuadaient-elles la population des fermes périphériques de les ravitailler ? Existait-il un quelconque réseau d'échange ? En m'entendant, Timothy Pauketat leva les yeux au ciel. Tous deux refusaient catégoriquement l'idée que Cahokia aurait été un centre commercial : c'était une erreur de voir la ville comme une entité économique, point. « La vocation première de la ville n'était pas le commerce ou le travail. Elle était d'ordre spirituel », déclara Timothy Pauketat, après que je lui eus commandé une autre bière. « Les gens ne possédaient pas de biens à proprement parler. Leur prospérité en était une conséquence indirecte. »

Susan Alt disposait de nouveaux éléments confirmant que Cahokia était un lieu voué à l'expression du sacré. Elle procédait à des fouilles à Emerald, un site où l'on pratiquait des rituels. Situé dans le comté de Saint Clair, dans l'Illinois, Emerald pourrait avoir été le berceau de la spiritualité cahokienne – il renferme une abondance d'artefacts mississippiens mais est antérieur à l'explosion démographique de Cahokia. « Des communautés auraient d'abord débarqué là, puis immigré à Cahokia et s'y seraient fixées ? », s'interrogeait-elle, réfléchissant tout haut. Dans ce cas, on aurait une nouvelle preuve que la fondation de Cahokia résulta de l'apparition de systèmes de croyance, non d'intérêts commerciaux.

Quelque chose me dérangeait : il existait, forcément, une structure économique quelconque. Des gens cultivaient des aliments, que d'autres consommaient. Y avait-il des échanges avec d'autres localités le long du fleuve ? Ou bien un marché où les fabricants d'outils du centre-ville pouvaient troquer leur production contre du maïs provenant des hautes terres ? Timothy Pauketat haussa les épaules. « On trouvait, bien sûr, des artisans spécialisés, ou des groupes qui s'approvisionnaient en nourriture chez d'autres habitants, mais les pratiques étaient hétérogènes. Elles variaient probablement suivant les zones. » Peut-être que les occupants d'un secteur faisaient commerce de leur poterie Ramey avec un autre secteur qui produisait des nattes de jonc tressé de première qualité, suggère-t-il. Ou bien que les familles d'un autre secteur mettaient en commun leurs collectes alimentaires quotidiennes pour de grands repas collectifs. Ou encore que certaines communautés concluaient un accord avec les fermes de la périphérie pour obtenir leurs excédents saisonniers. Susan Fritz se range à cette hypothèse : les familles auraient décidé entre elles de la répartition. Elle en veut pour preuve l'absence de vestiges de greniers où l'on aurait entreposé de grandes quantités de céréales et d'autres denrées destinées aux élites. Et n'oublions pas l'héritage culturel de tribus comme les Hidatsa, descendant de groupes mississippiens, qui se partagent les récoltes en fonction de la parenté.

Comme l'écrit William Cronon, historien de l'environnement, une ville est la somme de ses édifices et de son agriculture. La diversité et la dimension des fermes de Cahokia se révélaient tout aussi exceptionnelles que ses tertres monumentaux, et probablement plus démocratiques. Quelques très rares élus haranguaient les foules du haut de Monks Mound, mais les fermes de Cahokia servaient la collectivité entière. Elles étaient à l'image des nombreuses places de la ville, ouvertes au public, et pourvoyaient généreusement aux besoins de tous.

On ferme la maison

Les célébrations des Cahokiens ne se déroulaient pas exclusivement au grand tertre du centre-ville. Elles se tenaient surtout sur de petites places et dans des édifices publics, dans des secteurs éloignés des sacrifices et des harangues. La Grande Place ne pouvait pas accueillir tout le monde bien sûr, mais ces cérémonies locales n'offraient pas seulement un espace complémentaire. Elles mettaient en évidence la diversité culturelle de Cahokia. C'était une cité d'immigrants, qui ne parlaient pas tous la même langue et ne partageaient pas les mêmes traditions. Surtout dans les périodes festives, on imagine que les touristes qui affluaient en masse dans la ville se regroupaient par famille, ou en fonction de leur provenance. Leur participation aux grandes réjouissances qui se concentraient au cœur de la cité comportait certainement des variantes, incluant peut-être des chefs locaux qui conduisaient les cérémonies dans la langue des habitants de telle ou telle communauté.

L'une d'entre elles consistait en ce que les archéologues appellent communément un rituel de « fermeture ». Le qualificatif rend un son connu car il évoque le sort de la maison de Didon et de beaucoup d'autres à Çatal Höyük. Sur tout le site, les chercheurs ont relevé la trace de rites spéciaux par lesquels les Cahokiens faisaient table rase d'une habitation ou d'un édifice. Ils commençaient par déterrer les poteaux en bois qui formaient les murs et les recyclaient en bois de feu. Puis ils remplissaient soigneusement les trous avec de l'argile de couleur vive, parfois mouchetée de paillettes de mica, ou en y mêlant des fragments de poteries ou d'outils peut-être liés à l'histoire de la maison. Il n'est pas inhabituel de découvrir que l'on avait creusé une fosse dans le sol d'une maison abandonnée, pour la combler ensuite avec les débris encore fumants d'objets domestiques : tessons de poterie, nattes, bijoux, couteaux en pierre ébréchés. Autant de rituels qui semblaient fermer irrévocablement la vieille maison et préparer l'emprise d'une nouvelle résidence.

Les Cahokiens aimaient construire leurs habitations exactement sur le sol rituellement clos des précédentes. Ils enfonçaient, avec une précision rigoureuse, les nouveaux poteaux de charpente dans les trous rebouchés de l'ancienne maison. Lors de la fouille d'une maison, les archéologues mettent souvent au jour plusieurs sols empilés avec soin les uns sur les autres, chacun représentant en gros une génération de résidents. Comme si les habitants rendaient hommage à leur demeure par des rites funéraires. En quelque sorte, les Cahokiens croyaient que leur ville était vivante, mais en acceptaient aussi la finitude.

Ce rituel de fermeture n'est pas tout à fait le même que celui que nous avons observé à Çatal Höyük, où il apparaît que les maisons étaient souvent désertées et s'effondraient avant que de nouveaux occupants n'emménagent au-dessus d'elles. Et ce n'est pas ce que nous voyons à Pompéi, où une nouvelle génération de liberti convertit les villas de ses prédécesseurs en boulangeries et en échoppes. Cette pratique semble avoir été une façon d'implanter l'idée de désertion dans l'infrastructure de la ville même. Les tertres et les zones d'emprunt étaient conçus pour durer, mais l'occupation humaine n'aurait qu'un temps.

Peut-être que cette notion aida la population à quitter la ville pour d'autres itinérances. En réfléchissant à l'essor spectaculaire de Cahokia et à sa désertion qui le fut tout autant, nous devons garder à l'esprit ce postulat de « fermeture ». Car, en somme, il ne s'agissait pas d'une ville européenne ou sud-asiatique. Mais d'une cité amérindienne, dont les habitants ne concevaient pas l'urbanisme comme leurs homologues par-delà les océans. Ils n'aspiraient pas nécessairement à fonder une civilisation qui s'étendrait à la terre entière et ne connaîtrait pas de fin. Peut-être voyaient-ils la ville comme une version de leur maison, portant sa fin dans ses prémices.

Chapitre XI

Un formidable renouveau

Je voulais en savoir plus sur le monde cahokien, alors j'ai rejoint une campagne de fouilles sur le site, revenant voir les chercheurs deux étés d'affilée. Deux archéologues spécialistes de l'histoire de Cahokia conduisaient les travaux : la Pre Sarah Baires, de l'Eastern Connecticut State University, et la Pre Melissa Baltus, de l'université de Toledo. Elizabeth Watts, chargée de recherche, leur apportait son concours, ainsi que de nombreux et infatigables étudiants de premier cycle de l'Institute for Field Research. Ensemble, ils consacraient leurs étés à creuser trois grandes tranchées dans ce qu'ils croyaient devoir être une petite banlieue résidentielle et assoupie au sud-ouest de Monks Mound.

Plus ils creusaient, plus il apparaissait que l'endroit sortait de l'ordinaire. Les structures mises au jour regorgeaient d'objets rituels, calcinés par des feux cérémoniels. Nous avons dégagé des reliefs de festins en même temps qu'une structure en terre très inhabituelle, marquée de salissures jaunes. Sarah Baires, Melissa Baltus et leur équipe étaient tombées par pur hasard sur un trésor archéologique lié à la disparition de la ville. L'histoire de ce lieu précis allait nous reporter aux ultimes décennies d'une grande cité, où la vie publique connaissait une transformation radicale.

Le palimpseste d'East Saint Louis

Dans le monde moderne, découvrir une cité disparue ne se présente pas exactement comme un épisode de *Tomb Raider*. Au lieu de me frayer à la machette un chemin dans la jungle et d'affronter un dragon, je ralliai Cahokia en voiture par une route qui se faufile dans les banlieues ouvrières d'East Saint Louis avant de pénétrer dans Collinsville, dans l'Illinois. Dans les années 1970 encore, des lotissements suburbains recouvraient les chaussées surélevées et les tertres de la cité ancienne. Le Mounds Drive-In Theater dressait son écran de cinéma en plein air juste à gauche de Monks Mound. Durant des siècles, les cultivateurs avaient labouré le sol au-dessus des monuments moins visibles de Cahokia. On avait rasé les monticules pour faire place à des projets de construction. Au XIXe siècle, les terrassiers démolirent une énorme pyramide dénommée Big Mound qui surplombait autrefois Saint Louis, utilisant ses déblais pour consolider le soubassement des voies ferrées.

Tout changea il y a quarante ans, lorsque l'Illinois déclara Cahokia site historique d'État et que l'Unesco l'inscrivit au Patrimoine mondial de l'humanité. L'État acheta neuf cents hectares de terrain aux résidents, supprimant le cinéma en plein air et un petit lotissement. Aujourd'hui, le site historique d'État des Cahokia Mounds consacre ses activités à la préservation des vestiges du centre de la cité ancienne.

Lorsque j'arrivai à Cahokia, Sarah Baires et Melissa Baltus creusaient depuis plusieurs semaines dans la fournaise du sud de l'Illinois. Pour atteindre l'excavation, je me garai sur une bande d'arrêt d'urgence derrière d'antiques réservoirs à gaz et pataugeai dans l'herbe détrempée d'un terrain banalisé, jusqu'au moment où j'aperçus un groupe armé de pelles agglutiné autour de trois fosses. À 7 heures du matin, j'étais pourtant légèrement en retard, l'équipe démarrant tous les jours vers 6 h 30 pour éviter de travailler dans la chaleur accablante de fin d'après-midi.

Les deux archéologues avaient jeté leur dévolu sur cette parcelle à première vue banale dénommée Spring Lake Tract[1], en se fondant sur un relevé magnétométrique effectué par Elizabeth Watts quelques mois auparavant. Un magnétomètre portatif fixé à l'épaule pour plus de commodité, elle arpentait avec soin la totalité de la parcelle afin de détecter des traces d'occupation ancienne.

Les magnétomètres sont l'instrument idéal pour flairer des structures enterrées, car ils peuvent détecter des anomalies à plusieurs mètres sous la surface, signalant une intervention dans le sol ou la présence d'objets incinérés et de métaux. Son relevé avait démontré l'existence d'une configuration particulière et, de bon augure, de taches rectangulaires ou d'irrégularités sombres, à la forme et à la position trop précises pour être naturelles. Elles faisaient terriblement penser à des sols de maisons disposés en demi-cercle, peut-être autour d'une cour.

Ce sont ces contours qui avaient éveillé l'attention des deux archéologues. À une époque tardive de l'histoire de Cahokia, il se produisit un changement incompréhensible dans la configuration de la ville : la population cessa brusquement de construire en fonction d'un damier nord-sud et revint au plan à cour ouverte qui reproduisait l'agencement des villages antérieurs à la fondation de Cahokia. Le relevé leur montrait peut-être un secteur de cette époque tardive. Un autre élément de Spring Lake Tract piquait aussi leur curiosité. Elles voulaient savoir à quoi s'occupaient les gens ordinaires pendant la phase de transition vécue par la ville, et cette aire s'étendait très au-delà de Monks Mound, sphère de l'élite.

Elles découpèrent ainsi le sol au-dessus de trois anomalies distinctes, créant au final trois zones ou « carrés » d'excavation : EB1, EB2 et EB3.

Le temps que je m'engage sur le site de creusement, les trois spécialistes se penchaient déjà sur EB1, marmonnant des remarques sur leurs trouvailles. « Beurk – on a quoi, là ? », demandait Sarah Baires, scrutant le sol d'une structure qui n'avait pas vu la lumière depuis presque un millénaire. Je m'agenouillai près d'elle au bord de la coupe de bordure au tracé précis, essayant d'imaginer la présence d'une construction à cet endroit. « Un palimpseste ? », suggéra Elizabeth Watts. L'équipe avait dégagé des couches successives de matériau, indiquant que de nombreuses structures s'étaient superposées au même endroit au cours du temps. Comme la plupart des membres de l'équipe, la chercheuse se tenait pieds nus dans la tranchée boueuse afin de ne pas perturber le sol que les Cahokiens avaient foulé jadis.

Même pour mon œil non exercé, il était évident qu'elle montrait du doigt des sols de constructions qui se chevauchaient : une zone d'argile sombre s'interrompait brutalement en formant une ligne en diagonale ressemblant à un mur, doublée d'une zone d'argile de couleur uniforme constellée de charbon et d'artefacts. Les murs proprement dits, faits de poteaux en bois fichés dans l'argile, avaient dû être enlevés et recyclés par les Cahokiens en des temps lointains.

EB1 avait la dimension d'une maison modeste, mais sa vie avait été tout sauf quelconque. Au moins un feu rituel y avait brûlé, consumant dans ses flammes des offrandes de prix comme le mica, une natte bellement tissée, une truelle en poterie importée d'un village éloigné et une pointe de projectile ancienne provenant des sociétés pré-cahokiennes et qui devait dater déjà de plusieurs siècles avant d'être enfouie à cet endroit. EB2 et EB3 sortaient aussi de l'ordinaire, livrant des éléments évocateurs de festins et des terrassements ritualisés.

Ce que Sarah Baires et Melissa Baltus croyaient être un petit groupe d'habitations privées se révéla un espace public riche de « structures dédiées », définition qu'affectionnent les archéologues pour désigner tout édifice ne relevant pas du quotidien. Ces enceintes servaient à tout, des débats politiques et des événements sociaux aux pratiques spirituelles et aux assemblées festives. « Je n'ai jamais rien vu de pareil », dit simplement Sarah Baires en contemplant la zone. En suivant son regard, je cessai de voir un terrain désert, bordé d'arbres et de réservoirs à gaz au loin… À la place, il y a des salles de réunion, une vaste cour avec un poteau en bois décoré au centre, et une fosse sacrée dans laquelle les Cahokiens prélèvent l'argile de leurs tertres. Une énorme pile de déchets où se mêlent des os de cerf et des débris de poteries indique qu'un grand festin s'y est déroulé.

Je remontais le temps jusqu'à une période où les champs immobiles qui m'entourent devaient être remplis de monde, couverts de maisons et de tumuli aussi loin que portait le regard…

Au-dessus de Spring Lake Tract, le ciel était d'un bleu impitoyable, et l'on suffoquait dans la chaleur saturée d'humidité. Sarah Baires et Elizabeth Watts me révélèrent leur secret pour rester au frais : apporter une bouteille d'eau congelée le matin, à midi elle aura fondu tout en restant délicieusement glacée. On ne saurait trop recommander aussi de la presser sur un front trempé de sueur pendant qu'elle décongèle. Même si des bâches maintenaient à l'ombre les zones d'excavation, nous marquions des pauses fréquentes pour nous gorger d'eau et appliquer une nouvelle couche d'écran solaire. Tout le monde se protégeait la tête, les couvre-chef affichant divers degrés d'élégance. Mais qu'importait d'avoir l'air ringard tant qu'on évitait de rentrer chez soi le cou ou le visage à vif.

Je commençai par faire le tour des carrés d'excavation, emboîtant le pas à Sarah Baires et Melissa Baltus dans leur tournée d'inspection pour vérifier le travail des étudiants. À EB1 et EB2, on recensait une douzaine de trouvailles : des tessons de poterie cérémonielle, un minuscule visage humain recréé en argile, des pointes de projectile, les restes d'une natte tissée et l'anse rectangulaire d'une coupe spéciale qui avait contenu en d'autres temps du fameux « breuvage noir ». EB3 restait une énigme. Le carré ressemblait à un fragment de la palissade qui entourait la zone sur le levé magnétométrique, mais les deux archéologues doutaient maintenant de leur première interprétation.

Elles s'accroupirent à la lisière de chaque carré pour discuter avec Elizabeth Watts et les étudiants. Parfois, elles enjoignaient à ceux-ci d'envelopper une découverte particulièrement précieuse dans du papier d'aluminium ou de la glisser dans un sac à repas. Tout était étiqueté avec soin ; même la terre était recueillie dans des seaux pour être plus tard passée au tamis, afin de récupérer tout ce qui avait pu échapper au premier examen.

J'apprenais peu à peu la sténo verbale que Sarah Baires et Melissa Baltus avaient mise au point au fil d'années de fouilles conjointes. Des stratégies pour « traquer » ou « élucider » des éléments surgis de l'argile s'improvisaient sur le tas. Ainsi Sarah Baires, à un étudiant : « On élucide la ligne d'argile calcinée. » La base de chaque construction s'appelait une « cuvette » parce que les Cahokiens incurvaient les sols. Quand nous trouvions un mur, nous « attrapions la lisière » ou « attrapions un angle ». Comme si nous courions après l'Histoire prête à nous glisser entre les doigts.

Dans presque toutes les fouilles à Cahokia, la première opération consiste à « découper », à retirer environ trente centimètres de terre devenue stérile à la suite d'années de labour. Au-dessous commence la superposition des différentes couches de la ville. À chaque centimètre dégagé, les archéologues remontent le temps et s'ouvrent un passage dans la dernière phase de sa disparition, la période dite classique, aux poteries et aux créations artistiques pleinement maîtrisées. À mon arrivée, certaines tranchées avaient déjà un mètre de profondeur.

Fouiller est un art de spécialiste, et les étudiants se formaient sur le tas. Emma Wink, en premier cycle à l'Eastern Connecticut State University et qui travaillait sans relâche à « traquer » une couche bizarre de sol jaune dans l'énigmatique EB3, me dit que son travail l'absorbait tant qu'elle en oubliait tout le reste. « En fait, j'ai une mentalité de taupe », concluait-elle avec humour. À EB1, d'où provenait la majorité des artefacts, Will Nolan, étudiant de quatrième année à Western Washington University, « élucidait » une couche de carbonisation particulièrement alléchante. Il disait pouvoir sentir la différence entre les couches. La matière carbonisée paraissait « craquante, granuleuse, plus résistante quand on creusait ». Il savait qu'il atteignait la couche suivante si elle était « souple et collante ».

Sarah Baires me prêta une pelle au tranchant aiguisé et m'expliqua qu'il ne s'agissait pas de creuser. Mais de « décaper », de simplement gratter une mince couche de la cuvette à EB2. Chaque décapage laissait dans ma pelle une lamelle d'argile incurvée, qui ressemblait à du parchemin épais et sali. Chaque fois que je sentais une résistance dans la terre ou que j'entendais un crissement, je m'arrêtais aussitôt pour étudier le sol, utilisant une truelle pointue pour dégager avec précaution les mottes inhabituelles. Ma première découverte fut une plaque de poterie rouge qui se pulvérisa entre mes doigts. « Rien de grave, me dit Sarah Baires d'un ton rassurant. C'est juste de l'argile crue, elle n'aurait pas tenu. » Plus tard, j'exhumai des débris de charbon, des boules de pigment jaune, quelques fragments ébréchés de poterie calcinée et plusieurs os de cervidé carbonisés.

Les os étaient une vraie plaie car leur abondance nous obligeait sans cesse à nous arrêter de creuser. Nous devions nous assurer qu'il ne s'agissait pas d'ossements humains, ceux-là devant être signalés aussitôt. Même si nous avions identifié les nôtres comme provenant de cervidés, les archéologues procédaient parfois à un « léchage de contrôle » pour vérifier que ce n'étaient pas de simples roches. Un léchage de contrôle ? Je dévisageai Sarah Baires avec étonnement. « Ça vous dit d'essayer ? me demanda-t-elle. Comme l'os est poreux, la langue accroche. » Les étudiants m'attendaient au tournant. Est-ce que j'allais m'y risquer ? Chiche ! Je portai un petit fragment d'os à ma bouche. Il avait un goût salé et je sentis ma langue adhérer légèrement à la surface. « C'est bien un os », me confirma l'archéologue avec un haussement d'épaules blasé.

Après une heure de décapage à la pelle, mes doigts commencèrent à se boursouffler d'ampoules. À huit heures et demie du soir, je m'effondrai sur mon lit. Je sentais exactement l'endroit de ma cuisse qui m'avait servi de point d'appui pour caler le manche de la pelle. L'idée d'avoir léché les os d'un cerf rôti pour un festin à Cahokia neuf siècles auparavant m'obsédait. Dommage de ne pas avoir été de la fête. Encore que…

Cahokia se démocratise

Si vous cherchez en ligne ou dans des livres des vues d'artiste de Cahokia, vous relèverez une erreur presque universelle : les tertres et les fondrières de la ville sont revêtus d'une mince pellicule de gazon verdoyant, un vrai parcours de golf. Rien ne saurait être plus éloigné de la vérité. Sous le titre *Envisioning Cahokia*, un groupe d'archéologues explique dans un ouvrage sortant des sentiers battus que la ville et ses monuments auraient été construits en terre crue brute, de couleur noire. Pas un brin d'herbe n'aurait survécu dans l'enceinte de la ville, même si de nombreuses maisons étaient entourées de jardins où l'on cultivait des haricots, des courges et d'autres aliments de base.

Tranchant sur les terrains sombres et marécageux, les maisons des Cahokiens à parements de bois et toit de chaume affichaient des couleurs vives et étaient décorées de nattes, de sculptures et de crépi. Les habitants plantaient des poteaux en bois dans les espaces publics, peut-être peints et ornés de fourrures, de plumes, de corbeilles remplies de grain et autres éléments symboliques. Rien ne permet de dire s'ils avaient une valeur cérémonielle ou faisaient office de panneaux indicateurs. Peut-être les deux. Les archéologues déterminent leur position en cartographiant l'emplacement des profonds trous cylindriques creusés dans le sol des tertres et des places, et dans les cours devant les maisons. Bien que le bois ait pourri depuis des temps immémoriaux, la forme du poteau subsiste, parfois assortie d'un peu de mica ou d'ocre cérémoniels tassé au fond du trou par son extrémité inférieure.

Les archéologues déterminent les différentes périodes de la ville en se fondant sur l'orientation des maisons. À la période Lohmann (1050-1100), lorsque furent d'abord édifiés la Grande Place et Monks Mound, les habitations se répartissaient autour de cours, plusieurs maisons donnant sur une petite place centrale. Pendant la phase de Stirling (1100-1200), souvent appelée Cahokia classique, on adopta un plan en damier rigoureux, en fonction duquel les maisons et les tertres respectaient un axe nord-sud. Cette période marqua aussi l'apogée de la ville, qui connut sa plus forte densité de population. Enfin, pendant la période Moorehead (1200-1350), on revint au plan à cours de la période Lohmann.

Mais ces différentes phases architecturales n'étaient pas de simples lubies. Pour l'archéologue Susan Alt, le changement exprimait « une transformation de la société ». Nulle part ces modifications ne sont plus visibles que dans le secteur du centre-ville, où Monks Mound domine la Grande Place. Véritable prouesse technique, l'esplanade centrale présentait une pente aménagée avec précision à mesure que la ville se construisait afin de permettre à l'eau de s'évacuer lors d'événements publics. Tous les traits architecturaux de cette zone dénotent une société extrêmement stratifiée, dirigée par des figures charismatiques qui habitaient au sommet aplani de Monks Mound, au-dessus de l'étalement urbain. Les résidents ordinaires de la ville passaient de longues heures à transporter rituellement à dos d'homme la terre prélevée dans les zones d'extraction pour édifier les tertres. Leurs dirigeants les rétribuaient en sages paroles et en gigantesques festins. Mais vint un moment où cela ne suffit plus.

Pendant la période finale de la phase de Stirling, la ville semble avoir été en proie à des troubles récurrents. Les élites de Monks Mound dressèrent une énorme palissade autour de la Grande Place, s'enfermant dans une véritable zone sécurisée et transformant l'espace public de l'esplanade en un lieu plus privé ou plus élitiste. Ce qui conduisit peut-être à de nouveaux heurts. En se voyant interdire, au sens littéral, l'accès au centre urbain par l'érection d'un mur géant, les habitants « pourraient s'être senti dépossédés de leurs droits », pour citer Melissa Baltus. Peu après, la Grande Place perdit de son lustre. Susan Alt écrit : « Des édifices domestiques et des structures débordant de détritus semblent avoir été réinstallés autour de la place et à l'intérieur de son périmètre, peut-être dans le cadre d'une reconfiguration générale du centre-ville de Cahokia, conjointement avec la palissade construite peu de temps auparavant. En 1300, il ne restait probablement qu'un nombre insignifiant de résidents, sinon aucun, dans ce saint des saints. » En d'autres termes, le petit peuple avait investi cet espace, allant jusqu'à l'utiliser comme décharge. Au cours de cette même période, la population détruisit aussi Woodhenge, le grand cercle de poteaux en bois qui marquaient le solstice.

À mesure que la ville se reconfigurait pendant la période Moorehead, les Cahokiens répudièrent avec violence les occupants et les symboles de leur centre-ville, projet colossal en d'autres temps. Près de la moitié de la population partit s'installer ailleurs, et les habitants qui s'incrustèrent dans la ville se replièrent peu à peu dans leurs propres secteurs d'occupation, organisant désormais des événements et des célébrations de moindre ampleur. La cour et les bâtiments publics de Spring Lake Tract illustraient la nouvelle organisation de la société : les communautés locales avaient évincé le pouvoir central de la cité.

D'aucuns pensent que la ville passa d'un modèle autoritaire à une structure plus démocratique. L'archéologue Lane Fargher, qui étudie l'essor urbain de cités autochtones situées dans l'actuel État d'Oaxaca, au Mexique, décrit une ville nommée Tlaxcala qui fut édifiée dans les années 1250, période pendant laquelle Cahokia connaissait son grand renouveau et effectuait sa transition. Analysant ses travaux dans *Science*, la journaliste Lizzie Wade explique :

> La majeure partie des cités mésoaméricaines s'articulaient autour d'un noyau monumental de pyramides et de places. À Tlaxcala, les places s'éparpillaient dans tous les secteurs, en l'absence de centre ou de hiérarchie clairement définis. Lane Fargher pense que, au lieu de gouverner depuis le cœur de la cité, à la manière des rois, le haut conseil de Tlaxcala se réunissait vraisemblablement dans un magnifique bâtiment qu'il découvrit, isolé, à un kilomètre hors des limites de la ville. D'après lui, une

configuration ainsi décentralisée est… la marque d'un partage du pouvoir politique[2].

La configuration de Tlaxcala ressemble beaucoup à celle de Cahokia à la période Moorehead, lorsque la population s'était détournée de la Grande Place pour construire ses propres places publiques de dimensions plus modestes au sein de communautés disposant de cours. Une multiplicité de places serait peut-être l'indication que la culture publique de Cahokia se démocratisait elle aussi.

L'effondrement à l'épreuve des faits

Comme toutes les villes que nous avons étudiées dans ce livre, Cahokia ne fut pas une cité figée dans un état végétatif, et ses vestiges attestent le dynamisme d'une culture qui compta plusieurs périodes au cours des siècles. C'est pourquoi de nombreux archéologues contestent aujourd'hui l'idée selon laquelle les civilisations connaissent une époque « classique » ou un « apogée », à laquelle on peut opposer une phase d'« effondrement ». La notion d'effondrement découle des mêmes traditions coloniales qui nous ont inculqué une vision traditionnelle de cités disparues, miraculeusement « découvertes » par des archéologues européens. Selon les tenants de ce courant de pensée, toutes les sociétés suivent une trajectoire identique à celle des civilisations européennes, sans cesse plus foisonnantes, plus hiérarchisées et plus industrialisées avec le temps. Les sociétés qui n'adhèrent pas à l'économie de marché sont qualifiées de « sous-développées », et les villes dont l'expansion connaît un point d'arrêt sont considérées comme en faillite, leur échec se soldant par l'effondrement de leur culture. Or ce point de vue ne tient pas à l'épreuve des faits.

Dans les années 1970, les archéologues et les historiens des villes avaient accumulé des tombereaux de données prouvant que les civilisations urbaines se développent sans modèle prédéterminé. De nombreuses cités, parmi lesquelles Angkor et Cahokia, s'organisèrent autour de principes non mercantiles. Sur la durée, les aires métropolitaines se dilatent et se resserrent en fonction des vagues migratoires. Quand la population d'une ville se fractionne en villages, il ne s'agit pas d'un échec. Mais simplement d'une transformation, souvent fondée sur des stratégies rationnelles de survie. La culture de cette ville se nourrit des traditions d'individus dont les ancêtres habitaient en ce lieu précis, et beaucoup d'entre eux s'en iront bâtir de nouvelles cités à son image. Il se pourrait que les civilisations alternent, au cours des siècles, des phases urbaines très peuplées et des phases de dispersion.

La théorie de l'effondrement s'était quasiment éteinte quand Jared Diamond publia, en 2005, un ouvrage intitulé *Collapse*, paru en français sous le titre *Effondrement*, qui séduisit un très large public. En s'appuyant pour l'essentiel sur des preuves anecdotiques glanées dans des cultures comme celles des Mayas ou des Polynésiens de l'île de Pâques, il y soutient que les sociétés font faillite ou « s'effondrent » quand elles s'engagent dans des pratiques préjudiciables à l'environnement. Son argumentation puise à de nombreux mythes sur le fonctionnement des villes, notamment l'idée que les cultures sombrent corps et biens lorsque leur implantation à forte densité de population disparaissent. Comme nous l'ont montré les villes de ce livre, la désertion d'une ville n'est pas synonyme d'une quelconque forme de mort culturelle. Elle signifie habituellement que sa population a migré ailleurs en emportant les valeurs, l'art et les technologies de la ville dans ses nouveaux lieux de résidence. Jared Diamond souligne à juste titre la place de l'environnement comme facteur de désagrégation urbaine, mais ce n'est qu'une péripétie. La désertion est avant tout et surtout un processus politique.

Dès la publication d'*Effondrement*, archéologues et anthropologues se bousculèrent pour corriger à qui mieux mieux les idées préconçues et les erreurs de la thèse de l'auteur. Les anthropologues Patricia McAnany et Norman Yoffee publièrent *Questionning Collapse*, une anthologie de contributions de chercheurs qui dénoncent, données concrètes à l'appui, l'absence de rigueur scientifique de la théorie de l'effondrement. Des civilisations comme celle de l'île de Pâques, font-ils valoir, furent décimées par les mécanismes politiques du colonialisme, non par des pratiques préjudiciables pour l'environnement. Et quand on en vient à la civilisation maya, ils rappellent que des millions de Mayas continuent de vivre au Mexique. Peut-on vraiment parler d'« effondrement » à propos d'une culture toujours florissante ? L'anthropologue Guy D. Middleton, qui a consacré sa carrière à l'étude de la transformation des sociétés, renchérissait avec *Understanding Collapse*, livre dans lequel il posait que l'abandon d'une ville ne résulte jamais d'une cause unique. Et que, de plus, les sociétés tendent à se montrer beaucoup plus résilientes que leurs implantations.

Aujourd'hui, la plupart des archéologues qui étudient les cités anciennes récusent la notion d'« effondrement », préférant détailler les changements sociaux survenus. Beaucoup estiment que Jared Diamond a fourvoyé le public sur le mode de fonctionnement réel des villes. Même s'ils préfèrent, dans leur grande majorité, corriger ses erreurs d'appréciation en apportant la preuve du contraire, certains ont fini par perdre patience. David Correia, spécialiste des études américaines, a publié un article intitulé sans détour « F**k Jared Diamond[3] ». Il y dénonce un « déterminisme environnemental » qui fait l'impasse sur les questions de transformation urbaine. David Graeber et David Wingrow, anthropologues, reprochent à Jared Diamond de laisser entendre que les civilisations sont immanquablement hiérarchisées au moment de leur apogée, et que seule une catastrophe écologique suivie d'un effondrement peut déloger ces hiérarchies. Ils écrivent :

> N'en déplaise à Jared Diamond, rien, absolument rien ne prouve que les structures verticales de domination sont la conséquence nécessaire d'une organisation à grande échelle... il est tout simplement faux que les classes dominantes, une fois en place, ne peuvent être évincées que par une catastrophe généralisée. Pour ne prendre qu'un exemple bien documenté : vers 200 apr. J.-C., la ville de Teotihuacán, dans la vallée de Mexico, forte d'une population de cent vingt mille habitants (une des plus grandes du monde à l'époque), semble avoir connu une transformation profonde, se détournant des temples-pyramides et des sacrifices humains pour se reconfigurer en un vaste ensemble de résidences confortables, presque toutes exactement de la même dimension[4].

Ils évoquent ici une architecture démocratique similaire à ce que nous voyons à Cahokia pendant la période de Moorehead, ou à Tlaxcala, dans le Mexique actuel. En dernière analyse, ce que soulignent David Graeber et les autres chercheurs hostiles à l'effondrement est qu'il n'existe pas une voie unique pour accéder à l'urbanisation et à la complexité sociale. Plus important, la désertion d'une ville n'entraîne pas l'effondrement de sa société. Les individus font preuve de résilience, et nos cultures ont la capacité de survivre aux éruptions et aux inondations, à la différence de nos villes.

Ces débats, parfois âpres, tournent en dernier ressort autour de notre définition des espaces publics et de l'utilisation qu'en font les sociétés. Toutes les villes proposent une façon d'utiliser l'architecture pour créer une sphère publique, et le déterminisme environnemental de Jared Diamond sous-entend que cette sphère s'effondre quand les individus n'assurent pas une bonne gestion de leurs ressources naturelles. Il ne comprend pas que le public est diversifié et en perpétuel changement. Et souvent, ces changements peuvent être clairement lisibles dans la configuration des villes. En méconnaissant cette aptitude à se transformer, Jared Diamond a introduit dans le scénario de la construction des villes une dimension de nihilisme qui fait florès. Il donne à entendre que certaines civilisations courent à l'échec, tandis que d'autres sont vouées à réussir. Peut-être serait-il plus indiqué de considérer les villes comme des écosystèmes, dont les composantes ne cessent de se transformer, et les limites de se dilater et de se contracter de manière spontanée. Peut-être que toutes nos villes vivent des cycles constants de centralisation et de dispersion ; ou, si nous réfléchissons avec notre cerveau galactique comme dans la série *Supernatural,* il survient des arrêts momentanés sur le long parcours de l'histoire publique humaine.

CHAPITRE XII

UNE DÉSERTION MÛREMENT RÉFLÉCHIE

Lorsqu'on fouille à Cahokia, on commence à comprendre ce que représenta l'édification des tertres à cet endroit précis il y a un millénaire. Nous pelletions des seaux de terre argileuse, nous transpirions, nous nous hydrations, nous reprenions. Nos mains étaient couvertes de terre et de saletés. Nous suivions le déplacement du soleil dans le ciel pour nous faire une idée de l'heure, craignant toujours l'apparition de nuages annonciateurs d'orage. D'accord, ce n'était pas tout à fait un retour au Moyen Âge. Melissa Baltus complétait nos observations personnelles en consultant deux applications de données météo par satellite sur son téléphone. Même quand le ciel semble limpide, l'American Bottom peut vous concocter une tempête en moins d'une heure.

Un après-midi, tous les mobiles s'illuminèrent d'alertes inquiétantes sur l'imminence d'une violente chute de grêle. Dans une course contre la montre, nous remballâmes pelles et sacs avec une rigueur toute militaire. Une fois que les nuages gris sombre se massent au-dessus du Mississippi, le ciel peut se déchaîner en moins de quelques minutes. Tout le monde s'entassa dans un minibus, bientôt à l'abri dans un restaurant mexicain proche du chantier tandis que le tonnerre faisait vibrer les vitres et que le vent déracinait des arbres à East Saint Louis, à une petite distance de là.

Devant des assiettes d'*enchiladas* fumantes et des pichets de margarita glacée, j'accablai de questions les archéologues sur la structure sociale qui avait uni des milliers d'individus à Cahokia dans un passé aussi lointain. Qu'est-ce qui avait bien pu conduire tant de gens à effectuer un travail exténuant dans une pareille étuve ? Les chefs charismatiques à la tête des mouvements de renouveau à Cahokia me revinrent en mémoire.

— Qui s'est retrouvé au sommet de Monks Mound ? demandai-je. Un chef, un leader religieux ?

Aux regards qu'échangèrent les archéologues, je sentis que c'était une question piège.

— On s'étripe sur cette question, répondit enfin Melissa Baltus avec un rire.

Même si j'avais imaginé que le renouveau émanait des enseignements d'un seul individu, l'archéologue me mit en garde contre la vision d'un « chef de clan » qui, à lui seul, aurait convaincu la population de construire toutes les maisons sur le même modèle ou de badigeonner de couleur vive les fosses d'extraction d'argile.

— L'idée du chef charismatique ne me plaît pas, expliquait-elle. Je penche pour un pouvoir plus diversifié. Pour une hétérarchie.

Ce vocable inhabituel roulait mal sous la langue.

— Une hétérarchie… comme une monarchie mais avec une foule de gens au pouvoir ?

Oui et non, fut la réponse. L'hétérarchie de Cahokia pourrait avoir consisté en des groupes nombreux et distincts assumant la prise de décision et se gouvernant par eux-mêmes. Il aurait existé des groupes de travailleurs spécialisés ou des associations de secteur ? J'avais déjà vu que Spring Lake Tract regorgeait d'objets rituels. Auraient-ils eu aussi leurs propres conseils ?

— Si Cahokia était un mouvement religieux, les gens auraient pu y adhérer comme ils l'entendaient, déclara Melissa Baltus. Leur idée de la spiritualité serait alors venue de chez eux, pas du sommet du Mound. » En d'autres termes, les Cahokiens ordinaires auraient eu leur interprétation personnelle du pouvoir spirituel de la cité. Ils suivaient leurs chefs locaux et se conformaient à leurs us et coutumes tout en gardant les yeux fixés sur les résidents de Monks Mound.

Monks Mound récusé

Dans les années 1960, lorsque les scientifiques exhumaient encore les ancêtres autochtones de l'Amérique en se passant d'autorisation, un archéologue dénommé Melvin L.F. Fowler ouvrit une tranchée dans un tumulus. Il y découvrit les restes de plusieurs rituels publics – et plus de deux cent cinquante corps – qui nous donnent un aperçu de la politique et de la spiritualité à Cahokia pendant la période Stirling.

Melvin Fowler savait que le quadrillage de la période classique de Cahokia s'alignait essentiellement sur un axe nord-sud. Mais un tertre de forme bizarre se distinguait de l'ensemble. Mound 72 est l'un des quelques *ridgetop mounds* ou tertres à corps rectangulaire et toit à deux versants que compte la cité. Et bien que situé exactement au sud de Monks Mound, il formait un angle de 30 degrés par rapport à l'axe est-ouest, indiquant exactement les solstices d'été et d'hiver. L'idée lui vint que ce tertre avait peut-être une fonction particulière.

Lorsqu'ils le fouillèrent, son équipe et lui découvrirent que l'arête sommitale de Mound 72 coiffait en réalité trois monticules antérieurs, chacun signalant un moment particulier dans l'histoire de la ville au cours des Xe et XIIe siècles. L'un d'entre eux renfermait les corps de cinquante-deux jeunes femmes qui avaient été sacrifiées de façon à laisser les os intacts. Les corps avaient été empilés en deux couches ordonnées sur des plates-formes en argile, puis recouverts rituellement de terre. Un autre contenait des corps d'hommes sur des litières, disposés de la même façon. Comprimés par des tonnes d'argile depuis des siècles, leurs squelettes faisaient songer à des fleurs séchées entre les pages d'un livre. L'analyse isotopique de leurs dents, qui définit avec précision le lieu de naissance du sujet, a révélé que tous étaient originaires de l'American Bottom.

La sépulture peut-être la plus réputée de Mound 72 abritait les corps de deux personnages, l'un au-dessus l'autre, dans ce qu'on appelle « la tombe aux perles ». Le corps du haut était placé sur une nappe de perles précieuses en coquillage de couleur bleue, peut-être revêtu d'un manteau ou d'une cape façonnée en forme de faucon. La tombe contenait aussi des centaines de pointes de projectile cérémonielles ouvragées, ainsi que des amoncèlements d'autres offrandes de prix. À côté du défunt aux perles se trouvaient les restes de plusieurs autres individus, dont certains avaient été décapités. Cette mise en scène funéraire s'empara de l'esprit des scientifiques qui s'interrogeaient sur les croyances spirituelles et les convictions politiques des Cahokiens.

La signification de la tombe aux perles suscite d'intenses débats dans la communauté archéologique depuis des décennies. Dans un premier temps, les squelettes aux parures de perles furent considérés comme masculins, celui qui occupait la position supérieure gratifié du sobriquet d'« Homme-Oiseau ». Melvin Fowler et d'autres archéologues avancèrent que l'Homme-Oiseau était un souverain ou un guerrier de renom, peut-être à l'origine de Red Horn, héros doté de pouvoirs surhumains dans les légendes sioux de l'époque. Mais cette interprétation s'est vue écartée à la suite d'une étude révolutionnaire parue en 2016. Coordonnée par Tom Emerson, directeur de l'Archeological Survey de l'État de l'Illinois, elle présente la première analyse exhaustive des squelettes mis au jour à Mound 72. Ses auteurs ont découvert que les deux personnages au centre de la scène sont en réalité un jeune homme et une jeune femme, ce qui dénoterait un rituel de fécondité. Une hypothèse que viennent étayer les restes d'autres couples masculin-féminin inhumés avec eux, ainsi que les cinquante-deux jeunes femmes, une offrande peut-être liée, elle aussi, à un rite de fertilité.

Il semblerait aujourd'hui que la tombe aux perles ne signalait pas la sépulture d'un grand guerrier ou fondateur de Cahokia. D'après Tom Emerson, nous avons probablement sous les yeux les vestiges d'un spectacle public, à l'occasion duquel des participants incarnant des figures mythiques étaient sacrifiés. Les élites de la cité auraient alors endossé le rôle de meneur de jeu afin de démontrer leur pouvoir politique et spirituel, un peu comme leurs homologues européens de la même époque orchestraient des exécutions publiques et des croisades. « Cette scène tient plus d'un sacrifice théâtralisé que d'une inhumation », écrit Emerson. Il suggère qu'il s'agissait d'une sorte de grand spectacle par lequel la cité célébrait la création et le renouveau. Nombre des offrandes, tels les coquillages, se rattachent au monde inférieur dans les croyances des Amérindiens de cette aire – celui-ci étant à son tour associé aux tâches agricoles et à la fertilité des terres.

À l'apogée de Cahokia, les sacrifices comme ceux de Mound 72 s'accompagnaient peut-être de récits de création pleins d'allégresse et cent fois narrés. Ses dirigeants intégraient, peut-être, les sacrifices dans les réjouissances terrifiantes de la cité fêtant une récolte abondante. Mais, peut-être aussi, avec le temps, ces hécatombes finirent-elles par révolter la population, surtout si une poignée d'individus, exerçant le pouvoir d'en haut, s'arrogeaient le droit de décider de la vie et de la mort. L'hypothèse qu'il se produisit une rébellion politique ne peut être exclue. Des indices du déclin de la Grande Place sembleraient aller en ce sens. Après s'être détournée de la zone du centre-ville, la population cessa aussi de pratiquer les sacrifices humains. Les habitants de Cahokia pourraient avoir renversé le régime en place à Monks Mound et créé un nouveau modèle de société.

Sans machine à remonter le temps, nous ne saurons jamais exactement de quoi se nourrissaient les luttes politiques des Cahokiens. Nous disposons néanmoins de quelques indices sur leur conception du monde. Les symboles qu'ils laissèrent derrière eux montrent qu'ils répartissaient l'univers en un monde supérieur, celui des esprits et des ancêtres, un monde inférieur, celui de la terre et des animaux, et un monde humain, situé entre les deux, Ces mondes n'étaient pas entièrement séparés, et les espaces liminaux où ils se chevauchaient formaient des lieux de pouvoir intense. Les images de ces points de convergence abondent dans l'art mississippien. Le monde supérieur, représenté par le tonnerre et les esprits, et le monde inférieur, représenté par l'eau et l'agriculture, sont intimement liés. De l'avis de Sarah Baires et Melissa Baltus, les Cahokiens recouraient à l'eau et au feu dans leurs rituels quotidiens pour réunir le monde supérieur et le monde inférieur.

Le pouvoir transformateur de l'eau s'inscrit dans la configuration de Cahokia. Si les tertres de la ville attirent d'emblée le regard, les profondes fosses d'extraction ne revêtaient pas moins d'importance pour les citadins. Ouvertes aux éléments, elles se remplissaient d'eau à un rythme saisonnier. Celle où l'on prélevait l'argile destinée à Monks Mound a résisté au temps, au point de retenir l'eau aujourd'hui encore. De nombreuses pièces de poterie Ramey sont couvertes d'images d'eau et de poissons, et les tumuli de toute l'aire du monde mississippien abondaient en coquillages.

En fouillant à Spring Lake Tract, j'eus l'occasion de voir comment un secteur résidentiel avait intégré l'eau dans ses activités quotidiennes, l'avait sculptée en quelque sorte. Sarah Baires me montra un trou profond que les étudiants avaient creusé à EB3, mettant au jour un plan incliné d'environ un mètre revêtu de terre jaune. De toute évidence, cette couche jaune n'était pas naturelle : le matériau ne provenait pas de la région et elle présentait une déclivité de 30 degrés exactement. D'après Sarah Baires, Melissa Baltus et Elizabeth Watts, il s'agissait peut-être de la rampe d'accès à un banc d'emprunt peu profond, qui approvisionnait en terre le secteur. L'histoire de la carrière se lisait dans les couches de sédiments. Au début, les habitants avaient laissé la cuvette se transformer en plan d'eau saisonnier. Par la suite, ils l'avaient comblée de couches d'argile superposées avec soin, un peu comme s'ils bâtissaient un tertre inversé.

— On a cueilli la lisière d'une carrière artificielle, m'expliqua Sarah Baires avec sourire ravi. C'était une découverte exceptionnelle, qui confirmait que les Cahokiens attachaient autant de prix aux carrières qu'aux tertres.

Le feu jouait un rôle encore plus important, surtout vers la fin de l'histoire de la ville. Il avait la capacité d'unir les mondes, car ce qui était brûlé sur terre gagnait le ciel par la fumée. Où qu'ils creusent à Cahokia, les archéologues découvrent des sacrifices calcinés. En 2013, des ouvriers qui construisaient une voie express à East Saint Louis avaient mis au jour les vestiges d'un secteur résidentiel datant de la période tardive de Cahokia, construit aux seules fins d'être rituellement brûlé. Des dizaines de maisonnettes, remplies de maïs et d'autres biens, avaient été bâties de façon expéditive, puis incendiées. Personnes n'y avait jamais vécu. Le secteur fut presque intégralement brûlé en effigie.

À Spring Lake Tract, tous nos carrés d'excavation libéraient des couches d'incinération périodique. À EBI, le groupe déblaya assez de terre pour permettre à Sarah Baires et Melissa Balthus de déterminer la position originelle de toutes les structures en chevauchement. Le sol en argile du niveau inférieur datait de la période de Stirling, l'âge d'or de Cahokia. Il fut incendié à un moment donné et recouvert d'une nouvelle couche d'argile pour former le sol d'une construction ultérieure. On y avait creusé un trou, tapissé avec soin d'une natte et rempli d'objets précieux, comme une anse de coupe et une pointe de projectile ancienne de la période Woodland. La fosse fut brûlée ainsi que son contenu, peut-être pour commémorer la première incinération.

Je regardai les archéologues manipuler leurs truelles avec précaution pour dégager les vestiges calcinés de la natte qui protégeait autrefois la fosse à offrandes. Son bord enroulé sur soi traçait une ligne sinueuse dans l'argile et ressemblait à un motif entrecroisé incisé dans le charbon de bois. Ce n'était pas la natte que nous avions sous les yeux, mais la trace qu'elle avait laissée dans la terre en se consumant.

— C'est hallucinant ! s'exclama Sarah Baires. Une trouvaille unique en son genre !

EB2 ne présentait aucun enchevêtrement de couches révélatrices d'incinérations rituelles, mais la structure en soi formait un grand rectangle qui évoquait plutôt un espace public que la parcelle d'une habitation. De plus, l'abondance d'os de cerf et de débris de poterie Ramey qu'il renfermait témoignait qu'il s'y était déroulé une célébration. On imaginait sans peine que les structures cérémonielles mises au jour à EB1 et EB2 se dressaient à proximité d'une tranchée rituelle, au fond revêtu d'argile jaune clair.

La configuration du secteur se dessinait lentement autour de nous. Ce n'était pas une aire résidentielle ordinaire ; ses occupants participaient activement à la vie politique et spirituelle de la cité, conduisant les rituels ordinaires qui s'y tenaient. Mais ce lieu représentait aussi un courant de la culture classique tardive de Cahokia. Les habitants de la ville cessèrent de se rassembler à Monks Mound et sur la Grande Place pour des spectacles publics et commencèrent à exécuter un nombre grandissant de rituels chez eux, à une échelle plus réduite. L'identité locale éclipsa celle de la ville, et l'on abandonna le rigoureux damier urbain pour revenir au plan avec cour de l'avant-Cahokia.

Ce nouvel éclairage mettait aussi en lumière l'importance de la fosse d'extraction à EB3. On avait là une version ponctuelle des gigantesques bancs d'emprunt d'où provenait l'argile de Monks Mound, rappelant en permanence aux habitants du lieu que le monde inférieur s'introduit dans le nôtre sans y être convié.

Un regain de vitalité avant la chute

Sarah Baires et Melissa Baltus forment une excellente équipe d'investigation car leurs disciplines respectives couvrent l'histoire de la ville : l'une s'attache à la période de Stirling classique, l'autre étudie la phase de Moorehead tardive. Mais toutes deux se passionnent pour ce que Sarah Baires appelle la « nouvelle jeunesse » de la cité, survenue à la fin. Avant d'être complètement désertée en 1400, Cahokia connut un ultime regain de vitalité. L'élan pourrait avoir surgi lorsqu'un individu ou un groupe laissa entrevoir la possibilité d'un nouveau mode de vie, de contacts avec de nouveaux alliés ou un nouveau rapport à l'agriculture et au monde inférieur. Toujours est-il que Cahokia fut rapidement reconstruite par une population qu'une foi brûlante semblait mobiliser.

Les habitants rebâtirent leurs maisons en exploitant le plan avec cour de la Cahokia originelle. De l'avis de Melissa Baltus, ils réexaminaient l'histoire et la voyaient sous un jour différent. Lorsqu'ils creusaient le sol, les Cahokiens découvraient souvent d'anciennes pointes de projectile et autres objets provenant des populations Woodland qui occupaient la région avant la construction de la ville. Des objets qu'ils chérissaient, tout comme on chérit de nos jours les artefacts anciens exhumés sur le site. Les Cahokiens semblent avoir voué le même culte à « l'histoire dans l'histoire » que celui décrit par Ian Hodder à Çatal Höyük. Melissa Baltus et Sarah Baires découvrirent une pointe de flèche Woodland dans les incinérations cérémonielles enfouies dans les diverses couches d'EB1, traitée avec autant de révérence que la poterie Ramey. Comme si les Cahokiens étaient revenus au style « rétro » ou aux valeurs traditionnelles.

Dans cette ultime période de vitalité, la population transforma son obsession du passé en un mouvement social d'une nouvelle inspiration. « On observe un retour à d'anciens usages, notamment à des pratiques religieuses décentralisées », notait Melissa Baltus. Mais cette décentralisation ne s'arrêta pas aux limites de la ville. Sur des sites mississippiens disséminés dans la plaine inondable et sur les plateaux, les pratiques cahokiennes s'affranchirent lentement de Cahokia proprement dite. La forêt engloutit à nouveau les terres agricoles, comme on le voit au BBB Motor Site. Les archéologues continuent de mettre au jour des incinérations rituelles au niveau des sols, mais aucune poterie Ramey, pourtant si emblématique de la ville. La population urbaine se raréfiait et, en partant, les habitants emportaient avec eux un peu de la culture de Cahokia, mais en abandonnaient d'autres composantes.

Pendant la phase de Stirling, les Cahokiens avaient érigé de magnifiques places et ancré leurs croyances dans les terres. Mais sur la fin, pendant que Cahokia retrouvait un nouveau dynamisme, ces croyances devinrent moins solidaires de la ville – peut-être par désamour des anciens usages, ou en raison d'un recentrage sur des communautés plus réduites. Finalement, les districts urbains devinrent si distants les uns des autres qu'il aurait été difficile de parler encore de cité unifiée. La vie publique se désagrégeait. Après tout, explique Melissa Baltus, « si on n'unit pas un groupe d'individus autour d'une identité liée au lieu, avec des pratiques qui le cimentent, une dispersion risque de survenir ».

Les facteurs environnementaux jouèrent aussi un rôle dans l'éclatement de la ville. Des archéologues pensent qu'elle fut victime d'une inondation massive du fleuve Mississippi, si destructrice et meurtrière qu'elle dissuada les survivants de rester[1]. Doutant depuis longtemps de cette hypothèse[2], Sarah Baires et Melissa Baltus consacrèrent une partie de l'été à la démentir. Elles invitèrent Michael Kolb, spécialisé en géomorphologie, à recueillir des échantillons de sol sur le pourtour de leur site de fouille. À l'aide d'une foreuse mobile, il préleva des carottes de trois mètres de long, en quête d'une couche épaisse de sédiments alluviaux témoignant d'une inondation. Et ne trouva rien de tel.

Par contre, Cahokia connut plusieurs épisodes de sécheresse qui auraient empêché la ville de subvenir aux besoins d'une nombreuse population. Les croyances des Cahokiens étant indissociables du milieu environnant, toute modification d'ordre écologique aurait porté atteinte aussi à leur culture. « Un cycle se met en place, expliquait Melissa Baltus. Une sécheresse survient, qui modifie la relation des habitants à la terre, ensuite les pratiques spirituelles changent, puis les pratiques agricoles, les pratiques spirituelles se modifient à nouveau, et avant même de le savoir vous avez la dispersion et l'abandon. » Le processus semble être une version en accéléré de ce qui se produisit à Çatal Höyük, où un petit nombre de défections entraîna des départs plus nombreux, jusqu'au jour où la ville se retrouva quasiment vide. Cahokia finit par devenir, elle aussi, le lieu où l'on enterrait ses proches.

Cahokia atteignit des dimensions colossales parce que la structure de la ville proprement dite participait de l'idée spirituelle et politique que ses résidents se faisaient du monde. Mais avec le temps ce système de croyances centralisé commença à se désagréger. Lorsque la ville connut une renaissance ultime et fulgurante, ses habitants revinrent à leurs usages anciens. Ils cherchèrent chez eux, et non plus sur la place, leur sentiment d'identité et de communauté. Leur cité jadis unifiée se retrouva fractionnée en une multiplicité de populations qui délaissèrent les tertres.

« La survivance »

À Cahokia, l'abandon de la vie urbaine et de sa concentration d'habitants ne fut pas la preuve, n'en déplaise à Jared Diamond, d'un effondrement de la société. Il signifia une période nouvelle et spectaculaire de déplacement des populations autochtones à travers les territoires. L'anthropologue Andrea Hunter, spécialiste des Osages, a étudié la phase suivante de la culture mississippienne[3], alors que les résidents de Cahokia essaimaient dans tout le Middle West pour rejoindre de nombreuses tribus Sioux. L'histoire orale des Osages évoque une grande migration qui prit naissance dans l'Ohio et fit une halte de plusieurs siècles au confluent des fleuves Missouri et Mississippi, sur les terres occupées jadis par Cahokia. La migration reprit, le peuple qui devint les Osages se dirigeant alors vers l'ouest. Comme le note Andrea Hunter, de solides éléments linguistiques rattachent les Osages et d'autres tribus Sioux à la région de Cahokia. Chez les tribus disséminées dans le Middle West, écrit-elle, « maïs, courge, potiron, citrouille, haricot, culture, traitement des plantes, préparation culinaire et chanvre » sont désignés par des vocables identiques. Ce qui dénote une origine commune, datant en gros de la période des peuples de Woodland, qui furent les premiers à cultiver ces espèces. Ces populations se rallièrent au grand renouveau et se fixèrent à Cahokia pour mettre en place une société agricole urbaine avant de reprendre leurs déplacements.

D'autres preuves d'un lien Cahokia-Sioux nous sont fournies par des éléments d'art découverts à Cahokia. De nombreuses peintures et statuettes représentent une figure parente du héros sioux Red Horn, ainsi nommé pour ses cheveux tressés teints en rouge et ramenés derrière la tête, d'où ils se projettent à la façon d'une corne. De nombreuses légendes, encore contées par les Sioux, célèbrent ses prouesses de guerrier et de chasseur, ainsi que son amitié-inimitié avec divers esprits. Dans l'une d'elles, Red Horn fête son triomphe en transformant les lobes de ses oreilles en têtes humaines (se valant ainsi le surnom de « Celui-qui-porte-des-visages-à-ses-oreilles ») ; dans une autre, il revient de la mort après avoir conclu un marché astucieux avec des esprits. Red Horn figurait au panthéon des héros célébrés dans les légendes des Cahokiens. Il est possible qu'il soit apparu pour la première fois à Cahokia, ou qu'il ait appartenu à un récit, encore plus ancien, des populations de Woodland qui s'y étaient fixées.

Aujourd'hui, les Osages font partie des nombreuses tribus dont la culture et les valeurs furent modelées par les transfuges de Cahokia. Et Cahokia demeure un puissant symbole d'inspiration pour les tribus, nombreuses aussi, des masses continentales que les Européens nommèrent Amérique du Nord et Canada. La culture mississippienne, riche de sa stupéfiante architecture de tertres, est un rappel de la longévité et de la complexité des civilisations autochtones. L'artiste coushatta-chamorro Santiago X incorpore les tertres à son travail depuis plusieurs années[4]. Dans un projet intitulé New Cahokia, il a construit un énorme tumulus à sommet plat, tapissé d'écrans qui déroulent une chorégraphie d'images de nature, d'abstractions et de danses autochtones. Il a aussi édifié des « tertres funéraires » avec des maillots sportifs qu'il enflamme pour contester les appropriations d'identité tribale par les Européens. Santiago X qualifie son œuvre de futurisme indigène, afin de souligner que la culture autochtone est une part de l'avenir de l'humanité, et non un ensemble de croyances et de pratiques qui se serait effondré dans un passé lointain.

Rebecca Roanhorse, autrice ohkay owingeh, publie des romans fantastiques comme *Trail of Lightning* (*La Piste des éclairs*), qui puisent dans l'histoire et la culture autochtone et séduisent un large public. Une de ses productions récentes a pour cadre Cahokia, et j'ai bavardé avec elle alors qu'elle l'écrivait. S'exprimant depuis chez elle, au Nouveau-Mexique, elle m'a confié les raisons de son choix : elle veut que les lecteurs sachent qu'il existait « des villes et des circuits commerciaux étendus et complexes dans les Amériques avant l'arrivée des Européens ». Elle imagine une ville profondément cosmopolite exploitant la technologie de l'âge du fer, l'animation de ses rues, ses enclos peuplés d'animaux, ses habitants se posant en concurrents de ceux de Chaco Canyon, au sud. À la différence de beaucoup des archéologues que j'ai interrogés, Rebecca Roanhorse n'attache pas d'importance particulière à la spiritualité des individus qui vivaient à Cahokia. « L'important pour moi, c'est de dire que nous avions des gouvernements, une hiérarchie, le commerce et la technologie. C'est ce qu'on [les Européens] nous a dénié, et ce déni a servi a justifier le génocide et l'appropriation de nos terres. »

À la fin du XXe siècle, Gerald Vizenor, écrivain et chercheur Anishinaabe conçut le terme de « survivance » pour décrire les cultures autochtones actuelles. Il résume en partie le sens de ce terme volontairement ambigu dans son ouvrage intitulé *Manifest Manners* : « La survivance est un sentiment de présence actif, la continuation des récits autochtones, et non pas un simple réflexe ou un nom offrant la possibilité de survivre. Les récits de survivance amérindiens sont le refus d'admettre la domination, la tragédie, la victimisation. » Comme Santiago X, Gerald Vizenor entrevoit un futur autochtone riche de cultures vivantes en perpétuelle mutation. Nous ne savons peut-être pas exactement ce que Cahokia signifiait pour ceux qui l'habitèrent, mais leurs traditions s'épanouissent dans des communautés revivifiées, reconfigurées au lendemain de la catastrophe politique que fut le colonialisme européen. Comme l'ont souligné Rebecca Roanhorse et d'autres artistes autochtones, aujourd'hui les cultures tribales ont réchappé à l'apocalypse et construisent quelque chose de nouveau. Cahokia appartient à une histoire de mouvements sociaux américains autochtones qui ont pris, il y a peu, la forme de manifestations pour interrompre la construction d'un oléoduc sur une terre propriété de la tribu sioux de Standing Rock. L'esprit politique de la ville ancienne perdure dans ces mouvements dont l'objectif se concentre sur les interventions humaines reconfigurant la terre et la forme qu'elles doivent prendre.

En d'autres termes, la vie publique de Cahokia laissa une marque indélébile sur les terres. D'autres tribus occupèrent les cours désertes de la ville, et les colonisateurs européens bâtirent des fermes et des banlieues sur leur emprise, mais les monuments de la civilisation mississippienne perdurent. Le récit de Cahokia est vécu comme plus essentiel que jamais dans l'Amérique d'aujourd'hui. Les populations ne migrèrent pas vers la ville des tertres simplement pour y trouver des biens matériels. Elles cherchèrent sur ses places des idéaux politiques et spirituels d'un type nouveau. Mais toutes ne s'accordèrent pas sur leur mise en pratique. Pour que la culture mississippienne survive, ses acteurs durent accepter que leur cité doive changer ; c'est alors qu'ils l'abandonnèrent pour une nouvelle quête.

Un soir, comme le jour tombait, je gravis Monks Mound pour me faire une idée de la vue qui s'offrait jadis au regard de ses chefs. Je gravis une longue succession de marches en béton, marquant une pause sur une terrasse à mi-parcours. Des constructions dédiées s'étaient dressées autrefois sur cette plate-forme, à l'usage des chamans et des élites. Quand j'arrivai au sommet du tertre, de grands cumulo-nimbus annonciateurs d'orage peuplaient le ciel, et le soleil couchant d'un rouge sang s'interposait entre des amas de nuages noirs qui s'illuminaient d'éclairs par intermittence. Autour de mes chevilles, les herbes hautes clignotaient de lucioles, et l'air s'était glacé. Au-dessous de moi s'étendait la Grande Place, vide de son public des temps anciens. Au-delà du fleuve, je vis les lumières de Saint Louis, une ville dont les habitants étaient descendus dans la rue récemment pour protester contre les brutalités de la police à Ferguson, lors de l'avènement du mouvement Black Lives Matter. Les manifestants avaient foulé le territoire de Cahokia, dont le Great Mound avaient été démoli un siècle auparavant, mais ils perpétuaient la tradition mississippienne en contestant le pouvoir en place.

L'air épais avait une odeur d'humus détrempé et de terres agricoles. Les pieds sur une mégapole ancienne et les yeux sur des gratte-ciel à l'horizon, j'eus l'impression que les villes se développaient presque naturellement dans ce terreau. Les environs de Saint Louis sont urbanisés depuis très longtemps. Je ne suis pas fan de New Age, mais il émanait du lieu un indéniable sentiment de surnaturel. Immobile sur l'à-plat du sommet, je me sentis en équilibre sur une portion de terre qui frôlait le chaos des cieux. Les habitants de Cahokia croyaient que le monde inférieur et le monde supérieur se rencontraient en ce point précis, au-dessous du tonnerre et au-dessus de l'argile dont l'histoire humaine avait modifié la forme à jamais.

ÉPILOGUE

ATTENTION :
EXPÉRIENCE SOCIALE EN COURS

J'ai emménagé à San Francisco en 2000, l'année de l'éclatement de la bulle Internet. À mesure que leurs plans opérationnels aberrants saignaient à blanc les entreprises numériques de première génération, j'eus sous les yeux une ville en voie d'abandon. Tous les jours, des centaines de personnes perdaient leur emploi et quittaient en masse la mégapole. Les magasins élégants qui s'adressaient à une clientèle de concepteurs de site et de codeurs durent fermer. Les quartiers commerçants affichèrent bientôt le sourire forcé de qui se fait régulièrement tabasser ; chaque boutique aux vitrines obscures devenait aussi peu seyante qu'une dent absente. Cette année-là, à l'époque des congés de Noël, les rues marchandes autour d'Union Square prirent des airs de décharge publique. En temps normal, un sapin géant et une menorah auraient ajouté au charme de la place, mais d'interminables travaux en sous-sol avaient transformé celle-ci en un gigantesque bourbier.

Même ceux d'entre nous qui ne travaillaient pas dans « la tech » éprouvaient ce sentiment d'abandon. Comment ne pas remarquer que la ville se transformait sous nos yeux ? Nos voisins, à qui la fortune souriait l'année précédente, regagnaient leurs petites villes avec pour tout bagage un ordinateur de bureau sans grâce et des collections de DVD à l'arrière de leur voiture. Dans le quartier de SoMa, des bureaux Ikea flambant neufs côtoyaient du mobilier de bureau hors de prix à tous les coins de rue, attendant d'être adoptés ou de se déglinguer. Pour la première fois depuis des années, le prix des loyers à San Francisco ne bougea pas, au lieu de grimper régulièrement comme avant. Je travaillais au *San Francisco Bay Guardian*, hebdomadaire alternatif et gratuit, et nous avions dû commencer à licencier. Nous vivions de la publicité, et les entreprises de la ville périclitaient. Je me demandais si rester était de la folie. Mais les vallonnements de la ville faisaient désormais partie de mon identité ; en partant, j'aurais eu l'impression de perdre un bras. Et puis j'avais la chance d'occuper un logement d'un prix accessible dans une maison à loyer modéré, située dans un quartier peu recherché. Je décidai de rester en espérant que la ville allait se tirer d'affaire.

Ce qu'elle fit. Au point que San Francisco pâtit aujourd'hui d'une crise inverse, sa population frôlant l'explosion tandis que le gouvernement se démène pour refaire une infrastructure susceptible de répondre à ses besoins. La deuxième génération d'entreprises technologiques roule sur l'or, et leurs acteurs prospères sont en voie d'embourgeoiser la ville, délogeant les classes populaires et les résidents de toujours. Les promoteurs transforment la trame de quartiers comme Mission Bay, dont les usines et les entrepôts de naguère ont cédé la place aux boutiques de glace artisanale et aux studios de production numérique.

On imagine sans peine les archéologues de demain fouillant la zone, curieux de savoir quel mouvement social a bien pu pousser les habitants à transformer des installations industrielles en débits de glaces. Naturellement, ils devront travailler en combinaison de plongée ou avec des robots nageurs, car le changement climatique garantit que de nombreux quartiers de San Francisco seront immergés d'ici cinq cents ans. Et ce ne serait pas la première fois que les eaux côtières auraient eu raison d'une aire de peuplement. En prélevant des échantillons de la ville engloutie, des scientifiques intrépides découvriront que l'habitat humain a précédé de plusieurs milliers d'années l'arrivée des Européens. Les changements climatiques environnementaux noyèrent plusieurs villages autochtones bâtis au bord d'un fleuve qui s'élargit lentement, créant la baie qui sépare aujourd'hui San Francisco d'Oakland.

Lorsque nous repensons à l'histoire urbaine spectaculaire de lieux comme Çatal Höyük, Pompéi, Angkor et Cahokia, nous voyons une succession de phases d'expansion et de désertion se dessiner au cours des siècles. Mais même à l'échelle d'une vie humaine, une période d'abandon peut se transformer en un renouveau – ou inversement. Les projets de rajeunissement d'une ville peuvent se voir brutalement interrompus par plusieurs mètres de cendre brûlante ; de nouvelles infrastructures hydrauliques se transformeront en facteurs d'inondation. Ce qui explique, entre autres, qu'il soit si difficile de prédire l'avenir d'une cité en se fondant sur son histoire récente. Le sentiment d'angoisse qu'a fait naître en moi, à San Francisco, un seul cycle d'expansion-récession pourrait paraître négligeable avec le recul, surtout si le prochain siècle déclenche une guerre dans le Pacifique, ou si « the Big One », comme l'appellent les Californiens, le séisme fatal, frappe enfin. Pour la même raison, rien ne nous permet d'affirmer que des villes américaines comme Detroit et La Nouvelle-Orléans – victimes l'une d'un désastre économique, l'autre d'une catastrophe naturelle, au début du XXIe siècle – finiront par sombrer dans l'oubli. Dans deux cents ans, toutes deux afficheront peut-être la santé insolente de mégapoles à des années-lumière de ce qu'elles sont aujourd'hui. Leur sort dépend de la volonté des instances politiques tout autant que de la force de travail humaine qu'exige leur reconstruction.

Même si l'horizon des villes, prises individuellement, paraît incertain, nous pouvons émettre des conjectures sur la désertion éventuelle d'une cité en nous fondant sur l'histoire urbaine. Sur la plaine de Konya dans la Turquie néolithique, des groupes originaires de villages disséminés s'assemblèrent pour former Çatal Höyük et vivre en ce point précis pendant plus d'un millénaire. Puis leur ville se désagrégea, s'éparpillant au vent comme des aigrettes de graminée, déposant les semences de sa culture dans de petits villages et des centres plus importants qui transformèrent la terre en laissant derrière eux un sol lardé d'ossements. Nous observons le même modèle à Pompéi, à Angkor et à Cahokia. Si la réduction de la population de ces villes eut des causes et des effets distincts, elle résulta, dans chacun des cas, de la terrible difficulté de gérer une infrastructure gigantesque construite par l'homme dans un environnement en perpétuelle mutation. La gestion des êtres humains en soi se révéla encore plus ardue. Les villes sont l'incarnation concrète de la force de travail humaine, et nous pouvons lire la dispersion de leurs résidents dans les ruines de leurs murs, de leurs réservoirs et de leurs places.

Aujourd'hui, les villes côtières sont menacées par des conditions météorologiques imprévisibles, de plus en plus imputables au changement climatique. En 2019, des villes situées au bord du Mississippi subirent des inondations d'une ampleur inconnue jusqu'alors[1], dont les dégâts ravagèrent tout autant les communautés que les exploitations agricoles. Cependant que des vagues de chaleur se multiplient sur toute la planète[2] ; dans les villes, elles sont encore aggravées par l'effet des îlots de chaleur, où les températures dépassent de plusieurs degrés celles des zones vertes. Les périodes de canicule annoncent que les infrastructures hydrauliques aussi seront trop sollicitées, comme ce fut le cas à Angkor. Les feux de forêt exigeront leur dû dans un nombre encore plus grand de cités, qu'ils réduiront en cendres aussi prestement que le Vésuve dévasta Pompéi en 79 de notre ère. En 2018, Los Angeles manqua de peu d'être dévorée par le Woolsey Fire ; et à l'autre bout du monde, en Australie, les incendies saisonniers redoublent d'intensité. L'éclosion de maladies infectieuses devient de plus en plus courante partout dans le monde, certaines déclenchant des pandémies meurtrières d'une violence inouïe. Et de nombreux habitants des villes sont déjà confrontés à des crises climatiques et sanitaires qui rendront encore plus difficile de préserver l'infrastructure et les habitations.

Ceci posé, l'histoire nous prouve amplement que les villes peuvent survivre en milieu hostile. Les habitants de Çatal Höyük réchappèrent aux effets de la sécheresse en modifiant leur alimentation. Même après qu'Angkor eut manqué d'eau, puis souffert d'inondations, une population importante s'incrusta dans la ville durant des siècles, réparant tant bien que mal ses aménagements. Les réfugiés de Pompéi se fixèrent dans d'autres cités où ils prospérèrent, vivant aux côtés de leurs anciens voisins. Cahokia connut de nombreux épisodes de sécheresse, mais ils ne suffirent pas à décourager définitivement sa population.

Mais aujourd'hui les villes n'ont pas seulement affaire à des incendies et des inondations. Le monde vit une période d'instabilité politique et de nationalisme totalitaire. Malheureusement, l'histoire atteste qu'ils peuvent porter un coup fatal aux villes. Même si des dirigeants puissants sont en mesure de mobiliser la force de travail nécessaire à la réalisation de travaux de grande envergure, la stabilité de ce type d'urbanisation dirigiste se révèle le plus souvent éphémère. Une main-d'œuvre forcée est une main-d'œuvre insatisfaite, et c'est ainsi que débute la désertion – surtout quand la politique, et non une technologie bien pensée, pilote l'urbanisme. Une gouvernance chaotique de la ville peut enclencher une diaspora, comme cela semble avoir été le cas à Çatal Höyük, à Angkor et à Cahokia. Un démenti nous est néanmoins apporté par Pompéi, où l'État intervint pour proposer une aide humanitaire et des secours aux réfugiés. Même s'il leur fallut abandonner la ville, ses habitants ne renoncèrent pas au mode romain de vie dans la cité.

À en juger par le changement climatique et l'instabilité politique conjugués auxquels nous nous heurtons dans nombre de nos villes modernes, nous nous dirigeons vers une période de désertion urbaine à l'échelle mondiale. À mesure que les villes deviendront de plus en plus invivables, leurs habitants seront appelés à disparaître. Le nombre des victimes d'inondation, d'incendie et de vague de chaleur enflera comme jamais auparavant, et le spectacle de villes fracassées et jonchées de corps deviendra banal. Ce n'est qu'une question de temps avant qu'une ville ravagée par un ouragan ne soit victime d'une épidémie impossible à juguler parce que l'État aura refusé de financer des secours[3]. Les troubles civils et l'écart de plus en plus abyssal entre les classes sociales exacerberont ces tribulations. Si nos systèmes politiques sont incapables de prendre à bras-le-corps le double problème du climat et de la pauvreté, les émeutes de la faim et de l'eau se multiplieront, ainsi que les guerres mondiales autour de l'accaparement des ressources naturelles. Les coûts de la vie en ville surpasseront de loin ses avantages, suscitant la migration massive de populations en quête de nouveaux lieux de résidence – et une recrudescence de conflits internationaux. À terme, certaines méga-cités d'aujourd'hui sembleront émaner d'un film de science-fiction se déroulant dans un futur lointain, rempli de squelettes en métal à demi immergés et couverts de publicités incompréhensibles pour des produits que nous ne pourrons plus nous permettre de produire ou d'acheter.

Mais l'histoire nous a appris, peut-on espérer, que la mort de quelques villes ne signifie pas pour autant que le monde va s'abîmer dans une quelconque dystopie. Nous survivrons à la fin des temps urbains, comme l'ont fait tant d'individus quand ils abandonnèrent Çatal Höyük, Pompéi, Angkor et Cahokia. La question se pose alors : que ferons-nous ensuite ?

Les humains construisent des villes depuis plus de neuf mille ans, mais ce n'est que depuis les dernières décennies que nous vivons en majorité en milieu urbain. Compte tenu de cet afflux de population dans nos versions modernes de Cahokia, les villes semblent incontournables – or c'est faux.

Après avoir abandonné nos mégapoles du futur, certains d'entre nous recommenceront peut-être à vivre dans de petites agglomérations, comme le firent les habitants d'Angkor ou de Çatal Höyük. Ces communautés s'articulant souvent autour de l'agriculture, nous pourrions voir les villageois de demain se nourrir de leur production locale en recourant à des sources d'énergie hors réseau.

Il existe une autre possibilité. Beaucoup de ceux qui désertèrent Cahokia et Çatal Höyük souhaitaient renouer avec une vie semi-nomade. Les populations post-urbaines des XXIe et XXIIe siècles pourraient devenir itinérantes, vivant dans leur voiture ou d'autres véhicules, se déplaçant en caravane pour des raisons de sécurité. La Terre se transformerait en une planète peuplée d'établissements humains microscopiques, les villes constituant l'exception et non la règle. Suivant votre lieu de naissance, vous auriez la vie relativement belle. Mais il est plus probable qu'elle se révélerait d'une extrême difficulté, se heurtant aux mêmes aléas que ceux endurés par les cultivateurs et les nomades au néolithique – exacerbés, qui plus est, par la crise climatique et l'épuisement des ressources.

Il se peut aussi qu'une solution nous vienne à l'esprit pour sauver nos villes en péril. Peut-être, à l'image des rescapés de Pompéi, unirons-nous nos politiques humanitaires pour aider les populations à reconstruire ailleurs. Nous pourrions essayer de concevoir un modèle de métropoles radicalement autre, comme le fut Domuztepe, qui perpétuerait les traditions des précédentes tout en accueillant des idées nouvelles. Peut-être que cette approche créerait au final des villes plus pérennes, édifiées sur des sites capables de résister aux pires effets du changement climatique. On criera à l'utopie, mais pas si nous tirons les enseignements de nos faillites urbaines. Si l'on songe à Çatal Höyük, à Pompéi, à Angkor et à Cahokia, le facteur qui maintient l'élan vital d'une ville apparaît avec la force de l'évidence : la résilience de son infrastructure – des réservoirs et des routes fiables, des places publiques accessibles, des espaces domestiques pour tous, la mobilité sociale et des dirigeants respectueux de la dignité de ses travailleurs. Ce n'est pas un défi impossible à relever, surtout si l'on comprend que nos ancêtres réussirent, il y a des millénaires, à préserver des villes rayonnant de vigueur durant plusieurs siècles d'affilée.

Mais l'enseignement peut-être le plus précieux que nous livre la chronique de la désertion urbaine est que les communautés humaines possèdent une formidable résilience. Les villes peuvent mourir, mais nos cultures et nos traditions survivent. Leurs habitants les ont reconstruites après d'innombrables catastrophes, reconstituant leurs quartiers loin de l'endroit où ils s'étaient formés. Même après de longues périodes de diaspora, les humains ont renoué avec leur savoir-faire de bâtisseurs de cités. Même si presque toutes les générations croient vivre la fin des temps, il ne s'est jamais produit d'effondrement cataclysmique d'une civilisation dont nous ne soyons pas revenus. Au lieu de quoi a seulement débuté un long parcours de transformation, au cours duquel chaque génération a transmis ses projets inachevés à la suivante.

Les villes déroulent des expériences sociales jamais parachevées, et les vestiges des maisons et des monuments du passé lointain sont autant de notes de laboratoire à demi effacées que nous ont laissées nos ancêtres. Elles racontent comment ils essayèrent de rassembler des groupes hétérogènes avec un même objectif : se nourrir et se divertir ensemble, surmonter un conflit politique et une catastrophe climatique. Elles détaillent aussi nos faillites : les gouvernements autoritaires conduisant à l'esclavage, les erreurs de conception des grands ouvrages de génie civil, et les législations restreignant l'accès aux ressources de nombreux individus. Rongés par l'érosion, les palais et les villas de nos ancêtres nous mettent en garde contre les errements des communautés, mais leurs rues et leurs places publiques témoignent avec éclat des époques où ce que nous construisions ensemble avait un sens.

Aussi longtemps que nous perpétuerons les récits de nos ancêtres, aucune cité ne sombrera corps et biens. Les villes continuent de vivre, dans notre imaginaire et dans nos espaces publics, comme autant de promesses que, dans la pire adversité, les humains se remettent toujours à l'ouvrage. Dans mille ans, nous continuerons d'expérimenter la ville. Nous aurons de nouvelles défaillances, bien sûr – mais nous apprendrons aussi à faire du bon travail.

Remerciements

Ce projet a exigé deux ans de recherche et d'écriture, et chemin faisant j'ai noué des amitiés, j'ai eu des conversations incroyables avec des inconnus et j'ai voyagé aux quatre coins du monde. J'en éprouve une immense gratitude. Je ne remercierai jamais assez les chercheurs qui ont pris le temps de m'exposer leurs idées, m'accueillant sur les sites de leurs fouilles et sur leurs lieux de travail. Leurs noms rythment les pages du livre ; j'espère avoir rendu justice à l'ampleur de leurs connaissances et de leur cordialité. Il va de soi que toutes les erreurs sont de mon fait.

Merci aussi à mon éditeur chez Norton, Matt Weiland, à sa vive intelligence, ainsi qu'à son extraordinaire assistante Zarina Patwa. Mon agente Laurie Fox a usé de ses superpouvoirs pour triompher de tous les obstacles. Jason Thompson a créé la merveilleuse cartographie qui surgit au long du livre – encore merci, Jason !

Et puis il y a mes camarades en écriture et victimes diverses et variées, tous d'une patience infinie, qui ont lu des sections de l'ouvrage et dont les retours m'ont été précieux : Charlie Jane Anders, Benjamin Rosenbaum, Mary Anne Mohanraj, David Moles, Anthony Ha et Jackie

Monkiewicz. J'adresse des remerciements tout particuliers à mes éditeurs à *Ars Technica*, Ken Fisher, Eric Bangeman et John Timmer, qui m'ont encouragée à écrire les articles qui devinrent au final l'armature de ce livre. Toujours sources d'inspiration et excellents modèles, merci à Carl Zimmer, Charles Mann, Rose Eveleth, Amy Harmon, Seth Mnookin, Deb Blum, Veronique Greenwood, Alondra Nelson, Maia Szalavitz, Maryn McKenna, Maggie Koerth, Jennifer Ouellette et Thomas Levenson.

Et surtout merci à Chris Palmer, Jess Burns et Charlie Jane Anders d'avoir accepté de me suivre dans de longues expéditions dans la chaleur et la poussière, pour avoir supporté mes interminables élucubrations de néophyte sur la vie urbaine, et pour ces vingt années d'histoire domestique. Je vous adore.

Notes

Introduction : Comment perd-on une ville ?

1. Brendan M. Buckley *et al.*, « Climate as a contributing factor in the demise of Angkor, Cambodia », *Proceedings of the National Academy of Sciences*, 107, n° 15, avril 2010, p. 6748-6752.
2. « 68 % of the word population projected to live in urban areas by 2050, says UN », Department of Economic and Social Affairs, United Nations, dernière modification le 16 mai 2018, https://www.un.org/development/desa/en/news/population/2018-revision-of-world-urbanization-prospects.htlm.

Chapitre 1 : Le choc de la vie sédentaire

1. Ian Hodder, éd., *The Archeology of Contextual Meanings*, Cambridge, Cambridge University Press, 1987.
2. C. Tornero *et al.*, « Seasonal reproductive patterns of early domestic sheep at Tell Halula (PPNB, Middle Euphrates Valley) : evidence from sequential oxygen isotope analyses of tooth enamel », *Journal of Archaeological Science : Reports*, 6, 2016, p. 810-818.
3. A. Nigel Goring-Morris et Anna Belfer-Cohen, « Neolithization processes in the Levant: the outer envelope », *Current Anthropology*, 52, n° S4, 2011, S195-S208.
4. D.E. Blasi *et al.*, « Human sound systems are Shaped by post-Neolithic changes in bite configuration », *Science*, 263, n° 6432, 15 mars 2019.

5. Carolyn Nakamura et Lynn Meskell, « Articulate bodies: forms and figures at Çatalhöyük », *Journal of Archeological Method and Theory*, 16, 2009, p. 205-230
6. Ian Hodder, *The Leopard's Tale: revealing the mysteries of Çatalhöyük*, New York, Thames and Hudson, 2006.
7. Peter Wilson, *The Domestication of the Human Species*, New Haven, CT, Yale University Press, 1991.
8. Wilson, *The Domestication of the Human Species*, p. 98.
9. Julia Gresky, Juliane Haelm et Lee Clare, « Modified human crania from Göbekli Tepe provide evidence for a new form of Neolithic skull cult », *Science Advances*, 3, n° 6, 28 juin 2017, e1700564.
10. K. Schmidt, « Göbekli Tepe – the Stone Age sanctuaries. New results of ongoing excavations with a special focus on sculptures and high reliefs », *Documenta Praehistorica*, 37, 2010, p. 239-256.
11. Mario Benz et Joachim Bauer, « Symbols of power – symbols of crisis ? A psycho-social approach to early Neolithic symbol systems », *Neo-Lithics Special Issue*, 2013, p. 11-24.
12. Janet Carston et Stephen Hugh-Jones, *About the House: Lévi-Strauss and Beyond*, Cambridge, Cambridge University Press, 1995.
13. Çiğdem Atakuman, « Deciphering later Neolithic stamp seal imagery of Northern Mesopotamia », *Documenta Praehistorica*, 40, 2013, p. 247-264.
14. Hodder, *Leopard's Tale*, p. 63.

Chapitre 2 : La vérité sur les déesses

1. Kamilla Pawlowska, « The smells of Neolithic Çatalhöyük, Turkey: time and space of human activity », *Journal of Anthropological Archaeology*, 36, 2014, p. 1-11.
2. Ian Hodder et Arkadiusz Marciniak (éd.), *Assembling Çatalhöyük*, Leeds, Maney, 2015.
3. Ruth Tringham, « Dido and the basket: fragments toward a non-linear history », in *Object Stories : Artifacts and Archaeologists*, A. Clark, U. Frederick et S. Brown (éd.), Walnut Creek, CA, Left Coast Press, 2015.

4. Michael Marshall, « Family ties doubted in stone-age farmers », *New Scientist*, 1er juillet 2011, https://www.newscientist.com/article/dn20646-family-ties-doubted-in-stone-age-farmers/
5. Nerissa Russell, « Mammals from BACH area », ch. 8, in *Last House on the Hills : BACH Area Reports from Çatalhöyük, Turkey* », Ruth Tringham et Mirjana Stevanovic (éd.), Monumenta Archaeologica, vol. 27, Los Angeles, Cotsen Institute of Archaeology Press, 2012.
6. Michael Balter, *The Goddess and the Bull : Çatalhöyük, an Archaeological Journey to the Dawn of Civilization*, New York, Free Press, 2010.
7. Balter, *Goddess and the Bull*, p. 39.
8. Carolyn Nakamura, « Figurines of the BACH Area », ch. 17, *in* Ruth Tringham et Mirjana Stevanovic (éd.), Monumenta Archaeologica, vol. 27, Los Angeles, Cotsen Institute of Archaeology Press, 2012.
9. Lynn M. Meskell *et al.*, « Figured lifeworlds and depositional practices at Çatalhöyük », *Cambridge Archaeological Journal*, 18, 2008, p. 139-161 ; *voir aussi* Carolyn Nakamura et Lynn Meskell, « Articulate bodies: forms and figures at Çatalhöyük », *Journal of Archaeological Method and Theory*, 16, 2009, p. 205.
10. Meskel *et al.*, « Figured Lifeworlds and depositional practices at Çatalhöyük », p. 144.
11. Ian Hodder, *The Leopard's Tale: Revealing the Mysteries of Çatalhöyük*, New York, Thames and Hudson, 2006.
12. Rosemary Joyce, *Ancient Bodies, Ancient Lives: Sex, Gender, and Archaeology*, Londres, Thames and Hudson, 2006
13. Wendy Matthews, « Household life histories and boundaries: microstratigraphy and micromorphology of architectural surfaces in Building 3 (BACH) », ch. 7, in *Last House on the Hills : BACH Area Reports from Çatalhöyük, Turkey*, Ruth Tringham et Mirjana Stevanovic (éd.), Monumenta Archaeologica, vol. 27, Los Angeles, Cotsen Institute of Archaeology Press, 2012.
14. Burcum Hanzade Arkun, « Neolithic plasters of the Near East : Catal Hoyuk Building 5, a Case Study (mémoire de maîtrise, University of Pennsylvania, 2003).
15. Daphne E. Gallagher et Roderick J. McIntosh, « Agriculture and urbanism », ch. 7, in *The Cambridge World History*, Graeme

Barker et Candice Goucher (éd.), Cambridge, Cambrige University Press, 2015, p. 186-209.
16. Hodder, *The Leopard's Tale*, ch. 6.
17. Jeremy Nobel, « Finding Connection through "Chosen Family" », *Psychology Today*, dernière modification le 14 juin 2019, https://www.psychologytoday.com/us/blog/being-unlonely/201906/finding-connection-through-chosen-family

Chapitre 3 : L'histoire dans l'histoire

1. Sophie Moore, « Burials and identities at historic period Çatalhöyük », *Heritage Turkey*, 4, 2014, p. 29.
2. Patricia McAnany et Norman Yoffee, *Questioning Collapse : Human Resilience, Ecological Vulnerability, and the Aftermath of Empire*, Cambridge, Cambridge University Press, 2009.
3. Melody Warnick, « Why you're miserable after a move », *Psychology Today*, 13 juillet 2016, https://www.psychologytoday.com/us/blog/is-where-you-belong/201607/why-youre-miserable-after-move
4. « Immigration », American Psychological Association, consulté le 12 novembre 2019, https://www.apa.org/topics/immigration/index
5. Pascal Flohr *et al.*, « Evidence of resilience to past climate change in Southwest Asia : early farming communities and the 9.2 and 8.2 ka events », *Quaternary Science Reviews*, 136, 2016, p. 23-39.
6. Peter Schwartz et Doug Randall, « An abrupt climate change scenario and its implications for United States national security », octobre 2003, consulté le 11 novembre 2019, https://web.archive.org/web/20090320054750/http://www.climate.org/PDF/clim_change_scenario.pdf
7. Daniel Glick, « The Big Thaw », *National Geographic*, septembre 2004.
8. Ofer Bar-Yosef, « Facing climatic hazards: Paleolithic foragers and Neolithic farmers », *Quaternary International*, pt. B, 428, 2017, p. 64-72.
9. Flohr *et al.*, « Evidence of resilience to past climate change in Southwest Asia ».

10. Michael Price, « Animal fat on ancient pottery reveals a nearly catastrophic period of human prehistory », 13 août 2018, https://www.science.org/content/article/animal-fat-ancient-pottery-shards-reveals-nearly-catastrophic-period-human-prehistory
11. David Orton *et al.*, « A tale of two tells: dating the Çatalhöyük West Mound », *Antiquity, 92*, n° 1, 2000, p. 75-102.
12. Ian Kuijt, « People and space in early agricultural villages : exploring daily lives, community size, and architecture in the Late pre-pottery Neolithic », *Journal of Anthropological Archaeology*, 19, n° 1, 2000, p. 75-102.
13. Monica Smith, *Cities: The First 6,000 Years*, New York, Viking, 2019, p. 9.
14. Joseph A. Tainter, *The Collapse of Complex Societies*, Cambridge, Cambridge University Press, 1988 [en français, *L'Effondrement des sociétés complexes*, trad. par Jean-François Goulon, Paris, Éditions de l'Aube, 2013].
15. William Cronon, *Nature's Metropolis : Chicago and the Great West*, New York, W.W. Norton, 1991 [en français, *Chicago, métropole de la nature*, trad. par Philippe Blanchard, Paris, Zones sensibles, 2021].
16. Stuart Campbell, « The dead and the living in Late Neolithic Mesopotamia », in *Sepolti tra i vivi. Evidenza ed interpretazione di contesti funerari in abitato. Atti del Convegno Internazionale* [Buried among the living], Gilda Bartoloni et M. Gilda Benedettini (éd.) (Università degli Studi di Roma La Sapienza, du 26 au 29 avril 2006), https://www.academia.edu/3390086

Chapitre 4 : Émeute du Via dell'Abbondanza

1. Marco Merola, « Pompeii before the Romans », *Archaeology Magazine*, janvier-février 2016.
2. Mary Beard, *Pompeii: The Life of a Roman Town*, Londres, Profile Books, 2008 [en français, *Pompéi : la vie d'une cité romaine*, trad. par Pierre-Emmanuel Dauzat, Paris, Éditions du Seuil, 2012].
3. « Samnite culture in Pompeii survived roman conquest », *Italy Magazine*, dernière modification le 6 juillet 2005, https://www.italymagazine.com/italy/campania/samnite-culture-pompeii-survived-roman-conquest

4. Andrew Wallace-Hadrill, *Houses and Society in Pompeii and Herculaneum*, Princeton, NJ, Princeton University Press, 1994.
5. Traduction figurant *in* Alison E. Cooley et M.G.L. Cooley, *Pompeii and Herculaneum: A Sourcebook*, New York, Routledge, 2013 [la traduction figurant ici est celle de Mary Beard, *Pompéi : la vie d'une cité romaine*.
6. Eve d'Ambria, *Roman Women*, Cambridge, Cambridge University Press, 2007.
7. D'Ambria, *Roman Women*.
8. Pline l'Ancien, livre 7, lettre 24, consulté le 12 novembre 2019, http://vroma.org/vromans/hwalker/Pliny/Pliny07-24-E.html
9. Via Consolare Project, San Francisco State University, consulté le 11 novembre 2019, https://faculty.sfsu.edu/pompeii
10. Henrik Mouritsen, *The Freedman in the Roman World*, Cambridge, Cambridge University Press, 2011.
11. Mouritsen, *The Freedman in the Roman World*, p. 121, 140.
12. Heather Pringle, « How Ancient Rome's 1 % hijacked the beach », *Hakai Magazine*, 5 avril, 2016, https://hakaimagazine.com/features/how-ancient-romes-1-hijacked-beach/

Chapitre 5 : Ce qu'on fait en public

1. Ilaria Battiloro et Marcello Mogetta, « New investigations at the sanctuary of Venus in Pompeii: interim report on the 2017 season of the Venus Pompeiana Project », consulté le 1er novembre 2019, https://www.fastionline.org/docs/FOLDIER-it-2018-425.pdf
2. Steven Ellis, *The Roman Retail Revolution: The Socio-Economic World of Taberna*, Oxford, Oxford University Press, 2018.
3. Miko Flohr, « Reconsidering the atrium house : domestic fullonicae at Pompeii », in *Pompeii: Art, Industry and Infrastructure*, Eric Poehler, Miko Flohr et Kevin Cole (éd.), Barnsley, RU, Oxbow Books, 2011.
4. Lei Dong, Carlo Ratti et Siqi Zheng, « Predicting neighborhoods' socioeconomic attributes using restaurant data », *Proceedings of the National Academy of Sciences*, 116, n° 31, juillet 2019, p. 15, 447-452.
5. Eric Poehler, *The Traffic Systems of Pompeii*, Oxford, Oxford University Press, 2017.

6. Mouritsen, *The Freedman in the Roman World*, 122.
7. Beth Severy-Hoven, historienne de la période classique, relève d'autres indices des rapports tendus des frères avec leur classe sociale dans les peintures intérieures de leur villa. Beth Severy-Hoven, « Master narratives and the wall-painting of the House of the Vettii, Pompeii », *Gender & History*, 24, 2012, p. 540-580.
8. Sarah Levin-Richardson, « Fututa sum hic : female subjectivity and agency in Pompeian sexual graffiti », *Classical Journal*, 108, n° 3, 2013, p. 319-345.
9. Sarah Levin-Richardson, *The Brothel of Pompeii: Sex, Class, and Gender at the Margins of Roman Society*, Cambridge, Cambridge University Press, 2019.
10. Levin-Richardson, « Fututa sum hic ».
11. Ann Olga Koloski-Ostrow, *The Archaeology of Sanitation in Roman Italy : Toilets, Sewers, and Water Systems*, Chapel Hill, University of North Carolina Press, 2015.

Chapitre 6 : Au lendemain de la fournaise

1. Des éléments récents indiquent que l'éruption se produisit à l'automne et non à la fin de l'été comme on le pensait jusqu'à maintenant. « Pompeii: Vesuvius eruption may have been later than thought », BBC World News, dernière modification le 16 octobre 2018, https://www.bbc.com/news/world-europe-45874858
2. William Melmouth, trad., *Letters of Pliny*, Project Gutenberg, dernière actualisation le 13 mai 2016, https://www.gutenberg.org/files/2811/2811-h/2811-h.htm# [en français, Pline le Jeune, *Lettres,* tome II, livres IV-VI, trad. par Nicole Méthy, Paris, Les Belles lettres, 2011].
3. Brandon Thomas Luke, « Roman Pompeii, geography of death and escape : the deaths of Vesuvius » [mémoire de maîtrise, Kent State, 2013].
4. Nancy K. Bristow, « « It's as bad as anything can be »: patients, identity, and the influenza pandemic », supplément 3, *Public Health Reports*, 125, 2010, p. 134-144.
5. J. Andrew Dufton, « The architectural and social dynamics of gentrification in Roman North Africa », *American Journal of Archaeology*, 123, n° 2, 2019, p. 263-290.

6. J. Andrew Zissos (éd.), *A Companion to the Flavian Age of Imperial Rome*, Malden, MA, Wiley & Sons, 2016.

Chapitre 7 : La possibilité d'une autre histoire de l'agriculture

1. « Ancient aliens », Historical Channel, 4 mai 2012, https://www.aenetworks.tv/
2. Patrick Roberts, *Tropical Forests in Prehistory, History, and Modernity*, Oxford, Oxford University Press, 2019.
3. Patrick Roberts *et al.*, « The deep human prehistory of global tropical forests and its relevance for modern conservation », *Nature Plants*, 3, n° 8, 2007.
4. Spiro Kostof, *The City Shaped: Urban Patterns and Meanings through History*, Londres, Thames and Hudson, 1999.

Chapitre 8 : L'empire de l'eau

1. Miriam T. Stark, « From Funan to Angkor : collapse and regeneration in Ancient Cambodia », ch. 10, in *After Collapse : The Regeneration of Complex Societies*, Glenn M. Schwartz et John J. Nichols (éd), Tucson, University of Arizona Press, 2006, p. 144-167.
2. Eileen Lustig, Damian Evans et Ngaire Richards, « Words across space and time : an analysis of lexical items in khmer inscriptions, sixth-fourteenth centuries CE », *Journal of Southeast Asian Studies*, 38, n° 1, 2007, p. 1-26.
3. Zhou Daguan, *A Record of Cambodia: A Land and Its People*, trad. Peter Harris, Chiang Mai, Thaïlande, Silkworm Books, 2007 [en français, Tcheou Ta-Kouan, *Mémoires sur les coutumes du Cambodge*, traduction et commentaire de Paul Pelliot, Paris, Adrien Maisonneuve, 1997 [réimpression de l'édition originale, 1951].
4. David Eltis et Stanley L. Engerman (éd.), *The Cambridge World History of Slavery*, vol. 3, Cambridge, Cambridge University Press, 2011.
5. Lustig *et al.*, « Words across space and time ».
6. Miriam Stark, « Universal rule and precarious empire: power and fragility in the angkorian state », ch. 9, in *The Evolution*

of Fragility : Setting the Terms, Norman Yoffee, Cambridge, McDonald Institute for Archaeological Research, 2019.

7. Matthew Desmond, « In order to understand the brutality of american capitalism, you have to start on the plantation », *New York Times Magazine*, 14 août 2019, https://www.nytimes.com/interactive/2019/08/14/magazine/slavery-capitalism.html?mtr-ref=undefined&gwh=C8C20E9C42B28B4BD716A18B63F969C-D&gwt=pay&assetType=PAYWALL
8. Stark, « Universal rule and precarious empire ».
9. Stark, « Universal rule and precarious empire ».
10. Kenneth R. Hall, « Khmer commercial development and foreign contacts under Suryavarman I », *Journal of the Economic and Social History of the Orient*, 18, n° 3, 1975, p. 318-336.
11. Dan Penny *et al.*, « Hydrological history of the West Baray, Angkor, revealed through palynological analysis of sediments from the West Mebon », in *Bulletin de l'École française d'Extrême-Orient*, 92, 2005, p. 497-521.
12. Christophe Pottier, « Under the Western Baray waters », ch. 28, in *Uncovering Southeast Asia's Past*, Elisabeth A. Bacus, Ian Glover et Vincent Piggot (éd), Singapour, National University of Singapore Press, 2006, p. 298-309.
13. Penny *et al.*, « Hydrological history of the West Baray, Angkor ».
14. Monica Smith : *Cities: The First 6,000 Years*, New York, Viking, 2019.
15. Saskia Sassen, « Global cities as today's frontiers », Leuphana Digital School, https://www.youtube.com/watch?v=Iu-p31RkCXI L'autrice développe aussi cette théorie dans *The Global Cities : New York, London, Tokyo*, Princeton, NJ, Princeton University Press, 1991.
16. Geoffrey West : *Scale : The Universals of Life, Growth, and Death in Organisms, Cities, and Companies*, New York, Penguin, 2018.
17. Lustig *et al.*, « Words across space and time » ; voir aussi Eileen et Terry Lustig, « New insights into "les interminables listes nominatives des esclaves" from numerical analyses of the personnel in angkorian inscriptions », *Aséanie*, 31, 2013, p. 55-83.
18. Kunthea Chlom, *Inscriptions of Koh Ker 1*, Budapest, Hungarian Southeast Asian Research Institute, 2011, https://www.academia.edu/14872809

19. Terry Leslie Lustig et Eileen Joan Lustig, « Following the non-money trail : reconciling some angkorian temple accounts », *Journal of Indo-Pacific Archaeology*, 39, août 2015, p. 26-37.
20. « Household Archaeology at Angkor Wat », *Khmer Times*, 7 juillet 2016, https://www.khmertimeskh.com/25557/household-archaeology-at-angkor-wat/
21. T. et E. Lustig, « Following the non-money trail ».
22. Eileen Lustig, « Money doesn't make the world go round : Angkor's non-monetization », in *Economic Development, Integration, and Morality in Asia and the Americas*, D. Wood (éd.), Research in Economic Anthropology, vol. 29, 2009, p. 165-199.
23. E. Lustig, « Money doesn't make the world go round ».
24. Mitch Hendrickson *et al.*, « Industries of Angkor project : preliminary investigation of iron, production at Boeng Kroam, Preah Khan of Kompong Sway », *Journal of Indo-Pacific Archaeology*, 42, 2018, p. 32-42, https://www.researchgate.net/publication/327678837_Industries_of_Angkor_Project_Preliminary_investigation_of_iron_production_at_Boeng_Kroam_Preah_Khan_of_Kompong_Svay
25. Damian Evans et Rolan Fletcher, « The landscape of Angkor Wat redefined », *Antiquity*, 89, n° 348, 2015, p. 1402-1419.

Chapitre 9 : Les vestiges de l'impérialisme

1. Henri Mouhot, *Travels in the Central Parts of Indo-China (Siam), Cambodia and Laos during the Years 1858, 1859, and 1860*, 2 vol., Gutenberg Project, dernière modification 11 août 2014, https://www.gutenberg.org/files/46559/46559-h/46559-h.htm [Henri Mouhot, *Voyage dans les royaumes de Siam, de Cambodge, de Laos et autres parties centrales de l'Indochine*, Paris, Arléa, 2010].
2. Alison Carter, « Stop saying the French discovered Angkor », *Alison in Cambodia* (blog), consulté le 12 novembre 2019, https://alisonincambodia.wordpress.com/2014/10/05/stop-saying-the-french-discovered-angkor/
3. Terry Lustig *et al.*, « Evidence for the breakdown of an angkorian hydraulic system, and its historical implications for understanding the khmer empire », *Journal of Archaeological Science : Reports*, 17, 2018, p. 195-211.

4. Keo Duong, « Jayavarman IV: king usurper ? », mémoire de maîtrise, Chulalongkorn University, 2012.
5. Tegan Hll, Dan Penny et Rebecca Hamilton, « Re-evaluating the occupation history of Koh Ker, Cambodia, during the Angkor period : a palaeo-ecological approach », PLoS ONE 13, n° 10, 2018, e0203962, https://journals.plos.org/plosone/article?id=10.1371/journal.pone.0203962
6. Kunthea Chhom, *Inscriptions of Koh Ker 1*, Budapest, Hungarian Southeast Asian Research Institute, 2011, https://www.academia.edu/14872809
7. Eileen et Terry Lustig, « New insights into « les interminables listes nominatives des esclaves » from numerical analyses of the personnel in angkorian inscriptions », *Aséanie*, 31, 2013, p. 55-83.
8. Lustig *et al.*, « Evidence for the breakdown of an angkorian hydraulic system ».
9. Wensheng Lan *et al.*, « Microbial community analysis of fresh and old microbial biofilms on Bayon Temple Sandstone of Angkor Thom, Cambodia », *Microbial Ecology*, 60, n° 1, 2010, p. 105-115, doi : 10.1007/s00248-010-9707-5.
10. Peter. D. Sharrock, « Garuda, Vajrapani and religious change in Jayavarman VII's Angkor », *Journal of Southeast Asian Studies*, 40, n° 1, 2009, p. 111-151.
11. Roland Fletcher *et al.,* « The development of the water management system of Angkor : a provisional model », *Bulletin of the Indo-Pacific Prehistory Association*, 28, 2008, p. 57-66.
12. Dan Penny *et al.*, « The demise of Ankor : systemic vulnerability of urban infrastructure to climatic variations », *Science Advances*, 4, n° 10, 17 octobre 2018, eaau4029.
13. Solomon M. Hsiang et Amir S. Jina, « Geography, depreciation, and growth », *American Economic Review*, 105, n° 5, 2015, p. 252-256.
14. Alison K. Carter *et al.*, « Temple occupation and the tempo of collapse at Angkor Wat, Cambodia », *Proceedings of the National Academy of Sciences*, 116, n° 25, juin 2019, p. 12226-12231.
15. Dan Penny *et al.*, « Geoarchaeological evidence from Angkor, Cambodia, reveals a gradual decline rather than a catastrophic 15 th-Century collapse », *Proceedings of the National Academy of Sciences,* 116, n° 11, mars 2019, p. 4871-4876.

16. Miriam Stark, « Universal rule and precarious empire: power and fragility in the Angkorian State », ch. 9, in *The Evolution of Fragility : Setting the Terms*, Norman Yoffee (éd.), Cambridge, McDonald Institute for Archaeological Research, 2019, p. 174.

Chapitre 10 : Les anciennes pyramides de l'Amérique

1. Sarah E. Baires, *Land of Water, City of the Dead: Religion and Cahokia's Emergence*, Tuscaloosa, University of Alabama Press, 2017.
2. Voir Michael Hittman, *Wovoka and the Ghost Dance*, Lincoln, University of Nebraska Press, 1997, et Alice Beck Kehoe, *The Ghost Dance: Ethnohistory and Revitalization*, New York, Holt, Rinehart and Winston, 1989.
3. John Noble Wilford, « Ancient indian site challenges ideas on early american life », *New York Times*, 19 septembre 1997, https://www.nytimes.com/1997/09/19/us/ancient-indian-site-challenges-ideas-on-early-american-life.html
4. Timothy Pauketat, *Cahokia : Ancient America's great city on the Mississippi*, New York, Viking, 2009.
5. Rinita A. Dalan *et al.*, *Envisioning Cahokia : A Landscape Perspective*, DeKalb, Northern Illinois University Press, 2003.
6. V. Gordon Childe, « The urban revolution », *Town Planning Review*, 21, n° 1, 1950, p. 3-17.
7. Dalan *et al.*, *Envisioning Cahokia*, p. 129.
8. Timothy Pauketat, « America's first pastime », *Archaeology*, 6, n° 5, septembre-octobre 2009, https://archive.archaeology.org/0909/abstracts/pastime.html
9. Le peintre George Catlin écrivait dans une lettre qu'il avait assisté à ce jeu chez les Mandans, tribu de langue sioux, dans les années 1830. Tiré de George Catlin, *Letters and Notes on the Manners, Customs, and Conditions of North American Indians*, n° 19, consulté le 12 novembre 2019, https://user.xmission.com/~drudy/mtman/ [en français, *Les Indiens d'Amérique du Nord*, trad. par Danièle et Pierre Bondil, lettre 19, Paris, Albin Michel, 1992].
10. Margaret Gaca et Emma Wink, « Archaeoacoustics: relative soundscapes between Monks Mound and the Grand Plaza »,

affiche présentée à la 60th Annual Midwest Archaeological Conference, Iowa City, Iowa, 4-6 octobre 2016.

11. Thomas E. Emerson *et al.*, « Paradigms lost: reconfiguring Cahokia's Mound 72 beaded burial », *American Antiquity*, 81, n° 3, 2016, p. 405-425.
12. Baires, *Land of Water, City of the Dead*, p. 92-93.
13. Andrew M. Munro, « Timothy R. Pauketat, an archaeology of the cosmos: rethinking agency and religion in Ancient America », *Journal of Skyscape Archaeology*, 4, n° 2, 2019, p. 252-256.
14. Gayle Fritz, *Feeding Cahokia: Early Agriculture in the North American Heartland*, Tuscaloosa, University of Alabama Press, 2019, p. 89.
15. Fritz, *Feeding Cahokia*, p. 150.
16. Natalie G. Mueller *et al.*, « Growing the lost crops of Eastern North America's original agricultural system », *Nature Plants*, 3, 2017.
17. Fritz, *Feeding Cahokia*, 146.
18. Fritz, *Feeding Cahokia*, 143.

Chapitre 11 : Un formidable renouveau

1. Sarah E. Baires, Melissa R. Baltus et Elizabeth Watts Malouchos, « Exploring new cahokian neighborhoods: structure density estimates from the Spring Lake Tract, Cahokia », *American Antiquity*, 82, n° 4, 2017, p. 742-760.
2. Lizzie Wade, « It wasn't just Greece-Archaeologists and early democracy in the Americas », *Science*, 15 mars 2017, https://www.science.org/content/article/it-wasnt-just-greece-archaeologists-find-early-democratic-societies-americas
3. Davd Correia, « F**k Jared Diamond », *Capitalism Nature Socialism*, 24, n° 4, 2013, p. 1-6.
4. David Graeber et David Wingrow, « How to change the course of human history », *Eurozine*, 2 mars 2018, https://www.eurozine.com/change-course-human-history/

Chapitre 12 : Une désertion mûrement réfléchie

1. Samuel E. Munoz *et al.*, « Cahokia's emergence and decline coincided with shifts of flood frequency on the Mississippi River », *Proceedings of the National Academy of Sciences*, 112, n° 20, mai 2015, 6319-6324.
2. Sarah E. Baires, Melissa R. Baltus et Meghan E. Buchanan, « Correlation does not equal causation : questioning the great Cahokia flood », *Proceedings of the National Academy of Sciences*, 112, n° 29, juillet 2015, E3753.
3. Andrea A. Hunter, « Ancestral geography » *in* Andrea A. Hunter, James Munkres et Barker Fariss, *Osage Nation NAGPRA Claim for Human Remains Removed from the Clarksville Mound Group (23P16), Pike County, Missouri*, Pawhuska, OK, Osage Nation Historic Preservation Office, 2013, p. 1-60, https://www.osagenation-nsn.gov/who-we-are/historic-preservation/
4. Margaret Carrigan, « One mound at a time : native american artist Santiago X on rebuilding indigenous cities », *Art Newpaper*, 29 septembre 2019, https://.

Épilogue : Attention : expérience sociale en cours

1. Sarah Almukhtar *et al.*, The great flood of 2019 », *New York Times*, 11 septembre 2019, https://www.nytimes.com/interactive/2019/09/11/us/midwest-flooding.html
2. Kendra Pierre-Lewis, « Heatwaves in the age of climate change », *New York Times*, 18 juillet 2019, https://www.nytimes.com/2019/07/18/climate/heat-waves-in-the-age-of-climate-change-longer-more-frequent-and-more-dangerous.html
3. Annalee Newitz, *Scatter, Adapt, and Remember: How Humans Will Survive a Mass Extinction*, New York, Doubleday, 2013.

Table des matières

QUATRIÈME PARTIE
CAHOKIA : LA PLACE CÉRÉMONIELLE

Photocomposition Nord Compo

Achevé d'imprimer en octobre 2022
par Normandie Roto Impression s.a.s.
pour le compte des éditions Calmann-Lévy
21, rue du Montparnasse 75006 Paris

PAPIER À BASE DE
FIBRES CERTIFIÉES

CALMANN LEVY s'engage
pour l'environnement en réduisant
l'empreinte carbone de ses livres.
Celle de cet exemplaire est de :
550 g éq. CO_2
Rendez-vous sur
www.calmann-levy-durable.fr

Pour l'éditeur, le principe est d'utiliser des papiers composés de fibres naturelles, renouvelables, recyclables et fabriquées à partir de bois issus de forêts qui adoptent un système d'aménagement durable. En outre, l'éditeur attend de ses fournisseurs de papier qu'ils s'inscrivent dans une démarche de certification environnementale reconnue.

N° d'éditeur : 1726040/01
N° d'imprimeur : 2204768
Dépôt légal : octobre 2022

Imprimé en France